100 NOMES
DA EDIÇÃO
NO BRASIL

LEONARDO NETO

100 NOMES DA EDIÇÃO NO BRASIL

LEONARDO NETO

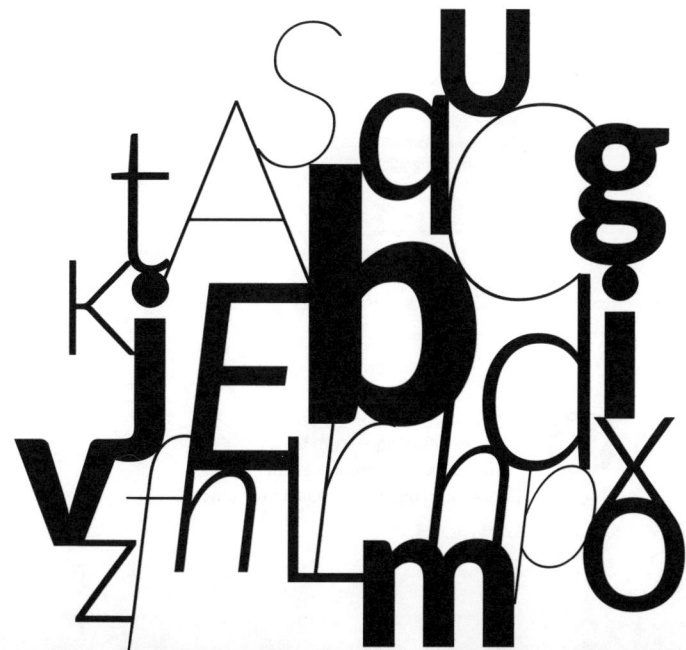

© Leonardo Neto, 2020
© Oficina Raquel, 2020

COORDENAÇÃO EDITORIAL
Raquel Menezes e Jorge Marques

ASSISTENTE EDITORIAL
Yasmim Cardoso

REVISÃO
Oficina Raquel

CAPA e DIAGRAMAÇÃO
Daniella Riet

Este livro segue as novas regras do Acordo Ortográfico da Língua Portuguesa. Todos os direitos reservados à Editora Oficinar LTDA ME. Proibida a reprodução por qualquer meio mecânico, eletrônico, xerográfico etc., sem a permissão por escrito da editora.

Dados internacionais de catalogação na publicação (CIP)

M357c   Marques Neto, Leonardo.
           100 nomes da edição no Brasil / Leonardo Marques Neto. – Rio de Janeiro : Oficina Raquel, 2020.
           368 p. ; 21 cm.
           ISBN 978-65-86280-31-9
           1. Editores (Biografia) I. Título.

CDD 920.4
CDU 929:655.41

Bibliotecária: Ana Paula Oliveira Jacques / CRB-7 6963

www.oficinaraquel.com.br
oficina@oficinaraquel.com.br
facebook.com/Editora-Oficina-Raquel

À minha editora que não está entre os 100, mas deveria estar

Sumário

NOTAS INTRODUTÓRIAS 10

OS PIONEIROS 13
AUGUSTO FREDERICO SCHMIDT 14

BAPTISTE LOUIS GARNIER 17

FRANCISCO ALVES DE OLIVEIRA 20

FRANCISCO DE PAULA BRITO 24

MANUEL ANTÔNIO DA SILVA SERVA 28

PEDRO DA SILVA QUARESMA 31

PIERRE RENÉ FRANÇOIS PLANCHER DE LA NOÉ 34

OS REVOLUCIONÁRIOS 36
AGRIPINO GRIECO E GASTÃO CRULS 37

ALCEU AMOROSO LIMA E CÂNDIDO GUINLE DE PAULA MACHADO 39

ALFREDO MACHADO, SERGIO MACHADO E SÔNIA JARDIM 43

ALFREDO WEISZFLOG 50

ANDERSON FERNANDES DIAS 52

CARLOS COSTA 55

DIAULAS RIEDEL 58

ERICO VERISSIMO E HENRIQUE BERTASO 61

GERALDO JORDÃO, MARCOS PEREIRA E TOMÁS PEREIRA 65

HENRIQUE LEÃO KIPERMAN 71

JOAQUIM IGNÁCIO DA FONSECA SARAIVA 81

JORGE GERTUM CARNEIRO, ANTONIO GERTUM CARNEIRO E JORGE CARNEIRO 87

JOSÉ DE BARROS MARTINS E EDGAR CAVALHEIRO 93

JOSÉ OLYMPIO PEREIRA FILHO E VERA PACHECO JORDÃO 97

MONTEIRO LOBATO E OCTALLES MARCONDES FERREIRA 110

RUGGERO PONGETTI E RODOLFO PONGETTI 117

OS COMBATENTES 120

CAIO PRADO JÚNIOR E CAIO GRACO PRADO 121

CARLOS LACERDA, SÉRGIO LACERDA E SEBASTIÃO LACERDA 127

ÊNIO SILVEIRA 132

FERNANDO GASPARIAN 139

FERNANDO SABINO E RUBEM BRAGA 143

IVAN PINHEIRO MACHADO E PAULO LIMA 146

JACÓ GUINSBURG E GITA K. GUINSBURG 150

JAIME PINSKY 154

JORGE ZAHAR 159

JOSÉ XAVIER CORTEZ 164

LUIZ ALVES JR. 167

MASSAO OHNO 171

PAULO ROCCO 175

PEDRO PAULO DE SENA MADUREIRA 177

ROSE MARIE MURARO 182

OS DA REDEMOCRATIZAÇÃO 186

ANNA RENNHACK 187

FERNANDO NUNO 191

JOSÉ CASTILHO MARQUES NETO 199

LUIZ SCHWARCZ 203

MARISTELA PETRILI 212

PIERLUIGI PIAZZI, BETTY FROMER E ADRIANO FROMER PIAZZI 216

WALDIR MARTINS FONTES 221

OS CONTEMPORÂNEOS 225

ANGEL BOJADSEN 226

CAMILA PERLINGEIRO 229

CHARLES COSAC 234

CILENE VIEIRA 239

CRISTINA FERNANDES WARTH 243

FLÁVIA GOULART ROSA 247

FLORENCIA FERRARI 251

ISA PESSOA 254

JIRO TAKAHASHI 257

JORGE OAKIM 261

KARINE GONÇALVES PANSA 264

LUCIANA VILLAS-BOAS 269

MARIA AMÉLIA MELLO 274

MARIANA ROLIER 279

MARTHA RIBAS 285

MIRIAM GABBAI 291

PASCOAL SOTO 296

PAULO PALMIERI 302

PEDRO ALMEIDA 305

PLINIO MARTINS FILHO 308

REJANE DIAS 311

ROBERTO FEITH 314

ROSELY BOSCHINI 319

SANDRA ESPILOTRO 322

SÉRGIO ALVES 325

SIDNEY GUSMAN 329

VIVIAN WYLER 335

O FUTURO DA EDIÇÃO 337

DANIEL LAMEIRA 338

FELIPE BRANDÃO 342

GILSANDRO SALES 344

HENDERSON FÜRST 347

ISABEL LOPES COELHO 350

LARISSA CALDIN 355

VAGNER AMARO 357

BIBLIOGRAFIA 362

NOTAS INTRODUTÓRIAS

Quando a editora Raquel Menezes me convidou para este projeto, imediatamente soou na minha cabeça uma longa conversa que tive com Paulo Rocco, em março de 2017. Liguei para ele para contar que tinha sido escolhido para ser o homenageado pela sua contribuição ao mercado editorial brasileiro no Prêmio Avena PublishNews. Ele, muito emocionado e feliz com a notícia, me disse que era louvável aquela iniciativa porque eram parcos os registros da memória editorial brasileira. Paulo foi o primeiro a ganhar o troféu. Depois dele vieram os editores Alfredo Weiszflog, Luis Alves Jr., ambos perfilados neste livro, e a agente Karin Schindler.

Desde a primeira conversa com Raquel até aqui, com o lançamento do livro, o projeto sofreu modificações. A primeira ideia era fazer verbetes curtos, uma espécie de dicionário da edição brasileira, reunindo, de A a Z os nomes que fizeram a indústria editorial brasileira. Por fim, prevaleceu a ideia de limitar a cem nomes importantes que, em conjunto, recontariam a história do livro no país.

Foi uma tarefa hercúlea, permeada por momentos de muita felicidade e outros de puro desespero. O que Paulo Rocco me disse lá atrás, em 2017, se confirmava: os registros são poucos.

É um recorte pequeno diante do número abissal de profissionais que se dedicaram ao livro no país. A escolha dos nomes buscou mostrar a diversidade do nosso mercado. Tivemos – Raquel e eu – o cuidado de abranger as mais diversas áreas da indústria editorial: desde os livros de interesse geral, até os técnicos, passando pelos da literatura infantil, as HQs, os livros de gastronomia etc, etc, etc.

Houve também uma tentativa em balancear o número de homens e mulheres, embora, pelo próprio histórico da indústria, o número ficou mais pendido para o lado dos homens. Quem sabe numa edição futura, revista e ampliada, esse equilíbrio seja atingido.

Os perfis foram levantados a partir de entrevistas, pesquisas em livros, em jornais de época e em estudos acadêmicos, que serviram de lastro para as histórias contadas neste volume.

Em alguns casos, optei por reunir mais de um nome em um único perfil. São pessoas que construíram suas trajetórias juntos: sócios ou membros de uma mesma família. Em outros casos, os perfis foram além, contando o que aconteceu com as empresas depois da morte dos seus fundadores.

Separamos os perfis em seis grandes capítulos que mostram fases muito claras da indústria, o que permite também ver um pouco da história do Brasil a partir do livro. Dentro dos capítulos, os perfis aparecem em ordem alfabética.

Li muito, pesquisei muito, conversei com muita gente para compor este livro e, ao construir o percurso do projeto, consegui remontar uma *timeline* da edição no Brasil. Ao mesmo tempo, conheci melhor as pessoas que ergueram o mercado do livro, bem como o fizeram se desenvolver e o profissionalizaram.

Espero que o leitor tenha esta mesma experiência.

OS PIONEIROS

AUGUSTO FREDERICO SCHMIDT

Durante a década de 1930, a indústria editorial viveu um enorme crescimento. A Revolução de 1930, que pusera fim à República Velha, fez o mercado florescer. O ciclo que se iniciara com Monteiro Lobato e Octalles Marcondes Ferreira, em 1917, alcançara o seu ápice nesse momento. A atividade editorial crescia a olhos vistos. De acordo com dados agrupados por Laurence Hallewell, com base em informações de periódicos e livros da época, levando em conta somente as editoras paulistas, a produção de livros cresceu quase 500%, saltando de 391 mil exemplares produzidos em 1930 para 2,1 milhões em 1940.

É nesse cenário que aparece no Rio de Janeiro Augusto Frederico Schmidt (1906 – 1965), um jovem poeta, neto do Visconde de Schmidt, que fizera fortuna no Império, com um comércio de tecidos. Do avô, herdou apenas o espírito empreendedor. O dinheiro, o pai, que morreu quando Augusto tinha apenas oito anos, tratara de gastar em vida. Típico *self-made-man*, Schmidt se virou como pôde. Trabalhou na Casa Barbosa Freitas e foi cacheiro viajante – os horários lhe permitam dedicar também à poesia – na Costa Pereira & Cia., que foi a sua grande escola.

Em 1930, compra a Livraria Católica que pertencia a Jackson de Figueiredo, líder do Movimento Católico Leigo, morto de forma trágica, em um afogamento dois anos antes. Nessa altura, a livraria já reunia um grupo heterogêneo de intelectuais católicos liderado por Alceu

Amoroso Lima, Heráclito Sobral Pinto, Hamilton Nogueira, Manuel Bandeira, Afonso Arinos de Melo Franco e do qual Schmidt fazia parte.

Sob a direção de Schmidt, a Católica passa a se chamar Livraria e Editora Schmidt. O primeiro livro a sair dos prelos da nova casa foi *Oscarina*, uma reunião de contos de Eddy Dias da Cruz, um jovem escritor de 24 anos, a mesma idade de Schmidt na época. Na sequência vieram *Maquiavel e o Brasil*, de Otávio de Faria, de 23 anos; *A mulher que fugiu de Sodoma*, de José Geraldo Vieira (34 anos) e *O país do carnaval*, do meninote Jorge Amado, à época, com 19 anos. Publicou ainda *Caetés*, romance de estreia de Graciliano Ramos, o mais velho da turma, com 41 na altura. Publicou ainda *João Miguel*, de Rachel de Queiroz, consagrada por *O quinze*, obra editada pela Nacional e responsável pela expulsão de Rachel do Partido Comunista Brasileiro (PCB).

Em 1932, cria a *Coleção Azul*, para abrigar livros que debatiam o cenário político da época. Nesta coleção, publica *A desordem*, de Virgínio Santa Rosa; *A gênese da desordem*, de Alcindo Sodré; *O que é Integralismo* e *A psicologia da revolução*, ambos de Plínio Salgado, e *Casagrande & senzala*, baseado na tese de mestrado que o jornalista pernambucano – até então totalmente desconhecido no Rio de Janeiro – Gilberto Freyre defendeu na Universidade de Colúmbia, em Nova York. Foi um estrondo, o primeiro grande sucesso da Schmidt.

A trajetória de Schmidt é relativamente curta, mas marcou a história editorial brasileira. Em 1934, apenas quatro anos depois do início de sua empreitada, o negócio entra em declínio. Em 1939, Schmidt resolve passar o comando da editora para o sócio Zélio Valverde, que funde a Schmidt à Valverde, criada por ele em 1937.

Hallewell analisa a meteórica carreira de Schmidt no livro:

É difícil ser dogmático a respeito das razões do fracasso de Schmidt: sua escolha de autores é prova de seu discernimento literário e sua carreira subsequente, marcada por notável série de cargos de direção em empresas não indica falta de capacidade empresarial. O que ele faltou, parece, foi capital, pois não teve a sorte de conseguir, logo no início, um livro capaz de fazer dinheiro rapidamente, como aconteceu com *Urupês* para Monteiro Lobato.

Sobre as experiências posteriores de Schmidt, ele passou por cargos de direção em empresas como Mannesmann, de irrigação, Orquima, de processamento de areias monazíticas (essenciais para a geração de energia nuclear), Panair, de aviação, e Disco, a primeira rede de supermercados brasileira.

Schmidt foi ainda colunista dos jornais *O Globo* e *Correio da Manhã*. Atuou como assessor de Juscelino Kubitscheck, para quem escrevia discursos, inclusive o de sua despedida, quando se exila em Paris. Ao logo da vida, Schmidt teve 22 livros de poesia publicados.

Morre aos 59 anos, em 1965, vítima de um infarto fulminante. O acervo de Schmidt foi depositado na Universidade Estadual Paulista (Unesp), que mantém o Espaço Schmidt, dentro da Biblioteca da Faculdade de Ciências e Letras no campus de Araraquara e ainda uma réplica de alguns dos cômodos do apartamento do poeta dentro de um dos prédios da universidade na capital paulista.

BAPTISTE LOUIS GARNIER

Baptiste Louis Garnier (1823 – 1893) era filho de Jean-Louis Garnier, patriarca de uma família de livreiros parisienses. Farejando oportunidades de crescimento, Baptiste-Louis desembarca do navio Stanislas no porto do Rio de Janeiro em 24 de junho de 1844. Logo estabelece na Rua do Ouvidor. Relativas prosperidade e estabilidade política serviram de combustível para os negócios do livreiro por aqui.

Depois de 1850, o público leitor passa por uma considerável expansão, em especial os leitores de romances e era justamente a ficção – estrangeira e nacional – a grande expertise do livreiro francês. Nos trinta anos de atividade – de 1860 a 1890 – a Garnier publicou 655 obras de autores nacionais.

Machado de Assis, José de Alencar, Joaquim Manuel de Macedo e Bernardo Guimarães foram alguns dos autores que cresceram nas mãos de Garnier. Machado, inclusive, escreveu, em 1865, que o editor ocupara o lugar deixado por Francisco de Paula Brito, "o primeiro editor digno desse nome que houve entre nós", morto quatro anos antes.

O fato é que Garnier foi o primeiro editor brasileiro a separar o negócio da edição do da impressão. Com o início das operações das rotas do Atlântico Sul por navios a vapor, o custo do frete barateou de forma tal que ficou mais barato imprimir na França do que nas oficinas tipográficas do Rio de Janeiro. E mais: se um veleiro faria a rota Paris –

Rio de Janeiro em 75 dias, um vapor percorreria a mesma distância em menos de 30 dias. Mais barato, mais rápido e mais atraentes aos olhos do leitor acostumado às referências parisienses, o centro do mundo na época. E Garnier sabia como poucos tirar proveito disso.

Garnier carregava consigo um inegável tino para fazer dinheiro. Como destaca Hallewell, "tendo o brasileiro Paula Brito chegado quase à falência na defesa da causa da literatura nacional, não foi muito diplomático da parte de um francês ganhar quase sete mil contos de réis com a mesma causa". E esse dinheiro era partilhado entre os autores (ao contrário de outros precursores da profissão no Brasil). Consta que Garnier pagava, com regularidade, os direitos autorais devidos e que remunerava acima da média também os seus tradutores. Se foi Paula Brito quem deu o primeiro emprego a Machado de Assis, foi Garnier quem deu reconhecimento ao seu trabalho. *Chrysalidas*, volume de poemas que marca a estreia de Machado na literatura, foi publicado em 1864 por Garnier. Foi contabilizada a venda de 800 cópias em um ano e todas as obras posteriores de Machado saíram com tiragem mínima de mil exemplares, número considerado alto para o mercado da época. Garnier era generoso com Machado e com quem ele julgava capaz de vender. *Helena*, romance de Machado publicado por Garnier em 1876, por exemplo, era vendido a 2$000. Machado recebeu pela obra 600$000, um negócio e tanto para o escritor.

Garnier foi também pioneiro na produção de livros escolares no Brasil. Antes dele, a Impressão Régia produzia alguma coisa, mas foi com ele que começou o desenvolvimento de um mercado de livros didáticos por aqui. O risco comercial dessa operação era alto, já que o número de alunos matriculados nas escolas brasileiras era muito baixo. Em 1869, apenas 120 mil crianças brasileiras recebiam educação primária e menos de dez mil frequentavam escolas secundárias.

Foi da editora de Garnier que saíram os pioneiros *Curso elementar de literatura nacional* (1862), de F. Pinheiro, *Exercícios de arithmetica e geometria* (1890) e *Elementos de grammatica portuguesa* (1880), ambos de Felisberto Rodrigues Pereira de Carvalho.

Como descreve Machado, Garnier era um *workaholic* e trabalha até o fim da vida. "O gosto do trabalho, um gosto que se transformou em pena, porque no dia em que deveria libertar-se dele, não pôde mais: o instrumento de riqueza era também o do castigo". Depois de sua morte, a firma foi para o irmão François-Hyppolyte, que tinha ficado em Paris.

FRANCISCO ALVES DE OLIVEIRA

Quem estiver passando pelas ruas do bairro da Tijuca, no Rio de Janeiro, pode trafegar ou a travessar a Rua Livreiro Francisco Alves. O logradouro público faz homenagem ao livreiro–editor português – posteriormente naturalizado brasileiro –, um dos pioneiros no mercado de livros didáticos por essas paragens.

Francisco Alves de Oliveira (1848 – 1917) nasce em Portugal em 1848 e chega ao Brasil em 1863, aos 15 anos, a convite do tio, o livreiro Nicolau Antonio Alves, que fundara a Livraria Clássica, em 1854. Assim que chega no Rio de Janeiro, trabalha em uma loja de materiais náuticos e, a aos 24, levanta dinheiro suficiente para abrir seu próprio negócio, um sebo na Rua São José, no centro do Rio. Dois anos depois, em 1873, resolve vender a livraria – com um bom lucro – e retornar a Portugal. Em 1882, recebe novo chamado do tio e resolve, mais uma vez, atravessar o Atlântico.

De volta ao Brasil, torna-se sócio da Clássica, dividindo o negócio com o tio e com o compatriota Antonio Joaquim Ribeiro de Magalhães, que logo desiste do negócio diante do temperamento difícil de Francisco. O tio também, já adoentado, repassa a direção da Clássica ao sobrinho que compra as suas cotas anos mais tarde, em 1897.

Muito antes disso, desde a década de 1870, Nicolau já definia seu negócio como uma firma de livros colegiais e acadêmicos. Francisco

Alves seguiu os passos do tio livreiro e foi além, inaugurando o braço editorial. Se Garnier foi quem começou a publicar livros didáticos no Brasil, foi Francisco Alves quem o desenvolveu.

O artigo 179 da Constituição Imperial do Brasil, de 1824, preconizava – pelo menos no papel – a universalização da educação básica. No entanto, foi só em 1888, no último ano do Império e com a economia cafeeira em alta, que os políticos perceberam o atraso do Brasil e, então, passou-se a investir em educação, pelo menos, em algumas regiões mais desenvolvidas do país. Com a Nova República, instituída em 1889, pode-se dizer que há um significativo aumento da população letrada do país. Só a título de comparação, em 1888 o Brasil contava com uma população de 13,7 milhões de pessoas, das quais 258,3 mil estavam matriculadas na educação primária. Em 1907, a população do país era de 20,6 milhões e o número de matriculados na educação primária era de 638,4. Ou seja, a população cresceu 50,3%, mas o número de matriculados explodiu, batendo crescimento de 147%. São Paulo, o estado mais impactado pela economia do café, viu o seu orçamento para a educação dobrar de tamanho entre 1888 e 1893.

Nesse auspicioso cenário, os negócios de Francisco Alves prosperaram. Em meados da década de 1890, praticamente já monopolizava o mercado de livros didáticos no Brasil. Em 1894, abre filial em São Paulo e, em 1906, uma nova unidade na recém-construída Belo Horizonte.

Esse poderio criou uma gigante e Francisco Alves passou a comprar editoras, formando um grande conglomerado, marcando o que seria, talvez, o primeiro grande grupo editorial do Brasil. Nessa época, passaram a fazer parte da Francisco Alves empresas como as paulistas Melilo N. Falconi e as cariocas Lombaerts, Livraria Católica, Sauvin, Livraria Luso-Brasileira, Lopes da Cunha, Empresa Literária Fluminense, Domingos de Magalhães e a Laemmert, uma das principais aquisições que trouxe consigo os direitos de publicação de *Os sertões*, de Euclides da Cunha; *Inocência*, de Taunay, e o *Tratado completo da conjugação dos verbos franceses*, de Casemiro Lieutaud, obra ativa no catálogo da Francisco Alves por quase 40 anos.

Diabético – em uma época em que não havia insulina – feriu-se em um acidente ferroviário sem gravidade. No entanto, por sua condição de saúde, o ferimento o levou a óbito em 29 de julho de 1904.

Em seu testamento, dedicava boa parte de sua fortuna a Academia Brasileira de Letras, incluindo a editora e as livrarias. A condição era a de que essa realizasse, a cada cinco anos dois concursos em sua homenagem, um deles deveria avaliar monografias que trouxessem como tema "melhor maneira de ampliar a educação primária no Brasil" e outro que contemplasse monografias sobre a língua portuguesa. A última edição do Prêmio Francisco Alves aconteceu em 2013. A edição de 2018 não foi realizada.

Por uma imposição estatutária, a Academia Brasileira de Livros estava impedida de gerir um negócio. Por isso, resolve vender os ativos de Francisco Alves. O comprador foi um grupo encabeçado por Antonio de Oliveira Martins e Paulo Ernesto Azevedo, este gerente da F. Alves em São Paulo. Com o surgimento da Companhia Editora Nacional, a Alves passa a ter uma grande concorrente no setor de didáticos e perde espaço. Paulo morre em 1946 e é sucedido pelos seus filhos Ivo e Ademar que agregam como novos sócios Álvaro Ferreira de Almeida, Lélio de Castro Andrade e Raul da Silva Passos. Nessa composição societária, a empresa passa a investir em textos literários. É nesse gestão que lança, por exemplo, *Quarto de despejo*, de Carolina Maria de Jesus, em 1960. Esse foi o primeiro grande sucesso editorial brasileiro no exterior, sendo vendido para 21 territórios, incluindo EUA, Reino Unido, França, Itália e Alemanha Ocidental. Até uma edição pirata apareceu em Cuba.

Em 1972, a empresa é novamente vendida para José Celso de la Rocque Maciel Soares Guimarães. Por uma mera coincidência – vale aqui lembrar que foi numa empresa de venda de produtos náuticos que Francisco Alves levantou dinheiro para abrir o seu primeiro negócio – uma empresa de navegação, a Netumar, de Ariosto Amado, adquire, em 1974, 80% da então chamada Livraria Francisco Alves Editora. Nessa ocasião, a empresa passa a ser gerenciada por Carlos Leal, que, junto com os irmãos, compra a empresa em 1994. Em 2011, com um passivo fiscal de R$ 1 milhão, Leal concede uma entrevista à Folha dizendo que não entraria para a história como o "camarada que fechou a Francisco Alves".

FRANCISCO DE PAULA BRITO

"Paula Brito foi o primeiro editor digno desse nome que houve entre nós". Assim Machado de Assis definiu o amigo e editor Francisco Paula Brito em artigo publicado no Diário do Rio de Janeiro em janeiro de 1865, quatro anos depois da sua morte.

Negro e filho e neto de escravos libertos, Paula Brito (1809 – 1861) cresceu em um ambiente marcado pelas mudanças. Ele nasceu no dia 2 de dezembro de 1809, pouco tempo depois da chegada da família real portuguesa ao Brasil fugida das tropas de Napoleão Bonaparte. Com a instalação da corte portuguesa no Rio de Janeiro, a cidade passou por intensas e profundas transformações. Para atender ao gosto refinado das pessoas da corte e com a abertura dos portos, surgiram teatros, escolas, novos jardins, parques e livrarias, inundadas de produções francesas importadas via Portugal. Em 1808, o Rio de Janeiro tinha duas livrarias. No ano seguinte, esse número saltou para cinco, sete em 1812 e doze em 1816.

Além disso aportou no Brasil a primeira imprensa legal, trazida da antiga corte para a publicação de documentos oficiais e oficialmente inaugurada no dia 13 de maio de 1808.

Nessa época, a Imprensa Régia imprimiu também, "por ordem de S. A. R. [Sua Alteza Real]", alguns livros. De acordo com Laurence Hallewell, foram 10 títulos entre 1808 e 1018, todos relacionados a temas de interesse do governo: economia política, geografia, agrimensura, medicina, saúde pública, desenho e astronomia. A censura e o monopólio da imprensa por parte da coroa só foram abolidos em 1821. Tipógrafos como José Mariano Conceição e Zeferino Vitor de Meireles e livreiros como Paulo Martin, Evaristo da Veiga e Manuel Joaquim da Silva Porto, este também tipógrafo, pavimentaram o caminho para a chegada de Paula Brito.

Aos 15 anos, em 1824 – quatro anos depois do fim da censura de imprensa no Brasil – Paula Brito começou a aprender o ofício de tipógrafo, na Imprensa Nacional. De lá, seguiu para a tipografia do francês René Ogier e depois trabalhou com redator e tradutor no *Jornal do Commercio*.

Em 1831, compra a livraria do primo Silvino José Almeida, localizada na Praça da Constituição (hoje Praça Tiradentes) e instala ali um prelo de madeira, dando início a sua Tipografia Fluminense de Brito e Cia de onde saem jornais como *A mulher do simplício*, o primeiro periódico brasileiro dedicado às mulheres, e *O homem de cor*, pioneiro na luta contra o preconceito racial (embora Paula Brito fosse dono de escravos – a abolição da escravidão só seria publicada em 1888).

Dos jornais aos livros foi um pulo natural e Paula Brito se fez o primeiro editor brasileiro ao fundar, no dia 2 de dezembro de 1850, a Empresa Tipográfica Dous de Dezembro. O nome escolhido para batizar a empresa não era aleatório. Além de ser o dia do seu aniversário, era também a data de nascimento de d. Pedro II, nascido em 1825, 16 anos depois de Paula Brito.

O imperador e Teresa Cristina eram "protetores e primeiros acionistas" da nova empresa do editor que ostentava, nos seus livros e na fachada da companhia, o título de Impressor da Casa Imperial.

Nas três últimas décadas de vida, entre 1931 e 1961, o editor levou ao público mais de uma centena de jornais e revistas, além de 400 livros e folhetos. Publicou, por exemplo, *O filho do pescador*, de Teixeira e Souza, de 1843, apontado como o primeiro romance brasileiro; *Últimos cantos*, de Gonçalves Dias, de 1851, *O Uraguai*, de Basílio da Gama, de 1855.

Das oficinas da Dous de Dezembro saíram ainda livros de nomes como Augusto Emílio Zaluar, Casimiro de Abreu, Domingos Alves Branco, Gonçalves de Magalhães, José de Alencar e Machado de Assis.

Sobre Machado de Assis, a propósito, vale um parêntesis. A partir de 1854, Machado começa a trabalhar na tipografia de Paula Brito como revisor e ali dá início a sua carreira literária, escrevendo para o periódico *A Marmota*, publicado pelo editor desde 1847. O primeiro texto de Machado a vir a público foi o poema *Ela*, impresso n'*A Marmota* em 1855.

Para empreender a Dous de Dezembro, Paula Brito abriu o capital da sua empresa e colocou à venda 150 ações cujo valor unitário era de 400 mil réis, totalizando 60 contos de réis. Cinco anos depois, em 1855, um novo empreendimento – a Empresa Literária de Paula Brito – e uma nova ida ao mercado. Colocou à venda 2.500 ações ao preço unitário de 200 mil réis, totalizando um capital de 500 contos de réis, dinheiro grosso na época.

Os planos do editor se frustram e um empréstimo prometido pelo governo não chegou. Em curto espaço de tempo, Paula Brito acumulou dívidas e processos. Em sua tese de doutoramento intitulada *Um editor no império: Francisco de Paula Brito (1809 – 1861)*, Rodrigo Camargo de Godoi levantou que, entre 1853 e 1856, o editor teve decretada a penhora de muitos dos seus bens, incluindo os prelos da empresa. O estudioso encontrou 19 processos contra o editor.

Em outubro de 1856, depois de uma reunião entre acionistas e credores, decidiu-se pela concordata extrajudicial da empresa. Na tentativa de salvá-la, foram arroladas as dívidas e foi nomeada uma comissão que daria conta de saldar os passivos. Em maio do ano seguinte, Paula Brito se vê sem saída, pede falência e realiza leilão para liquidar seus bens.

No dia 13 de maio, cinco dias depois do início do leilão, publica no seu *Marmota Fluminense* um artigo em que diz: "Tranquilo em nossa consciência, não nos queixamos do que temos sofrido, nem nos arrependemos do que havemos praticado. O dinheiro nunca foi, não é, e nem será o nosso ídolo".

Antes de sua morte, em 1861, Paula Brito chegou a empreender um novo jornal – *O Moderador* –, uma nova tipografia, localizada na Rua do Cano e uma nova livraria. Longe de conquistar o espaço de antes, o negócio do editor ganhou nova vida e certo êxito. Um novo empréstimo foi pleiteado junto ao governo, que reconheceu a utilidade do negócio, mas ao que sugere o inventário do editor, que morreu logo em seguida, não foi realizado.

Paula Brito morre em 1861, sofrendo uma linfatite (inflação dos gânglios linfáticos), aos 52 anos deixando mulher e duas filhas, Rufina, que herdou o nome da mãe, e Alexandrina. Com a morte do editor, a viúva assume os negócios. Foram muitos os revezes – incluindo aqui um incêndio que acometeu edifícios vizinhos ao estabelecimento dos Brito. A água do rescaldo danifica o resto dos livros, equipamentos e suprimentos da tipografia – até que, em 1875, os irmãos Laemmert assumem a tipografia. Rufina morre em 1879.

MANUEL ANTÔNIO DA SILVA SERVA

Em 1808, quando a família real portuguesa vem se refugiar no Brasil, a embarcação que trazia o Príncipe Regente aporta, primeiramente, em Salvador, antes de chegar ao Rio de Janeiro.

Nesta parada, D. João VI recebeu do livreiro português Manoel Antônio Silva Serva (1760 – 1819) o pedido de permissão para que viajasse à Inglaterra para comprar um prelo para a Bahia.

O comerciante nasceu em Vila Real de Trás-os-Montes, no Norte de Portugal, provavelmente em 1760. A data da sua chegada em Salvador é controversa, mas segundo documentos encontrados pelo jornalista Leão Serva, isso poderá ter acontecido em 1792. Na capital baiana, ele vivia da venda de produtos importados da Europa, inclusive livros.

A permissão veio em 1909 e Serva seguiu para a Inglaterra de onde retornou no fim de 1810, trazendo consigo, além do maquinário, uma equipe de artesãos contratada em Lisboa. De volta ao Brasil, apresenta pedido de autorização para o início das operações da sua tipografia, que é negada pelo governador-geral da Bahia, Conde dos Arcos. Diante da negativa, Silva Serva segue para o Rio de Janeiro e, no início de fevereiro, volta com uma carta-régia que instruía a aprovação do pleito.

Já de volta a Salvador, coloca as máquinas para funcionar e imprime as suas três primeiras peças gráficas: o prospecto de um jornal, um impresso de 11 páginas com a *Oração gratulatória do Príncipe Regente*, de autoria de Inácio José de Macedo, e um plano para o estabelecimento de uma biblioteca pública em Salvador. O governador-geral se interessou especialmente para a biblioteca e se movimentou para tirar o plano do papel, o que de fato aconteceu.

Junto com a chegada do prelo de Silva Serva, foi criada uma comissão de censura que passou a avaliar o que era produzido pela tipografia. Lembrando que a censura e o monopólio da imprensa no Brasil só foram abolidos anos mais tarde, em 1821.

Mesmo com o olho da coroa, saíram do prelo de Serva livros proibidos e outros tantos piratas. "Buscando aumentar as vendas, Serva também fez cópias piratas, reproduzindo em sua gráfica da Bahia volumes de sucesso no exterior sem autorização de seus autores", aponta o jornalista Leão Serva na biografia que escreveu sobre o seu tataravô.

Como o mercado baiano era relativamente pequeno, Silva Serva passou a mirar na corte. Ali, instituiu o livreiro Manuel Joaquim da Silva Porto, também português, como seu represente comercial. Além disso, passou a viajar – ele mesmo – ao Rio de Janeiro em busca de encomendas de novos títulos.

Na capital, a Impressão Régia produzia, além de documentos oficiais, toda sorte de impressos, desde folhetos encomendados por comerciantes até jornais e livros de autores que desejavam se publicar. Os preços cobrados pela Impressão Régia nem sempre eram amigáveis o que abriu caminho para Silva Serva voltar de suas viagens à corte com encomendas que eram produzidas, a um preço mais em conta, em suas oficinas em Salvador. Foi em uma dessas viagens que Silva Serva morreu, em 1819.

Em vida, saíram do prelo de Silva Serva cerca de 175 títulos, dos mais variados assuntos: livros religiosos, de Direito, Medicina

(Salvador foi a primeira cidade brasileira a abrigar um curso de medicina) e pouca coisa de literatura, na sua maioria traduções.

Seu genro, que nessa altura do campeonato já era sócio da companhia criada por Silva Serva, continua com o negócio que sobrevive até 1846.

PEDRO DA SILVA QUARESMA

Numa época em que o comércio de livros no Rio de Janeiro estava nas mãos de estrangeiros como o francês Jean Baptiste Garnier, o português Francisco Alves de Oliveira e os irmãos Laemmert, de origem alemã, um brasileiro revolucionou o mercado editorial no país.

Trata-se de Pedro da Silva Quaresma (? - 1921), que adquire, em 1891 a Livraria Econômica, fundada vinte anos antes pelo baiano Serafim José Alves, que vinha a ser primo de Castro Alves. Sob seu comando, a Econômica é rebatizada como Quaresma e começa a publicar livros populares. "Quaresma compreendeu que o melhor meio de levá-lo [o povo brasileiro] ao livro era dar-lhe leitura fácil, amena ou de interesse prático, mas de cunho essencialmente popular, ao alcance de qualquer um e em brochuras módicas", escreveu o crítico literário Brito Broca em 1951[1].

No seu tempo, o termo "Edições Quaresma" passou a significar livros de grande alcance.

Saíram das gráficas de Quarema títulos extremamente populares como *Os roceiros* e *O livro dos fantasmas*, de Viriato Padilha, pseudônimo do contista e jornalista Annibal de Andrada Mascarenhas. Publicou ainda *Manual dos namorados* e *Orador do povo*, escritos anonimamente por Figueiredo Pimentel, cronista do elegante Binóculo.

---
1. BROCA, Brito. *O repórter impenitente*. Unicamp, p. 48.

Foi Quaresma quem lançou Catulo da Paixão Cearense de quem publicou modinhas e canções reunidas em livros como *Cancioneiro popular, Florilégio dos cantos* e *Lira brasileira*, títulos depois renegados pelo próprio autor por considerá-los uma espécie de "pré-história de sua carreira literária"[2].

Mas mais do que um editor de livros populares, Quaresma é considerado o pai da edição de livros infantis no Brasil. Foi pioneiro nessa área. O que havia disponível naquela época pra esse público eram livros em francês ou em português falado em Portugal. "A criança não apenas se confundia com as palavras e o estilo grotesco desses livros como, frequentemente, tinha dificuldade até mesmo de compreendê-los", registrou Hallewell[3].

Quaresma contratou, então, Figueiredo Pimentel[4], que tratou de verter para texto histórias de tradição oral. Se até hoje as *Histórias do Arco da Velha*, as *Histórias da Baratinha* ou os *Contos da Carochinha* estão vivas na memória e no inconsciente coletivo do brasileiro, se deve à dupla Quaresma e Figueiredo Pimentel. Os livros faziam parte da coleção *Biblioteca Infantil da Livraria Quaresma*.

Os volumes chegavam com gravuras e ilustrações coloridas na capa, o que despertava maior interesse entre os pequenos leitores.

Outra inovação implementada por Quaresma no incipiente mercado editorial da época foi o seu pioneirismo em investir em publicidade. "Quando lançava uma edição, costumava fazer grandes cartazes com o nome do livro e mandava pregá-los por todos os cantos da cidade"[5]. Além disso era muito comum encontrar anúncios de seus livros – principalmente os infantis – em periódicos como *Gazeta de Notícias* e

---

2. Idem.
3. HALLEWELL, p. 306.
4. https://www.e-publicacoes.uerj.br/index.php/soletras/article/download/30191/22321
5. BROCA, Brito, p. 49.

O Paíz[6]. Muitos dos artigos vinham com as palavras garrafais: "Livros baratíssimos" e ainda troças como "Até cadáveres se levantam para aproveitar os precinhos".[7]

Criou uma rede de representantes comerciais que vendiam seus livros via catálogo, outra grande revolução para a época. Como resultado, "as edições Quaresma eram vendidas nos circos de cavalinhos, nas festas e feiras, nas ruas, pelas calçadas, nas quais Bandeira, um conhecido vendedor no Rio de Janeiro, fazia espalhar um tapete mágico de livros"[8].

Mais tarde, Quaresma se notabilizou por publicar livros de culinária. Neste sentido, *O cozinheiro popular*, publicado pela editora a partir de 1900, desempenhou papel fundamental. Anunciado na edição do jornal *O Paíz* de 2 de fevereiro de 1900, o livro prometia ser um "manual completíssimo da arte da cozinha", trazendo receita de "guizados mineiros, quitutes bahianos, gêneros paulistas, iguarias do norte, manjares do sul, principalmente do Rio Grande"[9].

Quaresma morre em 1921. O negócio é assumido pelo filho Napoleão que o revende para o livreiro português José de Matos. A Livraria Quaresma cerrou em definitivo as suas portas trinta anos mais tarde, em 1951.

---

6. https://www.e-publicacoes.uerj.br/index.php/soletras/article/download/30191/22321, p. 318.
7. EL FAR, A. 2011. Os romances de que o povo gosta o universo das narrativas populares de finais do século XIX. Floema, p. 13.
8. BORGES, A. 2002. Brasil em imaginação: livros, impressos e leituras infantis (1890-1915). Disponível em: http://www.repositorio.ufc.br/handle/riufc/27180. Acesso em: 19/05/2020.
9. http://revistas.unisinos.br/index.php/historia/article/viewFile/hist.2019.232.11/60747030, p. 278.

PIERRE RENÉ FRANÇOIS PLANCHER DE LA NOÉ

Para entender chegada de Pierre René François Plancher de la Noé (1779 – 1844) ao Brasil, em 1824, é preciso voltar para 1789 e visitar uma França em ebulição frente à queda da Bastilha. Seu pai, um advogado aristocrata, morrera um pouco antes e a sua fortuna se perdeu durante a Revolução. A indústria editorial francesa se desfaz nesse período. Apesar de suas origens, Plancher era um bonapartista e deve ter ficado feliz quando seu herói consegue fugir do exílio forçado na Ilha de Elba e retorna a Paris, em 1815. Nesse mesmo ano, dentro do período que ficou conhecido na História como o Governo dos 100 Dias, um primo de Plancher morre e provavelmente lhe deixa uma boa herança, com a qual ele conquista a sua independência financeira. Com a derrota de Bonaparte em Waterloo, Luiz XVIII volta ao poder.

Plancher, nessa altura, surfava em um relativo sucesso editorial. Publica, por exemplo, a obra completa de Voltaire em 42 volumes. Apesar do bom cartaz profissional, estava inquieto com a volta da monarquia e é preso quando distribuía panfletos contrários à realeza. Decide, então, deixar a França e se exilar no Brasil, considerado um bom refúgio para os bonapartistas desde Waterloo.

Na sua bagagem, trouxe consigo não apenas equipamentos necessários para a impressão como também artesãos suficientemente treinados para o ofício. Abriu sua primeira loja em 1824, provisoriamente na Rua do Ourives, no centro do Rio de Janeiro. Logo depois se muda para uma maior, na Rua do Ouvidor. Foi nesse novo endereço que começou a publicar, em português, livros de cunho político ou sobre administração, além do jornal *O Spectador Brasileiro*. A despeito dos serviços da Typographia Nacional, foi dos prelos de Plancher que saiu, por exemplo, a *Constituição do Império do Brasil*, de 1824.

Plancher também publicou ficção. Apesar de já circularem pelas ruas da corte algumas novelas, todas eram cópias das já publicadas em Portugal ou de obras impressas na França e importadas para cá. Mas foi Plancher o primeiro a publicar uma novela brasileira: *Statira e Zoroastes*, de Lucas José de Alvarenga, que veio a público em 1826.

Com a abdicação de Carlos X, em 1830, e de Dom Pedro I, no ano seguinte, Plancher resolve vender seus negócios no Brasil para Jûnio Constâncio de Villeneuve e Réol-Antoine Mougenot.

Volta para a França, em 1834. Um pouco mais tarde, Mougenot vende a sua parte a Villeneuve que segue com o empreendimento e se torna o maior impressor do Brasil na época. No entanto, sob direção de Villeneuve, o negócio de livros perde importância, enquanto a produção de periódicos – em especial do *Jornal do Commercio* que sobreviveu até 2016 – ganha vulto. Os livros que ainda saíam das gráficas do novo dono eram reimpressão de materiais antes publicados como folhetins no jornal.

Em 1844, Villeneuve segue para a França onde morre vítima de um derrame cerebral. O negócio permanece na família até 1890, quando o herdeiro passa a tipografia para José Carlos Rodrigues.

OS
REVOLUCIONÁRIOS

AGRIPINO GRIECO & GASTÃO CRULS

Uma casa do início da década de 1930, dona de uma trajetória meteórica, foi a Ariel, de Gastão Cruls (1888 – 1959) e Agripino Grieco (1888 – 1973). O primeiro deles era médico de formação e filho do cientista belga Luis Cruls – diretor do observatório astronômico instalado no topo do Morro do Castelo, completamente desbastado em 1922. O outro, filho de imigrantes italianos, tinha se dedicado à crítica literária em jornais da época, trabalho que o tornou conhecido pela sua língua afiada, e ainda de um apurado faro literário construído à custa de muita leitura.

A Ariel teve vida curta. Funcionou de 1930 até 1939, mas marcou a história editorial brasileira ao se tornar uma das primeiras casas dedicadas exclusivamente à edição de livros (não tinha parque gráfico e nem livrarias) e ao construir um catálogo eclético que ia da literatura nacional da época, até os livros jurídicos, passando pela ficção literária traduzida e livros científicos.

Um dos nomes que ajudou a dar relevo à história da Ariel foi Jorge Amado. Depois de publicar seu primeiro livro, *O país do carnaval*, pela Schmidt, com relativo sucesso, resolve mudar de casa. Pesou nessa sua decisão a fama de mau pagador de Schmidt. As reiteradas investidas da censura fizeram dos livros de Jorge Amado um sucesso editorial nas mãos da Ariel. O primeiro deles foi *Cacau* que saiu com tiragem inicial de dois mil exemplares em agosto de 1933.

Alegando inadequação do linguajar aplicado por Amado – a vila operária onde se passa a trama era chamada Cu de Bunda, só para constar –, a polícia carioca apreende os livros, que só são liberados depois de Cláudio Ganns, amigo dos editores, interceder junto ao então ministro da Justiça, Graça Aranha.

Outros autores abraçados pela Ariel foram Raul Bopp, Murilo Mendes, José Lins do Rego, além dos próprios Agripino e Gastão.

A editora publicava também o *Boletim de Ariel*, uma das mais importantes revistas literárias da época. Com periodicidade mensal, o veículo tinha tiragens de três mil exemplares.

A Ariel encerra as suas atividades em 1939, vendendo o que restava em seus estoques para a Civilização Brasileira, nessa altura sob o comando de Octalles Marcondes Ferreira. O fim da Ariel coincide com a mudança de José Olympio de São Paulo para o Rio de Janeiro. "Parece não haver dúvida de que a Ariel não estava à altura de competir com o jovem paulista que, rapidamente, se tornou o editor literário mais importante do Brasil e o nome mais prestigioso no negócio livreiro do país", explica Hallewell.

Gastão Cruls morre em junho de 1959. Hoje é homenageado como nome de rua no Rio de Janeiro, Belo Horizonte e Aparecida de Goiânia. Já Agripino Grieco viveu até 1973 e também é nome de praça e de escola no Rio de Janeiro.

ALCEU AMOROSO LIMA &
CÂNDIDO GUINLE DE PAULA MACHADO

A edição do jornal *O Globo* de 5 de dezembro de 1944 noticiava que "nada menos de 37 pessoas" já tinham se inscrito para usar o serviço de mensagens radiofônicas enviadas para os brasileiros que combatiam na Segunda Guerra Mundial, que duraria mais nove meses. Eram "mães, esposas, filha e parentes" que passaram a ter uma chance de mandar notícias para os seus que estavam combatendo do outro lado do Atlântico.

Na mesma página, uma outra novidade resumida na manchete "Inaugurou-se a Livraria Agir":

À Av. Marechal Câmara, 159, na parte mais nova da Esplanada do Castelo, inaugurou-se ontem a primeira livraria da nova organização Artes Gráficas Industriais Reunidas S/A, sob a direção dos Drs. Guilherme Guinle, Cândido Guinle Paula Machado, Rubens Porto e José Vieira Coelho. Com a presença do embaixador do Canadá, Sr. Jean Désy, e várias outras altas personalidades, foi dado início ao ato pelo diretor-literário da A.G.I.R, Sr. Alceu Amoroso Lima, que, com muita sinceridade, evocou as alegrias e preocupações nascidas de um momento como esse: o início da vida de uma iniciativa cheia de responsabilidades. Explicou também os objetivos dessa poderosa organização, objetivos que se realçam, naturalmente, no instante de véspera de expectativas que o mundo vive. Os diretores da A.G.I.R foram calorosamente cumprimentados.

Cândido Guinle Paula Machado (1918 – 2000) era um endinheirado herdeiro da família Guinle, vinda da França em 1866 e por aqui se instalou primeiro com uma loja de produtos importados – a Aux Tuilleries – e, mais tarde, com uma empreiteira que ganhou, em 1888, a concorrência para construir o Porto de Santos inaugurado quatro anos mais tarde. Fizeram fortuna.

Com o tio Guilherme Guinle, Cândido, que era médico de formação, desenvolveu um peculiar gosto pelas artes. Era um grande colecionador de obras de arte e de mobiliário dos séculos 18 e 19. Deve ter sido daí o interesse em fundar, aos 26 anos, a Agir.

O primeiro livro foi *A descoberta do outro*, autobiografia do pensador católico Gustavo Corção. A escolha do título de estreia teve a ver, claro, com o "diretor-literário" da nova casa. Alceu Amoroso Lima era um dos mais proeminentes líderes do movimento católico da época. Esteve, na década anterior, intrinsecamente ligado à Livraria Católica, embrião que deu origem à Schmidt.

Alceu Amoroso Lima (1893 – 1983) era filho de um industrial têxtil que fundou, com Machado de Assis, o Clube Beethoven, uma agremiação cultural que reunia intelectuais da época para ouvir música e jogar xadrez. Advogado de formação, Alceu exerceu por pouco tempo a profissão. Em 1919, aos 26 anos (mesma idade de Guinle ao se lançar editor), enverada para o mundo das letras, como crítico literário d'*O Jornal*, fundado por Renato Lopes.

Nasce Tristão de Ataíde, o nome que Alceu adotou na literatura. Atuou como titular da coluna *Bibliografia* até 1924, quando se vê questionando sua própria existência e começa a se corresponder com Jackson de Figueiredo, fundador da Livraria Católica e do Centro Dom Vital, um centro de estudos vinculado à Igreja Católica. Alceu, mais liberal nos costumes, entrou no embate com Jackson, mais pendido ao pensamento conservador. Essas discussões culminaram com a conversão de Amoroso ao catolicismo (e ao conservadorismo) em 1928.

Foi um escândalo no meio intelectual. Mário de Andrade chegou a anunciar a morte de um crítico literário. No mesmo ano de sua conversão, Jackson morre. Alceu assume a direção do Dom Vital; passa a editar a revista *A Ordem* e reassume a coluna n'*O Jornal*, só que agora com o nome *Letras Universais* e voltada para questões religiosas, filosóficas, sociológicas, econômicas, políticas e pedagógicas. Não por acaso esses eram os temas principais que delinearia, mais tarde, a política editorial da Agir.

Em 1935, assume a cadeira de número 40 da Academia Brasileira de Letras e é como imortal e convicto de que "o catolicismo era uma posição de direita" que se posiciona a favor de Francisco Franco diante da Guerra Civil Espanhola e contra os comunistas ao integrar uma comissão de defesa da cultura nacional contra o bolchevismo.

Na década seguinte, quando assume a direção literária da Agir, Amoroso revê seus princípios filosóficos e políticos. Conclui "que o fato de acreditar na liberdade acima da autoridade, de acreditar na democracia acima das oligarquias ou autocracias, de acreditar na liberdade de pensamento acima do dirigismo intelectual, não implicara em nenhum conflito com suas convicções católicas, e não existia entre uma coisa e outra a menor incompatibilidade". Das influências de Jackson de Figueiredo restaram só a fé católica. O seu radicalismo passara como uma febre. Mais tarde, com o golpe de 1964, assume uma postura de sistemática oposição ao governo de Castelo Branco. É histórico, inclusive, o seu artigo intitulado "Terrorismo Cultural" publicado no *Jornal do Brasil*, onde era colunista na época.

De volta à Agir, o grande sucesso da editora foi *O Pequeno Príncipe*, de Antoine de Saint-Exupéry, lançado em 1944, com a coincidência de que a publicação acontece juntamente com a notícia do desaparecimento do autor, que era aviador e lutava pelo lado francês na Segunda Guerra. A Agir – com outra composição acionária – publicaria esse livro até 2014, quando a obra cai em domínio público.

Com o dinheiro de Guinle e as "responsabilidades" de Alceu, a Agir foi considerada , até a década de 1970, a editora brasileira mais bem administrada. Depois de 26 anos, Alceu deixa o cargo de diretor-literário da Agir. Junto à vida de dono de editora, Cândido foi banqueiro, presidiu a Companhia Docas de Santos e o Sindicato Nacional dos Editores de Livros (SNEL) em três biênios: entre 1958 e 1960 e entre 1966 e 1970. Em determinado momento, passa o negócio ao seu filho, José de Paula Machado, que, além de editor, era também fotógrafo.

Alceu morre em 1983 em decorrência de um câncer de próstata. Em 1998, Cândido também descobre um câncer – no pâncreas – que o vitima em 2000. Em 2002, numa discreta transação, a Ediouro compra a Agir.

ALFREDO MACHADO, SERGIO MACHADO & SÔNIA JARDIM

Se houve, no Brasil, um editor que pode ser classificado como *jet-setter*, este foi Alfredo Machado (1922 – 1991). Figura influente não só no mundo do livro, o patriarca da dinastia Machado não só circulou na alta roda mundial, como recebeu grandes nomes internacionais em sua casa, no Rio de Janeiro. Sonia Jardim, sua filha e quem assumiu os negócios da família depois da morte do irmão, Sergio, lembra da insistência do pai em convencer ninguém menos que Elton John a trocar seus óculos por lentes de contato. Alguém consegue imaginar o Rocketman sem seus icônicas lunetas? Alfredo Machado, sim.

Para se ter ideia da dimensão de Alfredo, Ivan Pinheiro Machado, cofundador da L&PM conta, em tom de anedota, que a primeira vez que esteve na Feira do Livro de Frankfurt não fez questão de desmentir toda vez que agentes e editores internacionais achavam que ele tinha algum parentesco com o veterano.

Ainda adolescente, aos 13 anos, começa a trabalhar no Suplemento Juvenil, encartado no jornal *O Globo*. Cuidava ali da tradução das tirinhas. Aos 20 anos, enxerga uma oportunidade. Percebe que comprava os direitos de uso das histórias em quadrinhos de sindicatos de quadrinistas dos EUA. Resolve, então, criar aqui no Brasil uma espécie de distribuidora destes conteúdos.

Em 1942, funda, com o amigo – que mais tarde se tornaria cunhado – Décio Guimarães de Abreu a Distribuidora Record de Serviços de Imprensa. A empresa comprava os direitos diretamente destes sindicatos e os revendia, aqui no Brasil, não só para O Globo, mas também para outros veículos que traziam histórias em quadrinhos em suas páginas.

O negócio cresce. Mas, Alfredo nunca deixa seu lado empreendedor de lado. Mesmo antes de a Record se tornar a Record, editora de livros, ele monta uma agência de publicidade, que chegou a ter contas como a da KLM e da Philips; uma agência de viagens, posteriormente vendida ao Banco Itaú, e foi produtor de musicais, trazendo pro Brasil montagens de *My fair lady*, estrelado aqui por Bibi Ferreira, e *Noviça rebelde*, com a iniciante Marília Pêra no papel principal.

Décio vinha de uma família de livreiros. Seu pai, Aurélio de Abreu, vendia livros de Medicina para alunos da Universidade do Brasil. Em sociedade com outro Alfredo, de sobrenome Delvaux, Décio funda a Casa do Livro, uma pequena livraria na rua São José, no centro do Rio, embrião do que foi mais tarde a rede Eldorado, que chega a ter mais de dez unidades na cidade. No andar de cima da livraria ficava a Record.

Com a instalação da ditadura cívico-militar no Brasil, os EUA aportam no país com um programa de incentivo à publicação de livros. Apoiados pelo Grupo Executivo da Industria do Livro (Geil), órgão governamental criado em 1966 com a finalidade de incentivar a indústria do livro, os norte-americanos forneciam o texto original, pagavam parcial ou integralmente os direitos autorais e, em muitos casos, ofereciam até a tradução do livro e ainda apoio financeiro para a publicidade necessária. Em algumas vezes, pagavam até a produção do livro.

Com esse incentivo, Alfredo e Décio começam a editar livros, sem grande sucesso. Há quem conte que Alfredo chegou para Décio e perguntou: "não dá para fazer um livro que venda?".

Os insaciáveis, de Harold Robbins, transformou essa história. O livro, que tinha provocado enorme polêmica nos EUA ao trazer descrições explícitas de cenas de sexo, chegava no Brasil com a inusitada tradução de Nelson Rodrigues, que não falava inglês. Vendeu como água no deserto e transformou a história da Distribuidora Record de Serviços de Imprensa.

Entre 1964 e 1966, Décio assume a presidência do Sindicato Nacional dos Editores de Livros (SNEL), que reconhece como um dos seus principais legados o incentivo a editores na participação na Feira do Livro de Frankfurt.

A personalidade marcante de Machado e desentendimentos a respeito das estratégias do negócio levaram os cunhados – a essa altura Machado já tinha se casado com Glória, a irmã de Décio – a desistirem da sociedade em 1970. Décio, assim, focou nas livrarias. Alfredo, na editora.

As agências de publicidade e de turismo e a produtora de teatro já eram coisas do passado. A partir daquele momento, seu tempo era totalmente dedicado ao livro. Exceto por um curto período, em 1975, quando recebeu do prefeito Marcos Tamoyo a missão de chefiar a Secretaria Municipal de Turismo da Cidade Maravilhosa. Alfredo colocou todo seu charme a favor do cargo e suas festas de carnaval – numa época em que ainda não existiam nem a Sapucaí e nem seus camarotes – entraram para os anais do colunismo social carioca.

A crise que se abateu sobre a concorrente Martins entre 1973 e 1974 abriu caminho para que Machado comprasse os direitos de nomes importantes da literatura nacional. Foi assim que nomes como Graciliano Ramos e Jorge Amado passaram a fazer parte do catálogo da Record.

Uma das principais marcas do editor Alfredo Machado foi o investimento pesado em publicidade. Nunca, antes dele, ninguém tinha colocado tanto dinheiro nisso. Ao lançar *Tieta do Agreste*, livro que marcava a entrada de Jorge Amado na Record, Alfredo inovou. O lançamento foi anunciado em aviões que sobrevoavam as praias cariocas.

Em pouco tempo, a Record se tornou a casa dos best-sellers. Alfredo, que não deixava provocações sem respostas, cunhou frases como: "Já fui chamado de 'o rei dos importadores de lixo cultural estrangeiro', título que ostento com muito orgulho, porque transformo esse 'lixo' no adubo que me permite manter um pouco viva a árvore da literatura brasileira"; "Vendo livros como quem vende sabonetes" ou "Publico do sublime ao ridículo, mas ganho dinheiro com o ridículo".

Alfredo morre em 8 de fevereiro de 1991, em plena sexta-feira de carnaval, aos 68 anos, vítima de um tumor cerebral. Poucos dias depois, cerca de 300 editores e agentes literários presentes na Feira do Livro de Nova York prestaram homenagem ao editor. Quem esteve presente relata que o tributo em nada se parecia com um funeral, mas com uma festa de despedida, com samba e caipirinha.

Quando morre Alfredo, a Record já reunia em seu catálogo mais de 2,5 mil títulos.

O SUCESSO DA SUCESSÃO

Sob a batuta de Alfredo Machado, a Record era só a Record. O grupo editorial, que chegou a ser o maior conglomerado editorial da América Latina, foi erigido por seu filho, Sergio Machado (1948 - 2016).

Economista de formação, ele se muda para Vitória, onde começa a sua carreira na Vale do Rio Doce. Chega à Record em um momento crucial do negócio fundado por seu pai e tio. O ano era 1972 e Sergio tinha 24 anos. O primeiro sucesso já tinha sido publicado, a sociedade entre Alfredo e Décio já estava desfeita e o filho chega para dar apoio ao pai.

Sergio traz para a empresa um senso de organização e de estruturação que veio a pavimentar, mais tarde, o caminho para o crescimento. Instala, em 1974, um computador da marca Singer, que ocupava uma área enorme. Foi, portanto, uma das primeiras – se não a primeira – editora brasileira a ter um computador. No fim dos anos 1970, viabiliza, graças a um financiamento do BNDE (nome que o Banco Nacional de Desenvolvimento Econômico e Social – BNDES – carregava até 1982), a construção do prédio que ainda hoje a editora ocupa.

Em 1989, lidera a implementação do parque gráfico da Record, que ganhou um sistema Cameron de impressão. A então novidade permite confeccionar um livro em linha: de um lado a bobina de papel e do outro, o livro impresso e já encadernado. Olhando em perspectiva, Sonia Jardim atesta: "A grande contribuição do Sergio, enquanto papai ainda era vivo, foi a de montar uma infraestrutura para que a Record pudesse crescer. As políticas de expansão seriam impossíveis se não tivesse essa infraestrutura que ele implementou na empresa".

Com a morte de Alfredo, Sergio assume o negócio da família e o transforma. Bota fermento na massa. E sob sua gestão, a empresa publica livros de grande sucesso comercial, como foi o caso de *Passando a limpo*, livro de Pedro Collor de Mello que culminou com o impeachment do seu irmão, Fernando Collor de Mello. Outro livro desse início dos anos 1990 foi *Zélia, uma paixão*, de Fernando Sabino. "O livro saía da máquina da gráfica direto para o caminhão", lembra Sonia.

Pós-Plano Real, veio a estabilidade que permitiu à Record crescer de forma exponencial. A estrutura já estava montada e Sergio começa a comprar outras editoras. A primeira foi a Rosa dos Tempos, da qual a Record já era sócia, detendo 40%. Em 1994, adquire a totalidade e é o primeiro selo adquirido pelos Machado. Depois da editora feminista fundada por nomes como Rose Marie Muraro, Ruth Escobar e Laura Civita, vieram outras tantas.

Em 1995, Sergio recebe o suporte da irmã caçula, Sonia, que assume o departamento financeiro da empresa. Engenheira civil, ela atuava no departamento de planejamento de uma grande construtora do Rio de Janeiro. Resolve fazer um curso de especialização em gestão financeira na PUC Rio e depois um mestrado na área de administração de empresas. Estava pronta para assumir o departamento financeiro da "Mansão", como a Record era chamada – em contraposição à "Casa" de José Olympio.

Juntos, eles começam a política de expansão que levou à criação do Grupo Editorial Record. Depois da Rosa dos Tempos, veio a BCD, a fusão das editoras Bertrand, Civilização Brasileira e Difel, em 1996. "Não eram meramente uma fusão. Queríamos manter a identidade de cada uma das editoras", observa Sonia.

No dia 16 de outubro de 1997, a editora sofreu um revés que marcou não só a sua história, mas também a da Record. Sonia é sequestrada quando saía da sede da Record, no Rio. Segundo contou aos jornais da época[1], conseguiu fugir ao perceber um descuido por parte dos sequestradores, no dia 12 de novembro, depois de quase um mês no cativeiro.

Em 2000 adquirem a lendária José Olympio e, com essa movimentação, rebatizam o negócio como Grupo Editorial Record. Dois anos depois, compra de Richard Civita o selo BestSeller e um pouco depois a paulista Verus. Em 2012, quando a Record completa 70 anos, Sergio e Sonia compram a Paz e Terra, de Fernando Gasparian. Com isso, a "mansão" ganhava o reforço de 1,2 mil títulos de 500 autores, incluindo nomes como Paulo Freire, Norberto Bobbio, Eric Hobsbawm, Celso Furtado, Fernando Henrique Cardoso, Hélio Jaguaribe, Manuel Castells e Kenneth Maxwell[2]. "Um dos grandes legados de Sergio foi perceber que

---
1. https://www1.folha.uol.com.br/fsp/cotidian/ff131138.htm
2. *O Globo*, 21/12/2012 – https://blogs.oglobo.globo.com/prosa/post/grupo-record-compra-editora-paz-terra-479735.html.

estas marcas tão relevantes na história editorial brasileira conseguiriam sobreviver se tivessem um grupo forte por trás", comenta Sonia.

A exemplo do pai e irmão, Sonia também foi presidente do SNEL. Comanda a entidade entre 2008 e 2014. Preside, nesta mesma época, a Associação Nacional dos Editores de Livros, erguida para enfrentar uma ação no Supremo Tribunal Federal que queria derrubar a censura prévia de biografias no país. A nova entidade entrou, em 2012, no colegiado com uma ação direta de inconstitucionalidade, questionando o artigo número 20 do Código Civil Brasileiro. Em 2015, sai a decisão do Supremo que determinou que editores e autores poderiam publicar biografias sem a autorização prévia dos biografados.

Sonia lembra que o irmão mais velho sempre repetia que morreria aos 68 anos. Em maio, já internado em um centro de terapia intensiva, ele fez 68 anos. Morre em junho de 2016, com a mesma idade do pai. Ele se recuperava de uma cirurgia no cérebro. A vida e o legado de Sergio também foram celebrados pelos colegas. Em outubro desse mesmo ano, em uma reunião no FrankfurterHof – hotel que a família Machado se hospeda em toda Feira do Livro de Frankfurt, desde Alfredo –, editores e agentes internacionais lembraram do editor.

Sonia assume o negócio, ao lado das sobrinhas (filhas de Sergio) Roberta, que passa a ser vice-presidente do grupo, e Rafaela, editora do selo Galera, destinado ao público jovem.

ALFREDO WEISZFLOG

É muito comum ouvir de pessoas que trabalham no mercado editorial que elas foram "picadas pelo bichinho do livro". Na história de Alfredo Weiszflog no livro não começa com um bichinho e sim com uma árvore. Uma bananeira. O editor se apaixonou pelo livro depois de plantar uma bananeira. Não literalmente, mas, depois de ficar de ponta cabeça mesmo.

Ele já tinha se graduado em jornalismo e trabalhado por 11 anos – desde os 13 – na indústria de papeis do Grupo Melhoramentos, empresa fundada em 1890 e da qual o avô foi sócio depois de aportar no Brasil, vindo da Alemanha.

Foi aí que ele pegou as malas e seguiu no caminho inverso e foi estagiar na Rowohlt, uma gráfica alemã especializada na publicação de livros de bolso. "Foi onde aprendi muito", conta. "O dono desta empresa era um sujeito *suigeneris*. Ele só contratava estagiários que soubessem plantar bananeira", conta enquanto ri.

De volta ao Brasil, no início dos anos 1970, Alfredo volta a trabalhar na Melhoramentos. Não mais na área de papeis e sim no braço editorial do grupo. Passou por quase todos os departamentos da casa até que, em 1977, morre Arnaldo Giácomo, então diretor da Editora.

Com a morte de Giácomo, Alfredo tomou a decisão de assumir a editora onde permaneceu até 1984 como diretor executivo. E, na sequência, integra o conselho da casa.

Em 1978, entra para a Câmara Brasileira do Livro (CBL) onde chega a presidente em 1985. Nessa época, o editor foi eleito presidente do Grupo Interamericano de Editores (GIE), integrou o conselho da International Publishers Association (IPA).

A partir dessa época e durante os 25 anos que se seguiram, Weiszflog exerceu cargos de liderança na Fundação Dorina Nowill para Cegos onde foi presidente e posteriormente passou a integrar o conselho da casa. "Foi um período muito gratificante não só por conta do trabalho com os deficientes visuais, mas também por ter participado do nascedouro do livro digital no Brasil", conta. Assim, em 2006, a partir da sua iniciativa, a Fundação chamou três engenheiros que desenvolveram os primeiros livros digitais publicados no Brasil. Os primeiros livros começam a ser publicados em 2007, mesmo ano em que a Amazon lançava o seu Kindle, nos EUA.

Weiszflog escreveu seu nome na construção de uma identidade internacional do livro brasileiro. Não só pela sua atuação no GIE e na IPA, mas também pela sua frequência em Frankfurt. Desde 1967, só não compareceu a duas edições da Feira do Livro de Frankfurt. Em 1994, quando o Brasil foi homenageado pela primeira vez na feira, Weiszflog exerceu papel de liderança. Dessa época, ele conta da grande dificuldade em se levantar a homenagem. Durante os preparativos para levar o Brazil com z para Frankfurt, teve cinco trocas de ministros na pasta da Cultura. Com isso, "toda hora tinha que reapresentar o projeto em Brasília", lembra. Luiz Roberto Nascimento Silva era o ministro da Cultura na época da homenagem. Na véspera, o ministro barrou um aporte prometido pela Petrobras no valor de R$ 2 milhões (moeda que tinha acabado de ser criada). Apesar de todos os impeditivos, Weiszflog lembra que foi uma homenagem bonita, com treze exposições nos principais museus de Frankfurt e a edição de uma coletânea de catálogos que foi batizada de "Brasiliana de Frankfurt".

ANDERSON FERNANDES DIAS

Nos anos 1950, a promessa de Juscelino Kubitscheck de colocar o Brasil na era industrial, de fazer cinquenta anos em cinco, criou um clima de euforia. O boom econômico – sabe-se lá a que custo! – levou milhares de adultos a procurarem a escola. Proliferaram os cursos de "madureza", o nome dado aos cursos supletivos da época. Todos queriam um certificado que servisse de passaporte para pegar carona neste crescimento.

Nesse cenário, os irmãos Anderson (? – 1988) e Vasco Fernandes Dias se juntaram com Antonio Narvaes Filho, de quem Anderson era colega na Faculdade de Medicina da Universidade de São Paulo, para criar o Curso de Madureza Santa Inês. O ano era 1956 e, na pequena sala, reuniram quinze alunos. No ano seguinte, esse número saltou para cem e bateu os três mil em 1960.

Os alunos precisavam de apostilas para acompanhar as aulas. O mimeógrafo já não dava conta de tanta demanda. Nasce, então, em 1962, a Sesil, o nome fantasia da Sociedade Editora do Santa Inês Ltda. Era um braço editorial que passou a produzir os seus materiais didáticos e foi um embrião da Ática, que nasce com este nome três anos depois, em 1965.

O cenário era outro. Além dos alunos de "madureza", havia uma demanda crescente por livros para crianças e adolescentes. No fim de

1961, João Goulart sancionou a Lei 4.024, que fixava as diretrizes e bases da educação brasileira. Nascia a LDB e, junto com ela, um novo modelo de ensino no Brasil.

A novidade permitiu a expansão da rede pública de escolas, ampliando de uma maneira nunca vista por aqui o acesso de crianças e adolescentes à educação formal. Estima-se que entre 1955 e 1965, o número de alunos matriculados no ensino médio quase triplicou.

A LDB exigia novos materiais didáticos. Os velhos manuais não cabiam mais. Com isso, ao longo dos anos seguintes, houve uma explosão no número de livros didáticos oferecidos pelo mercado brasileiro. Nesse cenário, editoras como Melhoramentos, Agir, Francisco Alves, Nacional e Editora do Brasil ganharam musculatura. E, mais do que isso, surgiram novas editoras dedicadas a esse mercado.

A Ática foi uma delas. Os três sócios da Sesil sabiam fazer o conteúdo. Criaram novas capas e impressão mais caprichada. A Ática estava pronta para concorrer nesse mercado. Ao fim de 1966, a jovem editora já tinha vinte títulos no seu catálogo e outros três prontos para ganhar a rua.

O primeiro grande sucesso da nova editora foi a coleção *Estudo dirigido de português*, de Reinaldo Mathias Ferreira. Os volumes da série eram inovadores. Além do texto, comum aos demais livros da época, os volumes de *Estudo dirigido de português* chegavam às mãos dos alunos com ilustrações coloridas, jogos e exemplos tirados de quadrinhos. Não demora muito para os dois primeiros livros da série alcançarem a marca de um milhão de exemplares vendidos.

Na década seguinte a da sua fundação, a Ática, muito por influência de Anderson, começa a investir em livros de literatura. Abria espaço para o escritor nacional. Desse movimento nasce, por exemplo, a série *Vaga-Lume*, que formou uma geração inteira de leitores ao apresentar livros cuja linguagem se aproximava à dos adolescentes da época. Além de conquistar a moçada, a *Vaga-Lume*, que saía com tiragem inicial mínima de 120 mil[1] exemplares, possibilitou a renovação da literatura juvenil no País. Veio também a coleção *Para gostar de ler*, e, com ela, a aproximação dos jovens leitores a nomes como Carlos Drummond de Andrade, Rubem Braga e Fernando Sabino.

Antes de colocar o livro à venda, a Ática testava estes títulos com grupos de alunos e professores. Essa estratégia garantiu grandes acertos e, com isso, a editora conquistou posição de destaque no mercado brasileiro.

Outra inovação implementada por Anderson foi a criação do "livro do professor" que ajudava o docente no planejamento de suas aulas, além das repostas dos exercícios contidos no livro do aluno.

Com a abertura da política, na década de 1980, a Ática inova mais uma vez ao investir nos paradidáticos, livros que explica fatos e conceitos científicos a partir da escrita literária.

Em 1983, a Ática incorpora a Scipione, fundada pelo professor Scipione Di Piero Netto.

Anderson, que apesar de oriundo de numa família pobre, conseguiu se formar médico infectologista, morre em 1988, aos 56 anos. Não viu as suas empresas serem vendidas à Editora Abril e nem os caminhos que tomaram depois disso. Hoje, Ática e Scipione fazem parte da Somos Educação, uma das principais empresas de educação básica do Brasil que reúne, além de editoras, sistemas de ensino de enorme porte, como Anglo, Ético e Pitágoras.

---

1. *Momentos do livro no Brasil*, p. 159.

CARLOS COSTA

Em 1943, seis professores que eram responsáveis pela condução dos programas de livros didáticos da Editora Nacional resolveram deixar a empresa com o objetivo de abrir uma nova casa editorial[1]. E junto com eles, foi uma leva de autores que estavam acostumados a publicar pela editora fundada por Monteiro Lobato e administrada à época por Octalles Marcondes Ferreira.

Um deles era o professor Carlos Costa (1910-1996), que tinha livros didáticos de Biologia e Química publicados pela Nacional. Médico, formado na turma de 1932 da Faculdade de Medicina, uma das escolas de ensino superior que dois anos depois daria origem à Universidade de São Paulo, Carlos dedicava-se ao consultório, mas também era professor de História Natural em uma escola secundária. E, por isso, passa a integrar o catálogo da Nacional.

Os demissionários – entre eles estavam ainda Manoel Netto, Victor Mussumeci, e Carlos Pasquale – abriram a Editora do Brasil, cuja fundação foi registrada no dia 5 de agosto de 1943. O mundo estava em guerra e o Brasil vivia o Estado Novo entre traços e uma expansão importante do mercado de livros didáticos.

O primeiro livro da Brasil sai em janeiro do ano seguinte: *Latim – Primeira série*, de autoria do professor José P. de Carvalho. É dessa mes-

---
1. HALLEWELL, p. 409.

ma época, a publicação de *Admissão ao ginásio*, escrito por Aída Costa, irmã de Carlos e responsável pela parte de Língua Portuguesa; Aurélia Marino, por História do Brasil; Renato Stempniewski, por Geografia; Renato Pasquale e Marcius Brandão, responsáveis pela parte de Matemática do livro preparatório que chegou a ter impressionantes 550 edições, até 1971, quando foi extinto o exame de seleção ao curso ginasial. Carlos Costa levou a sua coleção de História Natural, escrita em parceria com Rui Ribeiro Franco, para a Brasil.

Em 1972, quando a editora se preparava pra as comemorações dos seus 30 anos, Carlos Costa comemorava uma marca importante para a empresa que criou e liderou até ali 200 milhões de cópias. E a festa foi ainda maior, com a inauguração do seu parque gráfico próprio, instalado às margens da Rodovia Presidente Dutra, em Guarulhos, na Grande São Paulo. A novidade mereceu um anúncio pago pela Brasil no jornal *O Estado de S. Paulo*. Nele se lia:

"Viu, Gutenberg? Inauguramos o maior parque industrial do livro no País."

Você imprimiu o primeiro livro com tipos móveis de chumbo. Abriu a porta. Nós entramos. E já produzimos mais de 200 milhões de livros. Inspirados na mesma intenção que motivou você. O amor. O amor à criança, ao jovem, ao homem, ao futuro. Nossa tradição de 30 anos apenas nos garante a certeza de dever cumprido e do presente feliz. Hoje, inauguramos o maior parque industrial do livro, ampliamos nossas perspectivas e nos preparamos para acompanhar o grande salto brasileiro. Dezesseis mil metros quadrados de área. Centenas de técnicos, educadores, autores, especialistas em comunicar cultura. Cinquenta mil livros por dia. Um milhão por mês. Editora do Brasil Ano 30. Há trinta anos construindo brasileiros com livros e com amor.[2]

---

2. Livro comemorativo aos 75 anos da Editora do Brasil, p. 38.

A implantação do parque gráfico custou à Brasil Cr$ 9 milhões (algo como R$ 52,5 milhões a valor de 2020). O investimento foi financiado pelo Banco do Estado de São Paulo (Banespa) e levou Carlos a fazer um apelo aos seus pares: vender pelo menos 30% a mais de livros. "Não há registros de que este meta tenha sido atingida"[3].

Em 1993, aos 84 anos, Carlos sofre um acidente de carro que o deixa gravemente ferido. Morre dois anos depois em decorrência de complicações destes ferimentos. A Editora do Brasil se vê obrigada a vender o parque gráfico em 1996.

Maria Apparecida Cavalcante Costa, com quem Carlos era casado, assume o negócio, ao lado dos filhos Fernando e Áurea. Farmacêutica de formação e já aos 70 anos, ela busca profissionalizar a gestão da empresa que já tinha se consolidado, desde a década de 1980, como uma das líderes no segmento de livros didáticos no País.

Maria Apparecida dirige a empresa até 2012, quando a filha Áurea assume o comando. A matriarca passa a ocupar o posto de presidente de honra da Brasil até 2020, quando morre.

---

3. Idem, p. 43.

DIAULAS RIEDEL

A edição do dia 18 de junho de 1991 do jornal *O Estado de S. Paulo* trazia um matéria ancorada com o seguinte título: "Tudo o que Diaulas Riedel edita vende, diz livreiro". O livreiro no caso era Luiz Pellegrine, da extinta Zipak, "uma das mais completas livrarias esotéricas de São Paulo", como está no texto assinado por Lina de Albuquerque[1].

A trajetória de Riedel (1920 – 1997) na Pensamento começou em 1943, mas a história da editora é muito anterior a isso. Fundada em 1907 por Antonio Olivo Rodrigues, avô de Daisy com quem Riedel se casaria anos mais tarde, a editora nasceu do Círculo Esotérico da Comunhão do Pensamento, um marco para o encontro de maçons e esotéricos no Brasil do início do século XX. A lógica era muito semelhante a dos círculos do livro que ainda hoje existem no mercado editorial nacional. O nascedouro da editora coincide com o surgimento do exitoso filão da autoajuda. O primeiro título publicado pela casa foi *Magnetismo pessoal*, de H. Durville, mas o grande sucesso foi (e continua sendo), o *Almanaque do Pensamento* cuja primeira edição saiu em 1912. De lá para cá, foram mais de 25 milhões de cópias vendidas. Além disso, publicou nomes como Allan Kardec, Vivekananda, Blavatsky e Mulford.

---

1. https://acervo.estadao.com.br/pagina/#!/19910618-35689-nac-0102-cd2-10-not/busca/Diaulas+Riedel

Quando Riedel assumiu a editora, a Pensamento já tinha no seu catálogo 180 títulos. Ele segue a linha editorial criada por Olivo, mas dá dinamismo à casa. Em 1952, publica *Hei de vencer*, resultado de uma coleta de palestradas dadas por Arthur Riedel, pai do editor, que ultrapassou a marca de duas centenas de milhares de cópias vendidas.

Também no início dos anos 1950, Diaulas diversifica a sua linha editorial, criando a Edipe, por onde publica livros que fugiam do ocultismo e misticismo, temas pelos quais a Pensamento se notabilizou. Em 1956, Diaulas convida Edgar Cavalheiro para dirigir um novo empreendimento, a Cultrix, criada para abrigar livros de filosofia, literatura, sociologia, administração e psicologia. A Cultrix lança, entre outros, nomes como Massaud Moisés, Ferdinand de Saussure, Roland Barthes, Carl G. Jung, Karl Popper, Alfredo Bosi, Osho, Augusto Cury e Fritjof Capra.

No ano seguinte ao da fundação da Cultrix, o grupo dirigido por Diaulas já produzia três milhões de exemplares e reunia 150 funcionários[2].

Outra marca de Diaulas foi a sua atuação dedicada às questões maiores do mercado. A fundação da Câmara Brasileira do Livro (CBL), em 1946, por exemplo, aconteceu na sede da Pensamento. Diaulas presidiu a entidade entre 1957 e 1959. A sua atuação é reconhecida pelo Prêmio Jabuti, que lhe concede o título de melhor editor em 1961.

Tendo como amigos nomes como Carybé, Di Cavalcanti, Tarsila do Amaral e Aldemir Martins (é deste último o logo usado pela Cultrix), Diaulas resolve publicar a coleção *Mestres do Desenho*, que reuniu álbuns dedicados a cada um destes artistas.

Quando Diaulas deixou esse mundo, em fevereiro de 1997, o grupo já tinha publicado mais de 1.500 títulos.

Nessa altura, Ricardo Riedel seguia a sua própria trajetória. Tinha se graduado em Administração de empresas e estava fazendo car-

---
2. HALLEWELL, p. 371.

reira bem-sucedida na indústria farmacêutica. Poucos anos antes da sua morte, Diaulas fazia questão da presença do filho na editora, como se estivesse preparando o primogênito para assumir os negócios da família.

No primeiro ano, assume a editora mantendo o seu emprego, mas a partir de 1999, dedica-se integralmente à casa criada pelo seu antepassado. O primeiro susto, conta, foi lidar com um orçamento exponencialmente menor que aquele com que lidava na indústria farmacêutica

E o primeiro gesto de Ricardo à frente da editora foi publicar *O código da Bíblia*, pensado pelo matemático israelense Eliyahu Ripse escrito pelo jornalista americano Michael Drosnin, um sucesso arrebatador.

É sob a administração de Ricardo que a Pensamento se diversifica mais uma vez ao incorporar, em 2009, o catálogo da Seoman, ampliando a presença dos livros de ficção no seu conjunto editorial. Dois anos depois, contrata o publisher Adilson Ramachandra, que passa a criar uma linha para um novo selo, o Jangada, que passa a publicar ficção voltada para o público jovem-adulto.

ERICO VERISSIMO &
HENRIQUE BERTASO

Com Monteiro Lobato e Octalles Marcondes Ferreira, a indústria editorial brasileira viveu uma inflexão início do século XX. Não só pelas revolucionárias práticas comerciais da dupla, mas também pelo deslocamento do foco de atenção do Rio para São Paulo e se intensificou no início do século XX, muito impulsionado pela economia cafeeira e pelo crescimento industrial do pós-Primeira Guerra Mundial. São Paulo ganhava importância e deixava de ser a província interiorana para ser um estado dominante no cenário nacional.

Com a Revolução de 1930, culminada com o golpe de estado que colocou o gaúcho Getúlio Vargas no Palácio do Catete, o Rio Grande do Sul passou a ter algum relevo dentro da realidade político-econômica do Brasil. Um pouco antes disso, em 1928, surgia ali um novo foco de desenvolvimento da indústria editorial brasileira, que surfou na popularidade presidencial de Vargas. Estamos falando da Livraria Globo, fundada muito antes disso, em 1883 pelo português Laudelino Pinheiro de Barcelos. Era um estabelecimento modesto, funcionando como uma papelaria e uma tímida oficina gráfica para atender a demandas locais.

Quando Barcelos morre, em 1919, José Bertaso, até então, gerente do estabelecimento, assume o negócio e começa, a partir de 1922, a dar maior ênfase à publicação de livros escritos pelos expoentes da literatura local e, mais tarde, da *Revista da Globo*. Mas foi com seu filho, Henrique Bertaso (1906 - 1977) que o negócio começa a ter algum vulto.

Era um momento de crise, já que, no ano seguinte à assunção de Henrique a chefe do setor editorial da empresa, o mundo viveu um colapso causado pelo *crash* da bolsa de Nova York.

Nesse cenário, o mil-réis se desvalorizou face às moedas internacionais e os produtos primários, em sua maioria importados nessa altura do campeonato, se tornaram impagáveis pelo brasileiro comum. Nessa onda, os livros traduzidos para o português lidos por aqui eram produzidos em Portugal. Há que se pesar ainda que a elite brasileira da época era, em sua maioria, bilíngue, falando e lendo também em francês. Com a crise mundial, livros portugueses e franceses sumiram das prateleiras.

Bertaso, o filho, percebeu aí uma oportunidade e se consolidou, a partir da década de 1930, como uma importante casa editorial dedicada à tradução de ficção literária estrangeira. A empresa foi pioneira nesse segmento. Começou publicando romances policiais traduzidos do inglês. Entravam para o catálogo da Globo nomes como Agatha Christie, Raymond Chandler e Edgar Wallace. Nos anos 1940 e diante do crescimento do seu negócio, Bertaso contratou uma equipe própria de tradutores, iniciativa inédita para a época e até hoje pouco usual.

Em pouco tempo, a empresa cresceu, passou a ocupar um imóvel de três andares e chegou a empregar 500 pessoas. Nesse movimento, Erico Verissimo (1905 - 1975), que até então, era editor da *Revista da Globo*, se afasta do periódico e se torna "conselheiro editorial" da editora. Em outras palavras, se torna o primeiro editor profissional do Brasil. Era a primeira vez em que se tem registro que o país via uma pessoa que não era o dono da empresa se responsabilizando pela edição dos livros. Essa prática só chegou às editoras do Sudeste anos depois, com a contratação de Pedro Paulo de Sena Madureira, pela Nova Fronteira, e de Sérgio Flaksman, pela Record.

Foi pelas mãos de Verissimo, o editor, que a Globo publicou nomes como Aldous Huxley, James Joyce, William Faulkner e Virgínia Woolf. O foco inicial eram as traduções do inglês, mas depois de uma viagem de Bertaso à Europa, trouxe na mala de volta títulos de Franz Kafka, Thomas Mann e até de Hitler. Sim, a Globo publicou *Minha luta* do então chanceler alemão.

Por influência de Verissimo, a casa publicou ainda nomes como Ibsen, Pirandello, Giovanni Papini, que foram para a coleção Nobel, que como o nome indica reunia obra de laureados pelo prêmio.

Mais tarde, publicou obras fundamentais que se tornaram clássicos da literatura mundial, como foi o caso de *Em busca do tempo perdido*, de Marcel Proust e a coleção completa, em 18 tomos, da *Comédia humana*, de Honoré de Balzac.

Passada a Segunda Guerra Mundial (1939 – 1945), a Globo de Bertaso se afasta um pouco da literatura e passa a se dedicar à publicação de livros técnicos e de referência. São dessa época, por exemplo, o *Manual do engenheiro Globo*; o *Dicionário Inglês – Português*, dos irmãos Valandro; o *Dicionário de sinônimos e antônimos*, de Francisco Fernandes, e a *Enciclopédia brasileira Globo*.

Aos poucos, Verissimo se tornou um dos expoentes da literatura nacional e passou a se dedicar mais à escrita do que à edição de livros. Em 1938, publicou o seu primeiro grande sucesso nacional – *Olhai os lírios do campo*. Em 1941, aceita um convite de uma universidade americana, passa uma temporada percorrendo vários dos estados unidos da América. De volta, escreve *Gato preto em campo de neve*, em que relata essa experiência.

Volta aos EUA mais duas vezes, a segunda delas para substituir Alceu Amoroso Lima no cargo de diretor da divisão cultural da Organização dos Estados Americanos. Verissimo morreu em 1975, não sem antes escrever *Um certo Henrique Bertaso* (hoje publicado pela Companhia das Letras), em homenagem ao antigo patrão.

Bertaso morre em 1977, deixando os negócios para os filhos Otávio, Fernando e Cláudio, que na década seguinte, em 1986, resolveram vender a sua parte no negócio, e por consequência o controle acionário, à Rio Gráfica, subsidiária do Grupo Globo. Em seu livro *A Globo da Rua da Praia*, Otávio Bertaso, herdeiro que comandou a transição, diz que pesou na decisão do Grupo Globo a coincidência do nome da editora.

GERALDO JORDÃO, MARCOS PEREIRA & TOMÁS PEREIRA

Vera Pacheco teve papel fundamental na criação e nos rumos da José Olympio, empresa que levava o nome do seu marido. Eles se divorciam em 1940 e a saída de Vera faz uma marca no catálogo da José Olympio, que passa a publicar menos autores nacionais e mais títulos traduzidos. Dois anos antes, em 1938, nascia Geraldo Jordão (1938 – 2012), filho do casal. Com a separação, o menino segue com a mãe. Quando o filho tinha oito anos, Vera decide ir para Harvard. Queria se aprofundar nos estudos de Ernest Hemingway, de quem era uma grande leitora. O filho segue para um colégio interno na Suíça e de lá para uma outra escola na Inglaterra.

Aos 17 anos e já de volta ao Brasil, começa a trabalhar com o pai na lendária Livraria José Olympio, instalada no número 110 da rua do Ouvidor, no Centro do Rio de Janeiro. Ali aprende o ofício e acompanha toda a trajetória de ascensão da empresa fundada pelo seu progenitor. Esteve, por exemplo, à frente das negociações da compra da Sabiá, de Fernando Sabino e Rubem Braga.

O primeiro livro que Geraldo apresenta ao pai é *O menino do dedo verde*, de Maurice Druon. "Ele fica tão encantado com o livro que convence o meu avô a fazer uma tiragem de dez mil exemplares para doar para professores", conta Marcos Pereira, filho de Geraldo. O livro chega a vender dois milhões de exemplares, ajudando a impulsionar o sucesso da José Olympio.

Geraldo estuda Ciências Sociais na Pontifícia Universidade Católica do Rio de Janeiro (PUC Rio) e vai para os EUA estudar Administração no Pratt Institute de Nova York. Por 20 anos, atua como braço direito do pai na José Olympio.

Quando a editora entra na sua curva descendente, o que culminou com a estatização em 1975, Geraldo tenta comprar a empresa fundada do pai, sem sucesso. A família, então, perde a marca.

Geraldo resolve fundar, aos 38 anos, a Salamandra. O nome era uma referência à resistência do anfíbio que, na mitologia, é imune ao fogo, símbolo da transformação e da superação. O ano era 1976 e a editora nascia sem um foco claro. Isso até Geraldo conhecer Ana Maria Machado, de quem publica o infantil *Raul da ferrugem azul*, ganhador do Prêmio FNLIJ em 1980.

Em 1981, a Salamandra passa por uma transformação e encontra o seu foco. Ana Maria Machado é contratada como editora da casa que passa a publicar nomes como Ruth Rocha, Sílvia Orthof, Joel Rufino dos Santos e José Paulo Paes. "Ele se deu conta de que estava florescendo uma geração de autores da literatura infantil e juvenil", lembra Marcos sobre o pai.

No dia 1º de fevereiro deste mesmo ano, Marcos resolve ir trabalhar com o pai. Ele tinha 17 anos, a mesma idade que Geraldo tinha quando vai trabalhar com José Olympio. "Essa é a minha escola. Vivi o nascedouro disso. Tinha acabado de passar para faculdade de Engenharia. O olho não estava no livro. Queria trabalhar com computador, mas, vínhamos da perda da José Olympio, e queria o meu dinheiro", lembra o fundador da terceira geração dessa dinastia de editores. Ele nunca mais saiu do livro.

A exemplo do pai, Geraldo vê seu negócio crescer muito e de forma meteórica. "A Salamandra faz um sucesso muito rápido. Essa é uma armadilha muitas vezes", observa hoje Marcos. Ainda sob o efeito da

José Olympio, Geraldo prefere vender a editora. Diferente do que tinha feito o pai, não queria ter que tomar empréstimos para salvar o negócio. A Salamandra passava pelo seu primeiro grande teste de fogo.

A editora é vendida a Ari de Carvalho, dono dos jornais *O Dia* e *Última Hora*. Para tocar a nova aquisição, o empresário contrata Pedro Paulo de Sena Madureira como editor. A passagem de Sena Madureira pela Salamandra foi meteórica, não passou de seis meses. Logo depois disso, o grupo de mídia desistiu da compra. Marcos e Geraldo reúnem capital e recompram a editora.

Nesta nova fase da Salamandra, que coincide com o início da década de 1990, chega à editora Tomás Pereira, irmão mais novo de Marcos, à época com 24 anos. Chega propondo novidades. Apresenta ao pai o livro *Muitas vidas, muitos mestres*, de Brian Weiss, um psiquiatra norte-americano que se dedica a escrever sobre reencarnação, terapia de vidas passadas e regressão. Geraldo lê e gosta, mas fica com a pulga atrás da orelha. Resolve pegar um avião e ir até Miami, onde Weiss morava. Queria constatar que não era um charlatão. Resolvem publicar com tiragem inicial de dois mil exemplares. O livro teve resultado animador.

Depois dele, a editora, que se sagrou como casa da literatura infantil e juvenil, começa a publicar outros livros de autoajuda. Deste início dos anos 1990 até 1997, a editora constrói um catálogo não só de literatura infantojuvenil, mas também livros voltados para o público adulto e ainda títulos viabilizados via leis de incentivo. Foi aí que os três sócios se perguntaram: "e se a gente se reinventasse?". Resolvem vender os ativos editoriais de literatura infantojuvenil. Negociam com a Moderna, de Ricardo Feltre (e hoje no grupo Santillana), que compra a Salamandra em 1997.

Com os títulos remanescentes, os sócios fundam a GMT, com as iniciais dos nomes de cada um deles. Nasce dessa sociedade a Sextante. Nesta mesma época, Geraldo é diagnosticado com diverticulite. Por conta do problema de saúde, precisou fazer transfusões de sangue e, em uma delas, contraiu hepatite C, que logo evoluiu para uma cirrose. "A Sextante começa em 1998 e ele estava bem debilitado", lembra Marcos.

Mesmo com o quadro de saúde do pai, os três sócios fazem um pacto: manteriam o foco da Sextante, que se dedicaria a publicar livros de autoajuda.

A cirrose de Geraldo se assevera e ele precisa realizar um transplante de fígado, o que acontece em 2002, ano em que ele passa se convalescendo. Em 2003, volta e, um dia, ao receber a edição impressa da revista *Publishers' Weekly* se vê atraído por uma nota pequena. O veículo noticiava um fenômeno entre os livreiros. A Random House distribuiu a alguns livreiros norte-americanos a prova de um livro – que nos EUA é chamada de *galley*. Como retorno, a editora percebeu que as livrarias estavam apostando naquele título, fazendo grandes pedidos.

Geraldo chama Tomás e insiste que ele peça o manuscrito. Tomás rebate o pai, relembrando o pacto que os três sócios fizeram na fundação da Sextante. O pai insiste. No Brasil, o autor era representado pela Agência Riff. Tomás liga para lá e pede o arquivo, imprime, espirala em dois volumes e entrega ao pai.

Quando termina de ler o livro, Geraldo passa todo o mês de janeiro de 2003 insistindo que a Sextante deveria publicar *O código da Vinci*. Ele dizia que era um livro excepcional e que, por isso mesmo, os filhos deviam abrir uma exceção. Eles relutam. "Trabalhávamos os três na mesma sala. Um dia, depois de muito insistir, ele resolve convocar uma 'reunião de diretoria'", lembra Marcos rindo. Antes da reunião, os irmãos vão almoçar juntos para pensar numa estratégia para tirar a ideia da cabeça do pai. "Ele era bom de papo à beça. E que bom que ele era", diz Marcos. A boa lábia de Geraldo convence os filhos e a Sextante publica o livro.

"O livro transformou a vida da Sextante e a vida dele", lembra Marcos. Diante do estrondoso sucesso d'*O código da Vinci*, Geraldo escreve uma carta aos filhos. Dizia que nunca imaginava ganhar tanto dinheiro com um livro e que, por sua decisão, ia criar um fundo de apoio à projetos sociais e coletivos que atuam na Zona Oeste do Rio de Janeiro. Ao todo, colocou R$ 3,5 milhões no fundo criado em 2005 e batizado com o nome da mãe, Vera Pacheco. O Fundo dá sustento ao Instituto Rio, presidido em 2020 por Tomás e cujo Conselho Administrativo é presidido por Marcos.

A VOLTA DO *MENINO DO DEDO VERDE*

O livro de Druon, a primeira escolha editorial de Geraldo, fez ecos na vida do editor. Seja pela escolha da literatura infantojuvenil para nortear os caminhos da Salamandra, seja pela sua atuação como diretor do Jardim Botânico do Rio de Janeiro. Sim, mesmo sem ser um especialista em plantas, ele ocupou o cargo e ali fez história. "Ele era o próprio Tistou [protagonista de *O menino do dedo verde*]", conclui Marcos. No livro, o pequeno garoto tem um dom especial: onde toca com o seu polegar nascem plantas e flores. Como diretor do espaço histórico, fundou a Sociedade Amigos do Jardim Botânico, ainda hoje o pilar de sustentação do parque.

A SEXTANTE SEM GERALDO

A Sextante descobre o seu lugar ao sol no mercado brasileiro e, ao completar 20 anos, alcança o posto de maior editora em volume de vendas no país[1], de acordo com a Nielsen. O segredo por trás disso, estão enormes tiragens, preços baixos e forte apelo popular.

Em 2007, a Sextante adquire 50% da Intrínseca. Os irmãos Pereira e o pai assumem a área operacional e comercial da editora fundada

---

1. https://cultura.estadao.com.br/noticias/literatura,sextante-com-modelo-insustentavel-chega-aos-20-anos-como-a-editora-que-mais-vende-no-brasil,70002325131

por Jorge Oakim. Geraldo morre no ano seguinte, aos 69 anos, depois de sofrer um acidente vascular cerebral.

Sem o pai, Marcos e Tomás criam o selo Arqueiro, em 2011, para abrigar *O código da Vinci* e outros títulos de ficção que vieram depois dele.

Marcos assume a presidência do Sindicato Nacional dos Editores de Livros (SNEL), fundado pelo avô, em dezembro de 2014, e permanece por duas gestões consecutivas. Neste período, o mercado editorial brasileiro enfrenta uma de suas crises mais profundas, que culminou com o pedido de recuperação judicial das livrarias Cultura e Saraiva. Marcos, à frente da entidade, desempenhou papel de destaque na negociação com esses dois players que, antes do pedido de recuperação judicial, representavam, juntos, 40% do mercado varejista do livro no Brasil.

HENRIQUE LEÃO KIPERMAN

A saga dos Kiperman rumo ao Brasil começa em Lockacze, cidade polonesa posteriormente anexada à Ucrânia ao fim da Segunda Guerra Mundial. Ali, a família vivia de uma pequena loja de ferragens onde Abrahão Kiperman trabalhava desde os sete anos de idade. Ainda muito jovem, ele conhece Ana com quem se casa em plena escalada do antissemitismo na Europa. Como presente de casamento, ganham uma passagem só de ida para o Novo Mundo. Era um caminho – que depois se mostrou o único – para fugir das atrocidades que ainda estavam por vir. Desembarcam no Brasil em 1934, como muitos outros judeus na mesma situação: sem dinheiro e precisando construir uma nova vida.

Instalam-se em Curitiba e ali, Abrahão começa a vender gravatas de porta em porta. Aos poucos, amplia seus negócios e passa a vender roupas a bordo de uma carroça – que ele insistia em chamar de charrete, puxada por uma égua apelidada de Rosilha.

No ano seguinte, nasce a primeira filha, Clara e em julho de 1938, o primeiro menino. Deram o nome de Henrique (1938 - 2017), ou Herche, em iídiche. Na família, virou Eche.

Com o crescimento da família, veio a necessidade de mais dinheiro e Ana passa a tocar uma pequena mercearia instalada nos cômodos da frente da casa na rua João Gualberto. A sua atenção era dividida entre os filhos e o negócio. A ficha de Henrique Kiperman na Biblioteca Pública do Paraná registra os reiterados empréstimos de *As aventuras de Robinson Crusoé*, de Daniel Defoe. A história do náufrago que vivia aventuras num mundo novo devia atiçar a imaginação do futuro editor e talvez tenha sido formadora do seu futuro profissional. Como foi também o primeiro emprego, no laboratório Sintofarma. Entrou ali aos 16 anos, como auxiliar administrativo, mas, na prática, atuava também como divulgador, visitando médicos não só em Curitiba, mas no interior do Paraná.

A estrada começou a atrapalhar os estudos. Henrique passa no vestibular para o curso de Economia em 1955, aos 17. Por isso, resolve deixar a Sintofarma e começa a trabalhar numa loja de móveis, onde também fica pouco tempo.

Em 1956, antes mesmo de completar 18, estava trabalhando na Guanabara, editora fundada por Abrahão Koogan especializada em livros de medicina. Entra como auxiliar de escritório. Em pouco tempo é promovido a vendedor, ganhando um salário fixo mais 1% das vendas. Viu que aquilo dava dinheiro e é novamente promovido, assumindo também a praça de Santa Catarina.

Se, nas suas aventuras, Robinson Crusoé encontrava canibais e revoltosos, Henrique em suas viagens enfrentava estradas em estado de calamidade quando chovia e de muita poeira quando não. Na sua bagagem levava – entre outros – um livro que, mais tarde, se tornaria símbolo das suas conquistas: *Medicina interna*, de Tinsley Randolph Harrison.

Os médicos do interior desses dois estados que ele tinha conhecido ainda no tempo da Sintofarma eram grandes compradores de livros, pois precisam estar atualizados. Henrique percebe isso e faz uma proposta à chefia: queria um percentual maior nas vendas feitas fora de Curitiba. Os chefes topam. "Nunca haviam vendido tanto livro de medicina fora dos limites da capital paranaense", lembrava Kiperman[1].

---

1. ESBER, E. *Todas as páginas de Henrique Leão Kiperman*. Porto Alegre: Bookman, 2019. Posição 469 da edição digital.

Em 1964, já subgerente do escritório da Guanabara em Curitiba, recebe um convite de Koogan para ir até a sede da editora no Rio de Janeiro. Vai entusiasmado pensando que seria mais uma promoção. Até era, mas não a que ele esperava. Koogan – diante do sucesso de Henrique e também com a insatisfação causada entre os seus colegas, que viam o jovem profissional de apenas 26 anos fazendo muito mais dinheiro do que seus próprios chefes – oferece a Henrique a unidade de Fortaleza. Ele não topa. Volta incomodado para Curitiba.

Em setembro desse mesmo ano, conhece Leda. Uma jovem gaúcha que estudava Ciências Sociais na Universidade Federal do Rio Grande do Sul (UFRGS), também filha de pai polonês, como Henrique. Apaixonam-se.

O ENCONTRO DE DOIS HENRIQUES

Pouco tempo depois, Henrique recebe um telefonema de um outro Henrique, este de sobrenome Hecht, que tinha sido gerente da Guanabara em São Paulo e tinha saído para fundar a Artes Médicas, uma distribuidora que concorria com o antigo trabalho. Hecht queria expandir os negócios no Sul e via no promissor Kiperman uma chance para isso.

O namoro com Leda estava ficando sério e o convite de Hecht fez Kiperman se perguntar: "e por que não Porto Alegre?". "Acabei optando por Porto Alegre. O futuro mostrou que foi uma sábia decisão, mas foi fogo", observou anos depois[2].

Em 1965, já morando em Porto Alegre, fica noivo de Leda e eles se casam em janeiro do ano seguinte. Nove meses depois, viram o resultado: nasce Celso, o primeiro filho do casal. Em 1969, vem Adriane, a caçula.

Nessa época, o trabalho de Henrique consistia em pegar um transporte público – às vezes ônibus, noutras trem – e visitar médicos,

---

2. Idem, posição 666.

vendendo os livros da Artes Médicas, que aos poucos se tornava conhecida. O nascimento do filho e a vontade de ficar mais tempo em casa o levou a uma outra ideia: comprou uma DKW Vemaguette, que transformou em uma pequena livraria sobre rodas. Assim conseguia levar mais livros e, consequentemente, fazer menos viagens.

Foi na estrada que conheceu Percival Gonzaga, outro caixeiro viajante que visitava formandos, inclusive os de Medicina, oferecendo convites de formatura e ainda quadros para os que recém-graduados. No fim das contas, faziam o mesmo trabalho, julgou Henrique, que resolve convidá-lo para a sua equipe na Artes Médicas.

Em suas visitas a clientes, percebe o crescimento do interesse por três termos que lhe fizeram ficar de antenas ligadas: psiquiatria, psicologia e psicanálise. A fama das especialidades chega ao Brasil entre as décadas de 1950 e 1960 e no início da década de 1970 ganha muita força em Porto Alegre. Henrique vê nisso uma oportunidade e propõem a Hecht a abertura da Artes Médicas Sul, que iria importar livros de "psi" para atender a essa demanda. As cotas da Artes Médicas Sul, inaugurada em 1973, eram irmãmente divididas entre Kiperman e Hecht.

Nesse mesmo ano, Kiperman resolve comprar duas garagens em um prédio da rua General Vitorino, próximo à Santa Casa de Porto Alegre. Dois anos depois, inaugura ali a Livraria Artes Médicas. O vendedor de livros se tornava livreiro e a sua loja se torna, muito rapidamente, um ponto de encontro de médicos gaúchos.

Um dos compromissos anuais de Kiperman era ir a Buenos Aires, onde visitava as livrarias localizadas entre as ruas Junín e Paraguay, próximas à Faculdade de Ciências Médicas da cidade. Era ali que conhecia as novidades. E conhecia também pessoas importantes da edição de livros de "psi". Uma dessas pessoas foi Leon Bernstein, irmão de Jaime Bernstein, fundador da Paidós, uma importante editora argentina na publicação de livros dessa área. Em um jantar em Porto Alegre,

Leon pergunta a Henrique se ele não teria o interesse em comprar os direitos, traduzir e vender os livros em português. Henrique dormiu com aquela pulga atrás da orelha. No dia seguinte, por uma coincidência, viu no jornal um pequeno anúncio de um curso que ensinaria a editar livros. Estava ali a resposta. Matricula-se e vê que, sim, era possível.

Nesse curso, conhece três pessoas que foram fundamentais na sua transformação de livreiro em editor: Paulo Flávio Ledur, o coordenador do curso; Evilásio Blasi e Henry Saatkamp, que mais tarde escreveu o livro *Preparação e revisão de originais* (AGE), um guia que Henrique carregou para sempre ao seu lado.

Como sugerido pelo veterano Bernstein, a Artes Médicas Sul começou traduzindo e publicando em português livros de psicologia. O autor nacional não estava no horizonte de Henrique. Até que ele recebe a visita de um amigo, o psicanalista Cyro Martins, que flertava também com a literatura. Tinha escrito, com algum sucesso, a trilogia *O gaúcho a pé*. Cyro propõem um livro que falasse da relação médico paciente. Henrique reluta, mas cede ao pedido do amigo e publica em 1979 *Perspectivas da relação médico-paciente*, que tem relativo sucesso ao ponto de o editor colocar o livro debaixo do braço e ir pela primeira vez à Feira do Livro de Frankfurt. O mundo precisava conhecer aquele livros.

Ninguém se interessa, mas Henrique volta de lá com os direitos do *Compêndio de Psiquiatria Dinâmica*, de Kaplan e Sadock. Publica o calhamaço de dois quilos e meio no Brasil e ele se torna um dos *long-sellers* da sua editora. Em 2019 chegou a 11ª edição. Foi o que elevou a Artes Médicas Sul de editora de "livrinhos" à editora-referência no segmento "psi".

Em 1986, os dois Henriques se desentendem. Com o Plano Cruzado e o congelamento de preços, Kiperman quis burlar a lei fazendo uma lista de preços retroativa atualizando os preços. Hecht foi contra. Um não transigia na lei, o outro defendia a sobrevivência. Kiperman compra os 50% de Hecht, faz a sua pequena maracutaia e segue a vida em carreira solo.

No ano seguinte, um novo *turning point* na vida da Artes Médicas Sul. Henrique recebe o jovem médico Eduardo Pandolfi Passos, recém-formado e residente em ginecologia. Junto com colegas do Hospital de Clínicas de Porto Alegre, tinham elaborado e publicado numa edição independente um manual de rotinas da especialidade. Sob o argumento de "se nós no Hospital de Clínicas precisamos regrar nossos procedimentos, outros colegas do Brasil também devem precisar", Pandolfi convenceu Henrique a publicar o volume. Medicina não estava no radar das Artes Médicas Sul, que tinha se especializado na área "psi".

Sady Selaimen da Costa, um colega de Pandolfi, também residente (só que de otorrinolaringologia) chega também com uma nova proposta: queria publicar um livro na sua especialidade. Editor e autor traçaram uma estratégia: escalariam médicos e professores de diversas regiões do Brasil. Assim, o livro conseguiria ter alcance nacional. Nasceu *Otorrinolaringologia: princípios e práticas*. Henrique encontrava aí a fórmula de sucesso para a sua editora.

Em 1990, o editor se vê obrigado a colocar o pé no freio. Precisou fazer uma cirurgia cardíaca. Percebe que era preciso fazer um sucessor. No ano seguinte, vai a Frankfurt acompanhado do filho Celso na época, com 25 anos.

A recém-promulgada Constituição Federal, de 1988, previa a criação do Sistema Único de Saúde. Mesmo com todas as incertezas econômicas e a inflação galopante, eles resolvem trazer dessa viagem outro calhamaço. Era negócio arriscado publicar um livro de 500 páginas como aquele. Mas trazem para o Brasil o livro *Medicina ambulatorial: condutas de atenção primária baseadas em evidências*, de Duncan, Schmidt e Giugliani, que perpassa os tempos e é, ainda em 2020, uma referência em universidades e também em programas governamentais de Saúde Pública.

Em 1993, diante do aumento da sua produção, Henrique decide contratar uma publisher. É assim que chega à Artes Médicas Sul a editora Letícia Bispo, que já fazia revisões a Henrique.

Ainda na década de 1990, ouvindo a um chamado de Leda – desde 1968, professora de Geografia, Organização Social e Política do Brasil (OSPB) e Língua Portuguesa –, resolve abrir a Artes Médicas Sul para a Educação.

Em 1992, convida Beatriz Vargas Dorneles, recém-entrada no doutorado em Psicologia da Aprendizagem da USP. Queria que ela o ajudasse a tornar a sua editora uma referência na área de Educação. Outra que passa a colaborar com a Artes Médicas Sul nesse momento de transição é Maria da Graça Souza Horn, irmã de Paulo Renato Souza, ex-ministro da Educação. Professora da UFRGS, Horn é especialista em educação infantil e na editora dava consultoria, apresentando livros e também sugerindo temas aos quais Henrique deveria estar atento.

As três passaram a dar apoio à equipe dirigida por Adriane, a caçula de Henrique e Leda, que chegar à editora em 1994, depois de formada em psicologia.

Em 1996, a Artes Médicas Sul é rebatizada e passa a se chamar Artmed. Isso porque resolveu abrir uma filial em São Paulo e precisava desambiguar da empresa do ex-sócio, Hecht.

No ano seguinte, Henrique tem a ideia de publicar uma revista de Educação depois de uma conversa com a socióloga Lourdes Atié, que dirige o centro de formação de professores da Escola da Vila, de São Paulo. Convoca a caçula para liderar este projeto. Nasce aí a revista Pátio que chegou a ter tiragens 160 mil exemplares.

Celso – nessa época responsável pelas finanças e também pela prospecção de títulos de Medicina – resolve passar uma temporada nos

EUA. Queria melhorar o seu inglês. A viagem serviu também para que ele pensasse que precisava ter um selo pra chamar de seu na empresa da família. De volta ao Brasil, propõe ao pai. Queria uma editora que publicasse livros de administração – sua área de formação – e de ciências aplicadas. Nascia aí o selo Bookman que passa a ser tocada pela jornalista (e a partir de então publisher) Arysinha Affonso.

O fim dos anos 1990 marcou também o reconhecimento da Artmed como editora oficial da Associação Brasileira de Psiquiatria, o que abriu portas para os Kiperman no exterior. Outras chancelas vieram depois. A empresa passou a ser também a editora oficial da Associação Brasileia de Psicologia Organizacional e do Trabalho e da Federação Brasileira de Terapias Cognitivas.

Outro pioneirismo de Henrique foi a publicação de um manual próprio de editoração, que passou a ser adotado por diversas outras casas editoriais brasileiras.

Em 2000 instala um centro de distribuição na zona portuária de Porto Alegre. No mesmo ano, o coração manda um novo aviso e ele passa por um procedimento em que recebeu um stent farmacológico em uma de suas artérias. A partir dessa segunda experiência médica no seu próprio coração, Henrique resolve transformar a sua empresa em uma sociedade anônima e distribuir cotas aos filhos.

Ainda no começo dos anos 2000, a família Kiperman é procurado pelos argentinos da Panamericana, editora que se lançava no pouco conhecido ramo da educação continuada. Henrique é radicalmente contrário à investida. Uma história do passado, quando a Panamericana "roubou" os direitos de um livro publicado por Henrique no Brasil, o impedira de confiar nos parceiros. Além disso, o velho editor temia que aquele negócio canibalizasse o seu: a produção e a venda de livros impressos. Celso resolve, mesmo contrariando o pai, dar o passo e fecha uma *joint-venture* que resultou na Artmed Panamericana, sem a participação da família, só Celso e os argentinos. Nascia aí o Sistema de Educação Continuada a Distância (Secad). Os primeiros programas vieram em 2003.

Neste mesmo ano, quando a Artmed completava 30 anos, a família resolve chamar um administrador profissional para tomar conta da sociedade anônima. O nome foi escolhido – não ao acaso – nas relações dos Kiperman: Renato Veisman, amigo de infância de Celso e Adriane. Ele acumulava experiências na Shell e nas lojas Renner.

Em 2005, a editora é transferida para uma nova sede. Os Kiperman investiam ali R$ 4 milhões no imóvel de 2,5 mil m² divididos em cinco andares. Tacitamente, a inauguração marca a transferência do bastão de Henrique ao filho Celso.

A relação dos Kiperman com a McGraw-Hill já era consolidada. A brasileira publicou diversos livros da norte-americana. Um dos exemplos dessa parceria foi a coleção Shaum, publicada a partir de 2003 pelo selo Bookman. Eram livros de matemática, engenharia e química que traziam a teoria acompanhada de muitos exercícios.

Mas nada que pudesse indicar que, em 2008 – quando o mundo viveu uma grande crise econômica começada justamente nos EUA –, a McGraw-Hill demonstrasse o interesse em vender a sua operação no Brasil.

Saraiva e a Guanabara, onde Henrique começou sua carreira no livro, estavam na disputa. A Artmend ganhou o páreo e assumiu a operação por dez anos, prorrogáveis por mais dez.

Um ciclo se fechava. *Medicina interna*, de Harrison, que Henrique carregava na sua Vemaguette, agora era seu. O clássico da medicina era um dos títulos da McGraw-Hill que, a partir de então, vinha para o catálogo da Artmed.

Para comprar a McGraw-Hill, os Kiperman recorreram ao Banco Nacional de Desenvolvimento Econômico e Social (BNDES), que se tornou sócio da empresa ao adquirir 10 % do seu capital. A família queria mais. E assim, em 2010 compra a Artes Médicas, de Hecht, que enfrentava um problema de saúde.

Em 2011, a Artmed passa a se apresentar como Grupo A e não mais como editora, mas como "uma empresa de educação que irá se valer de todas as plataformas e formatos para disseminar conhecimento".

O Grupo incorpora também em 2011 a Blackboard, plataforma digital americana de ensino a distância e, mais tarde, a GSI Online, uma EdTech de treinamento empresarial, também a distância.

Em 2016, a família lança o Sahag, um "sistema de ensino universitário que une conteúdo pedagógico e métodos de aprendizagem embarcados em tecnologia robusta, viabilizando cursos a distância".

No ano seguinte, o coração dá um novo tropeço e, aos 78 anos, faz uma angioplastia. Morre em setembro de 2017, 45 dias depois de completar 79 anos e poucos dias depois de ser homenageado pelo Colégio Israelita de Porto Alegre que deu a sua biblioteca o nome de Henrique Kiperman.

JOAQUIM IGNÁCIO DA FONSECA SARAIVA

Em 1890, aos dezenove anos, Joaquim Ignácio da Fonseca Saraiva (1871 – 1944) – que já tinha sido aprendiz de caixeiro numa livraria na Cidade do Porto, em Portugal – se enche de coragem e resolve criticar o governo monárquico português, em um artigo publicado no jornal da sua cidade natal. Esse episódio mudaria completamente os rumos do mercado editorial do outro lado do Atlântico.

Saraiva se vê obrigado a emigrar e escolhe o Brasil. Desembarca por aqui, aos 21 anos, em 1892 e se instala, a princípio, na cidade de Santos, no litoral paulista, e abre uma importadora de vinhos e azeite portugueses.

Aos 35 anos, resolve mudar-se com a família para o Rio de Janeiro. A esta altura já tinha se casado com Henriqueta Wambolt Traugott, de origem alemã, e já tinha tido sete filhos. Ali, na capital federal da época, funda a J. Fonseca Saraiva Editor, sua primeira aventura no mundo do livro já no Brasil. É nessa época que publica o livro *História do Brasil ilustrada*, do jornalista e historiador e futuro imortal da Academia Brasileira de Letras, José Francisco da Rocha Pombo.

Três anos depois, ele passa por uma nova mudança, impulsionada pelo livro. Saraiva deixa o Rio de Janeiro e segue para São Paulo, onde começa a trabalhar na Livraria Jacintho. Acumulava ainda com a função de representante da *Revista de Direito* e de outras publicações jurídicas.

Vê na biblioteca de um jurista recém-falecido a oportunidade de ter o seu próprio comércio de livros. Compra o acervo e funda a Acadêmica, sebo especializado na venda de livros jurídicos instalado no Largo do Ouvidor, próximo à Faculdade de Direito do Largo de São Francisco.

Joaquim conquista clientes ao oferecer a eles um sistema de crédito informal que permitia que alunos da tradicional escola de Direito pendurassem suas dívidas até quando pudessem pagar. Aos que se ofereciam para pagar a dívida com juros, ele dizia: "Isto aqui não é banco. É casa comercial e livraria"[1].

Outra característica de Joaquim que fez elevar seu status entre os alunos do Largo de São Francisco foi a de grande indicador de livros. Em um exame, um professor perguntou a um aluno se ele poderia falar algo sobre o conselheiro Saraiva, ministro da guerra e senador do Brasil Império. O aluno teria respondido: "Esse eu conheço bem. É o nosso amigo da Livraria do Largo do Ouvidor"[2]. A anedota – verdadeira ou não – é contada como a explicação do apelido que Joaquim ganhou: "Conselheiro".

Em 1917, o livreiro volta a editar livros. O primeiro título que publica é *Casamento civil*, de Aniceto de Medeiros Corrêa, e o segundo foi *Theoria elementar da posse e estudos do Direito Civil*, de Manuel Pacheco Prates. Os livros traziam estampado o selo Saraiva & Cia – Editores – Livraria Acadêmica.

Profundo conhecedor dos frequentadores do Largo de São Francisco – fossem eles professores ou alunos – passa a selecionar pessoalmente as obras a serem editadas pela nova casa, tendo sempre em mente a sua clientela.

A década seguinte foi um marco para a indústria editorial brasileira. São Paulo vivia um momento cultural efervescente e um cres-

---

1. AMBACK, Adriana. BRANDÃO, Ignácio de Loyola. *Saraiva (1914-2014): a modernidade e o pioneirismo de uma vocação centenária*. p. 21.
2. Idem, p. 23.

cimento populacional. Vinha a Semana de Arte Moderna e Monteiro Lobato e Octalles Marcondes Ferreira começavam a sua revolução no mercado editorial.

Saraiva quis acompanhar esse movimento e começa a publicar livros infantis, diversificando a sua produção, para além dos livros jurídicos. Nascem aí títulos como *Histórias para os meus netinhos* e *Princesa Cristina no país das fadas*, ambos escritos por Henriquetta. Publica também livros de poesia e aqui merece destaque *Parque antigo*, de Galeão Coutinho.

Em meados da década de 1930, uma nova diversificação. A editora dos Saraiva passou a publicar livros didáticos, surfando na onda da revolução que o então ministro da Educação, Gustavo Capanema, fazia no ensino brasileiro. Desta época, destaca-se *Pontos de gramática histórica portuguesa*, de Rosario Farani Mansur Gueiros, e *Páginas floridas*, de Francisco da Silveira Bueno, que chegou a ter 25 edições.

A popularidade do velho Conselheiro estava em alta. Em 1941, por ocasião do seu 70° aniversário, a Associação dos Antigos Alunos da Faculdade de Direito de São Paulo organiza um concurso de sonetos em sua homenagem. O ganhador foi Clóvis Nogueira, que cantou em verso "As glórias do famoso cavalheiro / Tornado legendário e por su'arte / E nobre engenho feito Conselheiro"[3]. Os textos selecionados fizeram parte de uma coletânea organizada por Guilherme de Almeida e lançada em 1943.

Saraiva morre no ano seguinte, deixando um legado importante para a evolução do mercado editorial brasileiro.

Três dos seus sete filhos assumem o negócio. Joaquim passa a ser o responsável pela livraria; Paulino responde pelas finanças e pela editora e Jorge assume a gráfica que foi inaugurada em 1945. O cenário era de otimismo. O fim da ditadura do Estado Novo abre espaço para ares

---

3. Idem p. 32.

mais democráticos. No ano seguinte, a nova Constituição concedeu isenção tributária ao livro além da liberação de impostos alfandegários para a importação de papel e de equipamentos gráficos. Este cenário dá um novo impulso ao mercado editorial brasileiro.

Como consequência, entre as décadas de 1930 e de 1950, a Saraiva quadruplicou o número de exemplares produzidos[4], chegando a quatro mil títulos e cerca de 20 milhões de exemplares por ano. Três anos depois da morte do patriarca, é criada a Câmara Brasileira do Livro (CBL) e o seu filho Jorge se elege como o seu primeiro presidente.

Sem nunca deixar os livros jurídicos de lado, a editora passa a investir em coleções populares. A mais importante delas foi a *Coleção Saraiva*, tocada por Mario da Silva Brito e Cassiano Nunes. A coleção chegou a ter 287 títulos e vendeu mais de 10 milhões de exemplares no sistema de clube de assinatura. A iniciativa durou 24 anos, de 1948 a 1972. Foi pela Coleção Saraiva que foram publicadas a primeira edição de *Os meninos da Rua Paulo*, traduzida por Paulo Rónai; e a primeira tradução do clássico *O médico e o monstro*, de Robert Louis Stevenson, feita por Nair Lacerda.

A CBL realiza a primeira edição do Prêmio Jabuti em 1959. Um livro da Saraiva aparece entre os premiados. *História do Modernismo Brasileiro*, de Mário da Silva Brito, leva a estatueta na categoria História Literária.

Em 1966, a Acadêmica passou a se chamar Saraiva. A mudança do nome veio junto com o novo endereço: uma loja maior, de 250 metros quadrados, instalada no número 203 da rua José Bonifácio, no centro de São Paulo.

A década de 1970 coincide com a entrada da terceira geração dos Saraiva e também com a consolidação da companhia como uma das maiores empresas do setor cultural no Brasil. Os netos do fundador, Jorge Eduardo Saraiva e Arnaldo Luiz Saraiva eram responsáveis, res-

---

4. Idem p. 41.

pectivamente, pelas publicações de livros jurídicos e didáticos. Esta última categoria foi impulsionada neste período.

Para viabilizar a sua expansão para o mercado de livros didáticos, a Saraiva foi registrada como empresa de capital aberto no Banco Central em 1972. No ano seguinte, suas ações começaram a ser comercializadas na Bolsa de Valores.

Um marco foi a publicação do livro *Matemática na escola renovada*, do professor Scipione Di Pierro Netto, que marcou época. Outro foi o método *FAI – Física Auto-Instrutivo*, coordenado pelos professores Fuad Daher Saad, Paulo Yamamura e Kazuo Watanabe, que chegou a ser usado por meio milhão de alunos.

Os anos 1980 e 1990 foram de expansão para a Saraiva, mesmo com a economia vivendo momentos complexos e muito difíceis. O foco estava na ampliação de sua rede de lojas. Em 1986, inaugura a unidade do Shopping Eldorado, a primeira loja dentro de mega centros comerciais da empresa. Em 1995, a rede já era composta por 28 unidades espalhadas por vários estados brasileiros.

Foi nessa época também que ocorreram os primeiros investimentos da empresa no digital, com o lançamento da *Legislação Informatizada Saraiva* (LIS), um banco de dados digitalizado da legislação federal reunida em um inovador CD-ROM.

Em 1996, vem a primeira MegaStore da Saraiva, instalada no Shopping Ibirapuera, na Zona Sul da capital paulista. Viabilizadas pelo Plano Real, várias cópias das super livrarias dos EUA se espalharam por diversas cidades brasileiras. Dois anos depois, foi inaugurada a sua loja na internet. Em 2008, compra o Grupo Siciliano e a Saraiva ganha, numa única tacada, 52 novas lojas.

A expansão ajudou a financiar a compra de outras editoras. A primeira foi a Atual, que passou a fazer parte do grupo Saraiva em 1998. Depois vieram a Pigmento, Arx, Caramelo e Érica. Na primeira década do novo século, diversificou o seu catálogo em outros selos e vieram a Benvirá e a Saraiva Tec.

Em 2015, um ano depois de celebrar o seu centenário, a Saraiva, sob o comando de Jorge Saraiva Neto, a quarta geração dos Saraiva, vende os seus ativos editoriais à Abril Educação, que na sequência passa a se chamar Somos Educação. A transação foi de R$ 725 milhões.

Com esse movimento, a Saraiva passa a colocar 100% do seu foco no varejo. Depois disso, a empresa passou por dificuldades que culminou com o pedido de recuperação judicial em outubro de 2018.

Independe de qual seja o desfecho deste episódio, o nome dos Saraiva entra para a história do livro como um motor de propulsão do desenvolvimento, profissionalização e agigantamento da indústria editorial brasileira.

JORGE GERTUM CARNEIRO, ANTONIO GERTUM CARNEIRO & JORGE CARNEIRO

A família Gertum, de origem alemã, está profundamente ligada à história cultural da cidade de Porto Alegre desde o meados do século XIX. Johann Joseph Gertum, um dos primeiros Gertum a se fixar na capital gaúcha, fundou, em 1860, a *Deutsche und Französische Leihbibliotkek* (Biblioteca de Empréstimo Alemã e Francesa), instalada no número 190 da Rua dos Andradas. Era de sua propriedade também a Casa Gertum, uma loja de instrumentos e partituras musicais que fez história na Porto Alegre da época.

Um dos filhos de Joseph, Hugo Gertum, dava nome a uma fábrica de papel localizada em Pedras Brancas, do outro lado do rio Guaíba. Hugo, que também era banqueiro, fundador do Banco Nacional do Comércio, se casa com Rosa Rasteiro Mostardeiro, filha de uma tradicional família que fez fortuna no bairro Moinhos de Ventos, bairro nobre da capital gaúcha. E desse casamento, nasce Olga Mostardeiro Gertum, que mais tarde viria a ser mãe dos futuros editores Jorge e Antônio Gertun Carneiro.

Jorge tinha quatro anos e Antônio tinha três quando o seu pai, o advogado Luis Gonçalves Carneiro, morre em 1920. O ambiente familiar era propício para a educação. Estudaram nas escolas da elite porto-alegrense. Antônio, por exemplo, frequentou o Porto Alegre College (hoje, Instituto Porto Alegre – IPA) e o Colégio Anchieta[1]. Olga se casa novamente, desta vez com um alemão. O idioma natal do padrasto passa a ser a língua oficial em casa, além do francês e do inglês.

O mais velho começa a estudar Medicina em Porto Alegre, mas, em 1936, aos 21, resolve que concluiria o curso no Rio de Janeiro. Com apoio da família, segue para a antiga capital federal. Já Antônio opta pela Engenharia, mas, a exemplo do irmão mais velho, segue para o Rio de Janeiro, em 1940, onde conclui o curso na então Escola Nacional de Engenharia da Universidade do Brasil.

Ainda na universidade, os dois percebem uma lacuna: havia escassez de livros técnicos nas suas respectivas áreas. Para preencher esses espaços, eles fundam, em 1940, a Publicações Pan-Americanas Ltda, com o objetivo de importar livros e revistas vindos essencialmente dos EUA, já que a Europa vivia a paralisação industrial provocada pela II Guerra Mundial, que durou até 1945.

Os primeiros anos da Pan-Americana não andaram como se esperava. Os custos de importação subiram e as vendas não saíram como o planejado: uma possível explicação para isso é que o público leitor brasileiro não estava preparado para consumir livros em inglês, já que o francês era a língua mundial da época.

Foi, então, que eles decidem traduzir e publicar, em português, títulos técnicos nas suas respectivas áreas. O primeiro livro, *Patologia constitucional aplicada*, de Julius Bauer, sai em 1943 com tradução do próprio Jorge Gertum Carneiro. Neste mesmo ano, publicam dois volumes de *Mecânica técnica*, de Stephen Timoshenko e Donovam Harold Young, que ganhou tradução do professor Antônio Alves Noronha[2].

Em 1945, a empresa fundada pelos dois irmãos ganha novos sócios, com a chegada de Fritz Mannheimer – um judeu alemão que

---

[1]. LABANCA, Gabriel Costa. Publicações Pan-Americanas e Editora Gertum Carneiro: dos livros técnicos às edições de bolso. p. 5.

[2]. Idem, p. 7-8.

desembarca no Brasil em 1939 e é empregado pelos irmãos Gertum Carneiro no ano seguinte para vender livros – e o gráfico IloIlói Lund. Com a entrada dos dois sócios, a empresa passa a se chamar Gertum Carneiro & Cia. No ano seguinte, a empresa se torna uma sociedade anônima e, com isso quase dobra o seu capital social, que saltou de Cr$ 3,7 milhões para Cr$ 6,6 milhões[3].

Isso permitiu que empresa formasse o seu pequeno parque gráfico ao adquirir, em 1946, a Tecnoprint, que passaria ser gerida por Ilói Lund. Outro ganho com esse aporte de capital foi um salto quantitativo no número de publicações. Se nos três primeiros anos de publicações, a Gertum Carneiro tinha publicado apenas cinco títulos, em 1946, foram 15[4].

O catálogo também começou a se diversificar e a se popularizar. Se antes, eram livros técnicos, mais caros, agora, eram manuais e cartilhas populares. Em 1949, por exemplo, publica *A conversação inglêsa*, de Charles Armstrong. O sucesso foi tanto e tão imediato que no ano seguinte, o título chega a sua 11ª edição. Algo parecido acontece com *Fala e escreve corretamente a tua língua*, de Luís Augusto Pereira Vitória, que alcançou a sétima edição no mesmo intervalo de tempo.

O foco passava a ser nos livros práticos, utilitaristas ou, como se chamavam nos EUA: *howto*. E também em livros de literatura mais populares. Foi nessa leva que os irmãos publicam a série do detetive Shell Scott, criada pelo romancista norte-americano Richard S. Prather.

Jorge e Antônio lançam a coleção de bolso pioneira no Brasil. Lançaram também o Clube do Livro Escolar, inspirado no Clube do Livro da Scholastic, nos EUA. A venda era feita em escolas públicas ou privadas, para onde eram enviados folhetos. Os professores reuniam os pedidos que eram enviados por reembolso postal. "Graças a isso, cria-

---

3. Idem p. 12.
4. Idem p. 12.

ram um catálogo de paradidáticos até hoje ativo na editora", ressalta Jorge Carneiro, filho de Antônio e atual diretor-presidente da empresa que passou a se chamar Ediouro.

O nome Ediouro, é importante dizer, é resultado da fusão das palavras Edições de Ouro, nome que a empresa ganhou na década de 1960, mesma década que veio a revista Coquetel, de palavras cruzadas e passatempos.

Entre o fim da década de 1960 e o início da de 1970, a Edições de Ouro surfam na boa onda do "Milagre Econômico", momento de acentuado crescimento da economia brasileira.

Entre as décadas de 1960 e 1970 que se dá a formação do sucessor. Jorge Carneiro[5] conta que nasceu numa "casa de livros". "Os assuntos em casa eram os livro e a editora", brinca. "Meu pai não me deixava ler em português. Dizia que era muito fácil", continua. Lia, basicamente, em inglês ou francês. Foi assim que se aventurou nas páginas de Julio Verne, Agatha Christie, Jonathan Swift, Herman Melville e Robert Louis Stevenson.

No fim da década de 1970, Jorge Carneiro segue o caminho do pai e entra para a faculdade de Engenharia. Ainda na faculdade, trabalha no *Jornal do Brasil*, como jornalista, cobrindo a área de política e tendo como chefe Elio Gaspari. Em 1978, assim que se gradua, Jorge Carneiro entra para a empresa. Como o pai e o tio, nunca exerceu a sua profissão.

Antônio morre em 1988 e Jorge, em 1994, abrindo espaço para uma transformação empreendida pelo herdeiro. Jorge Carneiro lembra que, no fim dos anos 1990, havia uma certa euforia no Brasil. Se acreditava que haveria um grande investimento em educação e, como consequência disso, haveria um aumento da renda e do consumo. Neste cenário promissor, ele lidera um processo de consolidação importan-

---

5. Sempre que me referir a ele, usarei nome e sobrenome para desambiguar do tio, Jorge Gertum Carneiro.

te no mercado editorial brasileiro. Em 2002, Jorge Carneiro compra a Agir, fundada em 1944 por Alceu Amoroso Lima e Cândido Guinle Paula Machado. Neste mesmo ano, adquire o catálogo da Relume-Dumará, criada por Alberto Schprejer. Dois anos depois, compra os 50% da Nova Fronteira que pertenciam a um fundo de investimentos capitaneado pelo economista Armínio Fraga e completa a aquisição de 100% da editora fundada por Calos Lacerda em 2007. "Todo mundo estava otimista com o futuro", diz o editor.

Numa viagem aos EUA, para acompanhar a Book Expo America, Jorge Carneiro encontra-se com Tod Shuttleworth, que administrava a Thomas Nelson, editora líder do segmento evangélico não denominacional nos EUA. "Percebi que havia um crescimento importante da população evangélica no Brasil. Havia pesquisas que apontavam que, em pouco tempo, 30% da população brasileira se declararia evangélica. Daí comentei sobre isso – em tom de brincadeira – com Tod e perguntei: "por que não levamos a Thomas Nelson pro Brasil?", conta Jorge Carneiro. "Ele levou a sério. Dois meses depois, ele veio para o Brasil e começamos a conversar", completa.

Em 2006, é instalada a Thomas Nelson Brasil com 85% do capital aportado pela Ediouro. O negócio deu certo e, em pouco tempo, a editora resultado da *joint-venture* das duas empresas se torna líder do segmento. Em 2011, a Harper Collins adquire a Thomas Nelson nos EUA e isso acaba se refletindo no mercado brasileiro. Em 2014, o conglomerado editorial internacional assume o controle acionário da Thomas Nelson Brasil e abre caminho para a instalação da Harper Collins Brasil, firmada originalmente em parceria com a Ediouro e que, a partir do ano seguinte, segue em carreira solo, reunindo sob o seu catálogo os livros da Thomas Nelson Brasil, do selo Harlequin – que tinha aportado no Brasil em parceria com o Grupo Editorial Record – e parte do catálogo da própria Ediouro, vendido à Harper Collins naquele momento.

Nos seus mais de 25 anos à frente do negócio criado por seu pai e tio, Jorge Carneiro reúne uma série de títulos dos quais diz se orgulhar muito. Um deles, *Quando Nietzsche chorou*, de Irvin D. Yalom, lançado em 1995. "Quando li o original, percebi que aquele livro juntava todas as qualidades de um best-seller com um valor literário que tinha tudo para agradar muita gente e se tornou um best-seller importante na história da Ediouro", comentou. Outro título que teve a digital de Jorge Carneiro foi *O caçador de pipas*, de Khaled Hosseini, publicado em 2003. "É importante dizer que essa decisão nunca foi só minha. Sempre foi uma decisão em equipe, mas eu acreditei muito, desde o início, nestes dois títulos", conclui.

JOSÉ DE BARROS MARTINS & EDGARD CAVALHEIRO

O ano era 1937. A Europa em crise e o Novo Mundo era um mercado em potencial para a indústria editorial do continente que em breve testemunharia o irrupção da Segunda Guerra Mundial. Do lado de cá do Atlântico, a indústria editorial brasileira vivera, até o ano anterior, um exponencial crescimento da produção editorial. Getúlio Vargas, constitucionalmente eleito, governava o Brasil com grandes poderes desde a vitória na Revolução de 1932.

Nesse cenário, nascia em São Paulo, uma livraria que marcaria para sempre a história do livro no Brasil. A Martins, fundada por José de Barros Martins (1909 – 1992), um ex-funcionário do Banco do Brasil que resolve largar o emprego e abrir uma pequena loja. No catálogo, muito bem selecionado, livros em edições de luxo arrematados em Paris e outros importados da Inglaterra e dos EUA.

Em pouco tempo, a Segunda Guerra interrompe as linhas comerciais entre Europa e Brasil e Barros Martins precisa se reinventar. Decide convidar Edgard Cavalheiro (1911 – 1958), que também fora bancário, e compor um departamento editorial.

A primeira leva de livros era uma resposta ao cenário político da época. O governo constitucionalista de Vargas foi profundamente marcado por mudanças nas legislações e nas políticas sociais, em especial daquelas relacionadas ao mundo do trabalho. Assim, o primeiro livro da nova casa foi *Direito Social Brasileiro*, de Antonio Ferreira Cesarino Júnior (de quem Barros Martins era aluno), publicado em 1940. Vieram outros títulos relacionados a esse universo na sequência.

Mas a vocação da Martins não se limitaria às obras jurídicas. Ao contrário. Publicou, ainda no seu primeiro ano de vida, clássicos da literatura brasileira como *Memórias de um sargento de milícias*, de Manuel Antonio de Almeida, com ilustrações de F. Acquarone, e *Iracema*, de José de Alencar, com desenhos de Anita Malfatti. Viriam depois obras de novos nomes como Lygia Fagundes Telles e Antonio Candido.

Martins e Cavalheiro queriam repensar o Brasil em seus livros. E, por isso, convidaram o bibliotecário Rubens Borba de Moraes para pensar uma coleção que trouxesse relatos de viajantes que passaram pelas terras brasilis. *Biblioteca histórica brasileira* foi o nome dado à coleção inaugurada por *Malerische Reise in Brasilien*, do artista plástico alemão Johann Moritz Rugendas, que vem para o Brasil em 1821 e embrenha país adentro registrando nossos tipos, costumes, paisagens, fauna e flora. Nos anúncios da coleção, a editora falava de uma "cuidadosa seleção de títulos lindamente impressos" e sobre as "traduções fiéis [no caso do primeiro título, a tradução foi feita por Sérgio Milliet] e integrais, cuidadosamente revistas, anotadas e com introduções, contendo reproduções perfeitas de todas as ilustrações". Vieram na sequência livros de outros viajantes como Auguste de Saint-Hilaire, Daniel Parish Kidder, John Luccock, Johan Nieuhof e Jean-Baptist Debret.

Mas, talvez, o que mais marcou a trajetória da Martins foi a sua postura diante do Estado Novo, instalado já no ano de sua inauguração. Em contraposição ao "ecumenismo" da José Olympio, a Martins era uma editora de oposição ao governo. Publica, por exemplo, nova edição de *Urupês*, de Monteiro Lobato, em 1944. Nessa altura, o fundador da Companhia Editora Nacional era um forte ícone do antigetulismo.

Essa postura era, no mínimo, arriscada. Hoje, quando se acessa o bem-organizado acervo do jornal *O Estado de S. Paulo*, o leitor pode se deparar com um alerta: "De 25 de março de 1940 a 6 de dezembro de 1945, o jornal foi tomado de seus proprietários pela Ditadura Vargas e por isso o *Estadão* não reconhece o conteúdo produzido nesse período como de sua autoria.

Apesar disso, essas edições estão sendo compartilhadas como documento histórico". Essa era a postura da Ditadura Vargas frente aos seus opositores – ainda que o *Estadão* seja um jornal historicamente conservador na sua linha editorial.

A Martins sente a pesada mão do governo Vargas em 1941, quando resolve publicar *ABC Alves*, volume de crítica literária escrita por Jorge Amado, na época totalmente banido no Brasil. A censura mandou recolher os livros. Diante da argumentação de que se tratava de um volume dedicado à crítica literária, o governo libera o livro, com a condição de que não se poderiam publicar resenhas e o volume não poderia estar em locais de destaque dentro das livrarias.

Diante da coragem do editor e ressabiado com José Olympio – em cartas ele cobrava do editor uma explicação sobre o sumiço de seus livros das livrarias –, Jorge Amado repassa toda a sua obra – com exceção de três títulos – para a Martins. Essa relação perdura pelas três décadas seguintes. O faturamento apurado com a venda dos livros de Jorge Amado – as tiragens iniciais podiam bater facilmente os 75 mil exemplares – ajudaram a Martins a ser uma editora dedicada à literatura brasileira. Outro nome de peso que vai para a Martins é Mário de Andrade, atraído por Cavalheiro e cuja obra passa a ser publicada com exclusividade pela editora paulistana.

A José Olympio, casa que exerceu essa vocação nos anos 1930, nesta altura, já tinha percebido que esse filão era pequeno demais para se sustentar, enquanto a Martins se manteve fiel a ele até o seu fim, em 1974.

Em 1943, Edgar, maravilhado com a pujança da gaúcha Globo, resolve deixar a Martins e integrar o time de Henrique Bertaso e Érico Verissimo. Em 1955, já desligado da Globo, passa a colaborar com a Cultrix, de Diaulas Riedel e, mais importante, assume a direção da Companhia Distribuidora de Livros, a Codil, fundada por Nelson Palma Travassos (Revista dos Tribunais) e Octalles Marcondes Ferreira (Companhia Editora Nacional). É por ela que lança o livro que o eternizou como biógrafo de Monteiro Lobato.

Nesse mesmo ano, assume a presidência da Câmara Brasileira do Livro (CBL). Ao lado de Ênio Silveira, nesta altura presidente do Sindicato Nacional dos Editores de Livros (SNEL), conquista a isenção de imposto para a importação de papel de impressão, um marco importante para a indústria editorial brasileira. É na sua gestão frente à CBL que Cavalheiro idealiza, em 1957, o Prêmio Jabuti, que seria entregue pela primeira vez em 1959. Edgar morre antes disso, no dia 30 de junho de 1958. Jornais da época dizem que ele enfrentava uma inespecífica "pertinaz enfermidade".

Em 1972, Barros Martins sente forte o peso da sua decisão de ser uma editora especializada na literatura brasileira. A inflação galopante daquele ano deteriorou a sua frente de venda a crediário. Contabilizou naquele ano um prejuízo de 300 mil dólares e nem mesmo o inédito *Tereza Batista Cansada de Guerra*, de Jorge Amado, salvaria a lavoura. Negocia com a Record a distribuição exclusiva do livro, mas nem assim consegue o suficiente para evitar a concordata, decretada em 1974. Nunca mais conseguiu se recolocar no mercado, morrendo em agosto de 1992 em decorrência de complicações cardiopulmonares.

JOSÉ OLYMPIO PEREIRA FILHO & VERA PACHECO JORDÃO

Um bom exercício que ajuda a entender o agitado mercado editorial da primeira metade da década de 1930 é acompanhar Jorge Amado. O escritor baiano teve seu primeiro romance de repercussão nacional, *O país do carnaval*, publicado pela Schmidt, em 1931. Descontente e preocupado com a fama de mal pagador de Augusto Frederico, muda-se para a Ariel onde publica *Cacau*, em 1933 e *Suor*, em 1934. A Ariel entra em decadência e Amado resolve mudar-se de casa mais uma vez. O declínio da editora de Agripino Grieco e Gastão Cruls coincide com o crescimento de uma outra editora, a José Olympio, para onde o baiano segue e faz dela sua editora.

A José Olympio foi fundada por José Olympio Pereira Filho (1902 – 1990) e sua então namorada Vera Pacheco Jordão (1910 – 1980). JO, como o próprio Olympio muitas vezes se apresentava, era filho de um baiano com uma paulista, de origem mineira. Nasceu em Batatais, no interior de São Paulo, em 19 de dezembro de 1902. Muito garoto, aos 16, muda-se sozinho para a capital e se emprega na Livraria Garreaux, onde faz escola e amigos influentes. Entra como estoquista e sai como gerente geral e responsável pelas compras da empresa. Foi na Garreaux que JO e Vera se conhecem, em 1929. Ela nasceu em Paris, filha de uma família da elite intelectual paulista e foi fundamental nos dez anos da editora. Separa-se de José Olympio em 1940 e, em 1943, o casal se divorcia.

Ainda em São Paulo, em 1930, José Olympio fareja uma oportunidade. Com a morte de Alfredo Pujol, em maio daquele ano, a família resolve se desfazer de sua biblioteca repleta de volumes raros. JO a arremata por uma fabulosa quantia que beirava os 100 contos de réis[1]. Dinheiro grosso para a época levantado junto a amigos e bibliófilos que conheceu no balcão da Garreaux. No mesmo ano, adquire a biblioteca do também colecionador Estêvão de Almeida. Com esse acervo, abre, aos 28 anos, um sebo na Rua da Quitanda, onde passa a fazer dinheiro com os livros raros. Vera, segundo consta, foi uma de suas primeiras clientes, comprando uma edição rara de As mil e uma noites.

A venda dos volumes de Pujol e Almeida era oportuna e ajudou no início das atividades da Livraria José Olympio Editora, mas há indícios de que foi um golpe de sorte que reforçou os planos anteriores de José Olympio. Em 1931[2], sai o primeiro livro: Conhece-te pela psicanálise, do norte-americano Joseph Ralph, traduzido por José de Almeida Carvalho. Considerando aqui os prazos de produção de um livro traduzido de 300 páginas fica bastante claro que JO já planejava editar livros, mesmo antes de farejar a oportunidade de vender as bibliotecas de Pujol e Almeida. Fato é que o título era tão acertado do ponto de vista comercial, que a José Olympio o venderia constantemente por cerca de 20 anos.

A Revolução Constitucionalista de 1932, irrompida em São Paulo e que durou cerca de três meses, impactou o neófito negócio de José Olympio, que decide suspender a publicação de livros. O segundo livro chega só em maio do ano seguinte. Era Itararé, Itararé, um relato de Honório Sylos sobre o conflito civil. Na sequência, aparecem mais dois títulos relacionados ao tema.

---

1. Hallewell fala em 150 contos de réis, enquanto José Mario Pereira fala em 80 contos de réis.
2. Aqui uma nova discordância entre Hallewell e Pereira. Enquanto o autor de O Livro no Brasil diz que o livro foi lançado em 1931, deixando claros os planos anteriores de editar e não só vender livros, o autor de José Olympio: O Editor e Sua Casa, aponta que o livro é de 1932, tirando da frente a suspeita de Hallewell.

Por influência de Vera, com quem se casa em 1933, a José Olympio passa a publicar literatura, em especial a brasileira. O primeiro título dessa nova seara sai em 1934. Era *A ronda dos séculos*, de Gustavo Barroso. Mas foi com a publicação de *Os párias*, do popularíssimo Humberto de Campos, que a José Olympio torna-se robusta. Se a casa já tinha, como se comprovou nos anos seguinte, um *long-seller* (*Conhece-te pela psicanálise*), tinha agora também um *best-seller*. E não só um. Em 1934, JO apresentou ao escritor um ousado plano que incluía a publicação de um livro por mês durante aquele ano, com uma tiragem total que passava os 63 mil exemplares. Esse plano se constituiu como um alicerce da empresa. Não foi totalmente cumprido, mesmo porque Humberto morre naquele mesmo ano. Mesmo assim, até o fim de 1935, a José Olympio já tinha publicado 17 títulos de Humberto de Campos (incluindo seis póstumos), alguns deles com tiragens superiores a 20 mil exemplares. Em 1940, a José Olympio já tinha contabilizado a venda de mais de meio milhão de exemplares. Considerando o mercado já esgotado, repassa os direitos da obra do autor para a W.M. Jackson Co, empresa britânica que vendia coleções no esquema porta a porta.

Se de um lado a José Olympio perdeu o autor-galinha-dos-ovos-de-ouro, ganhava outros. Foi o caso de José Lins do Rego, que deixa a Ariel mediante uma proposta ousada de JO. O editor lhe telegrafa propondo a reedição de *Menino de engenho* e a publicação do inédito *Banguê*, nessa altura já anunciado pela Ariel. A proposta era publicar cinco mil cópias de um e dez mil de outro. E mais: garantiu ao escritor paraibano o adiantamento de nove contos de réis. Era a primeira vez que um autor brasileiro recebia esse tipo de proposta.

Nesse ato, vê-se uma característica marcante da personalidade de Olympio. Ele era um *gambler*, um viciado em jogos que testavam a sua sorte. Fossem cavalos ou livros. Gostava da adrenalina de apostar alto em uma coisa que não sabia racionalmente se daria certo.

E, no caso de Lins do Rego, a aposta foi mal-sucedida no primeiro momento. A tiragem ousada – quando Vera soube dos números, chamou JO de louco – demorou cinco anos para ser totalmente escoada. Deste episódio, José Olympio aprende uma grande lição que leva para a vida. Se, no primeiro momento[3], contabilmente o livro de Lins do Rego trouxe prejuízo, capitalizou de outra forma ao ganhar prestígio. Passou a correr à boca pequena, entre os autores nacionais, que existia em São Paulo um certo editor que apostava em altas tiragens e ainda oferecia adiantamentos. Isso atraiu nomes como Oswald de Andrade, Lúcio Cardoso, Gilberto Freyre, Murilo Mendes, Vinicius de Moraes, Rachel de Queiroz, Graciliano Ramos e Jorge Amado. Sobre esse último, ele chega à José Olympio em 1934, não só como escritor, mas como empregado também. Ele passa a fazer uma espécie de divulgador do catálogo da empresa junto aos governos do Nordeste, em especial os da Bahia e do Sergipe. Só no ano seguinte, publica seu primeiro livro pela José Olympio, o inédito *Jubiabá*.

Logo depois de lançar *Banguê*, em 1934, o casal muda-se para o Rio de Janeiro e instala seu estabelecimento no número 110 da Rua do Ouvidor. Ali se ergue "A Casa", como Olympio costumava se referir ao seu negócio.

Os números de lançamentos mostram a escalada de sucesso da José Olympio nessa época. Se, em 1933, a Casa lança os dois livros sobre a Revolução Constitucionalista, em 1934 foram 32 novidades. Esse número sobe sucessivamente para 59, em 1935, e para 66 no ano seguinte. José Olympio alcançava o posto de maior editor de obras gerais no Brasil.

O peso do trabalho de Vera fica muito claro na escolha dos títulos que passaram a compor o catálogo da Casa. Em 1939, graças a sua insis-

---

3. O prejuízo com José Lins do Rego foi mesmo só nesse primeiro momento, em que superdimensionou as tiragens. Nos anos seguintes, reouve esse dinheiro e chega a dizer que o paraibano tinha vendas comparáveis a Humberto de Campos.

tência, a José Olympio publica a versão brasileira do livro *A cidadela*, de A. J. Cromin. O livro, que serviu de base para filme homônimo dirigido por King Vidor, foi um enorme sucesso. Outro sucesso que era pra ser a José Olympio mas não foi, graças a uma decisão de Vera, foi *E o vento levou*, de Margareth Mitchell. Vera considerou mal escrito e muito grande – o que poderia afastar o leitor e ainda encarecer a produção. O fim, a gente já sabe. Como já foi dito, Vera e José Olympio se separam em 1940 e a saída de Vera é sentida nos rumos do catálogo da Casa, como aponta Hallewell:

> Com a sua saída, a acolhida da José Olympio à publicação de novos escritores brasileiros diminuiu, ao passo que cresceu a proporção de títulos traduzidos (...) Nota-se depois do divórcio uma tendência marcada, da parte da "Casa", a incluir no seu programa uma proporção muito maior de romancistas de menor expressão literária – como os lucrativos A. J. Cromin, Lloyde C. Douglas, Vicki Baum – e até mesmo autores de histórias de amor escapistas totalmente despretensiosos como Faith Baldwin e Ruby M. Ayres.

DE AMADO A SALGADO: JOSÉ OLYMPIO E A POLÍTICA

Se de um lado, a José Olympio publicou autores como Jorge Amado, carregada dos ideais comunistas, do outro publicou a coleção *Problemas políticos contemporâneos*, que reunia obra de nomes como Plínio Salgado, líder da Ação Integralista Brasileira, o mais avançado programa do ideário fascista da época.

Longe de ser simpático ao Integralismo de Salgado e nem mesmo ao Comunismo de Amado. O que JO nutria era um tino comercial e um apreço pelas amizades. No caso especial da coleção de Salgado e seus correligionários, tinha um terceiro viés, o político. Para ele, era interessante ter na sua programação editorial livros que atendiam às demandas do governo da época. Alguns desses títulos podem ter dado prejuízo financeiro, mas com eles JO ganhava capital político. O mesmo princípio valia para Getúlio Vargas, presidente da República e autor da José Olympio.

Sobre esse ecletismo de JO, Carlos Drummond de Andrade disse em um artigo publicado no *Diário de Pernambuco* de 1956: "José Olympio editou com o mesmo espírito autores de direita, do centro, da esquerda e do planeta Sirius". Outro que comentou essa capacidade aglutinadora de Olympio foi o cronista Rubem Braga: "Curiosa essa figura de José Olympio – amigo de presidentes da República e generais e amigo dos desordeiros da Lapa". E, de fato, JO foi amigo próximo dos presidentes Getúlio Vargas, Juscelino Kubitscheck e Humberto Castelo Branco. Ele, o próprio Olympio, comentou sobre isso em uma entrevista ao jornal *O Globo* em maio de 1973:

> Nunca sofri pressão política para editar ou deixar de editar alguém. E, como editor, sempre trabalhei romancistas, escritores de diversas tendências. Aqui nunca perguntamos a A se deveríamos editar o livro de B; nunca tentamos saber se podíamos editar o livro de C, e assim por diante. A casa é eclética, uma casa só tem um respeito: o respeito pela inteligência brasileira.

Se vivesse nos dias de hoje, facilmente, José Olympio seria escalado para o time dos "isentões". Até participava das acaloradas discussões no segundo andar da Casa, onde instalara o seu gabinete, mas sem expressar a sua real posição e isso se refletia no seu eclético catálogo. Havia uma única exceção nisso. Apesar de ser a principal editora dos integralistas, se recusava a publicar qualquer obra que contivesse ideais racistas, em especial as que trouxessem conteúdos antissemitas. Recusou-se, por exemplo, a publicar *Brasil - colônia de banqueiros* (1934) e *Judaísmo, maçonaria e comunismo* (1937), ambos de Gustavo Barroso, que tinha outros títulos publicados pela Casa.

Em 1936, Graciliano Ramos e Jorge Amado – ambos autores da José Olympio – são presos. Mesmo depois dessas prisões, JO publica *An-

gústia, de Graciliano, e *Mar morto*, de Amado, desafiando a figura de Filinto Müller, chefe da temida polícia de Getúlio Vargas e responsável por prender e deportar, mesmo grávida, Olga Benário. Esse episódio culmina com a morte da líder comunista e mulher de Luís Carlos Prestes em um campo de concentração alemão.

Apesar das prisões de Jorge Amado e Graciliano Ramos, a censura imposta por Vargas era, até então, branda com os livros. É que o olho e a pesada mão da censura se voltaram, nessa época, mais para jornais e revistas. Isso, paradoxalmente, ajudou o mercado de livros, afinal, se o pensamento crítico nos veículos de comunicação de massa estava proibido, pelos livros, podia alcançar o seu público.

Isso, no entanto, muda rápido com a criação do Tribunal de Segurança Nacional (TSN) em setembro do mesmo ano da prisão de Graciliano e Jorge. Livros passaram a ser apreendidos com mais frequência. Atingindo, até os livros dos integralistas, que não se viam livres desses atos. Com o golpe de 1937 e a instituição do Estado Novo, a situação se torna ainda mais difícil.

Se em 1936, o mercado editorial vivia o seu apogeu, no ano seguinte, ele viu uma retração. Sem meias palavras, Olympio creditava às ações do TSN: "O que tem causado um enfraquecimento no mercado é a apreensão de livros em todo o território nacional, sem que na maioria das vezes obedeça a um critério justificável". Para se ter ideia do furor do TSN, livros infantis de Monteiro Lobato foram queimados e Cecília Meireles presa por traduzir *As aventuras de Tom Sawyer*, de Mark Twain.

Nessa época, outros autores e colaboradores da Casa foram presos: as escritoras Rachel de Queiroz, Eneida de Moraes, o capista Tomás Santa Rosa e, novamente, Jorge Amado.

Pensar o Brasil era uma obsessão da Casa. Além da *Problemas políticos contemporâneos*, publicou a prestigiada coleção *Documentos bra-*

sileiros a partir de 1936. O livro de estreia foi *Raízes do Brasil*, de Sérgio Buarque de Holanda, com prefácio de Gilberto Freyre, quem dirigia a coleção. A partir de 1939, a *Documentos brasileiros* passa a ser tocada pelo editor Otávio Tarquínio de Sousa, que morre 20 anos depois, em um acidente aéreo, quando voava de Brasília para o Rio de Janeiro. A partir daí assume Afonso Arinos que a conduz até 1988.

A primeira metade da década de 1940 foi marcada pela Segunda Guerra Mundial que se arrastou de 1939 até 1945. Isso, claro, teve reflexos nos negócios editoriais no Brasil. O foco das atenções do leitor brasileiro se deslocou da situação nacional para o que estava acontecendo do lado de lá do Atlântico. Não só isso. Os editores – e JO exerceu protagonismo nisso – perceberam que a impossibilidade de importação de volumes abriam a oportunidade de publicar, em português, títulos que, em situações normais, seriam importados. Importante colocar nessa conta ainda a repressão do Estado Novo sobre as editoras que atingiu seu ápice entre 1939 e 1940. Jorge Amado e Graciliano Ramos – este que tinha publicado em 1938 *Vidas secas*, com enorme sucesso – estavam proibidíssimos. Nem JO ousaria colocar seus livros nas ruas. E, no caso específico da José Olympio, a saída de Vera Pacheco Jordão era ainda um agravante.

Passada a Guerra, a José Olympio resolve investir noutro tipo de publicação: coleções caprichadas, em formatos especiais e ricamente ilustradas. Mas não só. Investe também em um novo mercado, considerado à época como o ideal para esse tipo de publicação: o porta a porta. Com as vendas feitas via crediário, os volumes tinham um valor unitário maior do que os possivelmente praticados nas livrarias. Em pouco tempo, a José Olympio conquistou destaque nesse segmento. Em 1970, o porta a porta respondia por cerca de 75% do faturamento da Casa e ainda empregava 600 vendedores. Uma de suas vendedoras porta a porta foi a poeta goiana Cora Coralina, até então totalmente desconhecida do mundo literário – seu primeiro livro só saiu em 1965, não por acaso, pela José Olympio. Ela já tinha 75 anos na ocasião.

Em 1955, fecha a lendária livraria da Rua do Ouvidor, 110, a princípio para uma reforma. Mas na prática, nunca mais foi reaberta, já que JO decide renunciar ao varejo e colocar as suas fichas na atividade de edição. A nova "Casa" foi inaugurada no fim de 1964. Um prédio de quatro andares projetado por Pedro Teixeira Soares Neto, genro de Olympio, localizado na Rua Marquês de Olinda.

A mudança de endereço da Casa marcava também uma grande mudança na história do Brasil. Em 1º abril daquele ano, um golpe derrubou o governo de João Goulart, democraticamente eleito, e inaugurou um novo período ditatorial que durou até 1985. Houve quem acusasse JO de uma proximidade muito grande com Castelo Branco, o primeiro presidente do período. Hallewell defende que o editor podia ter estreitos laços com o marechal, mas que era uma relação de amizade e não política. Seja como tenha sido, fato é que o general Golbery do Couto e Silva, grande teórico e eminência parda do golpe, teve seu nome inscrito na prestigiosa coleção *Documentos Brasileiros* ao publicar por ali, em 1966, o livro *Geopolítica do Brasil*. Hallewell sai em defesa de JO ao dizer que os laços que unia o presidente ao editor eram de amizades e não políticos. Prova disso, seria a continuação de um programa mais alinhado à esquerda, apesar de toda a repressão:

> Sem dúvida, a Livraria José Olympio Editora ainda era capaz de publicar obras que divergiam completamente da linha oficial. Em novembro de 1975, por exemplo, um porta-voz da empresa, entrevistado a respeito das dificuldades com a censura, declarou que as apreensões realmente feitas pela polícia, até então, tinham se limitado às obras de apenas dois autores: Dom Helder Câmara e Márcio Moreira Alves. Se isso implica que a José Olympio se esforçara a, de fato, publicar obras desses autores, então talvez não

pudesse ter feito escolha mais irritante para o regime. Dom Hélder Câmara, integralista na juventude, tornou-se, no pós-1964, o bispo socialmente mais radical de toda a Igreja brasileira (....). Márcio Moreira Alves (sobrinho de Afonso Arinos, diretor da Documentos Brasileiros), foi um ex-deputado que fugiu para o exterior depois de expulso do Congresso Nacional por haver diz ser insultado a honra do exército escrito um exposé sobre a tortura política no Brasil.

A DOR DO CRESCIMENTO E O COMEÇO DO FIM

Em 1960, a José Olympio se tornou a primeira editora brasileira a abrir seu capital e a ter suas ações cotadas na Bolsa de Valores. Dois anos depois já era a 309ª maior empresa do país, com filiais em São Paulo, Brasília, Belo Horizonte, Porto Alegre, Curitiba, Recife e Salvador. Apesar disso, era eminentemente uma empresa familiar, dirigida pessoalmente por JO e tendo em seus quadros seus irmãos, cunhados, primos e filho.

Em 1972, compra a Sabiá, editora criada pelos escritores Fernando Sabino e Rubem Braga doze anos antes. A negociação foi liderada por Geraldo Jordão, filho de JO e Vera. Junto com a Sabiá, veio uma centena de novos autores brasileiros entre os quais se destacam Chico Anysio, Chico Buarque, Clarice Lispector e Stanislaw Ponte Preta. Vieram também os latino-americanos Ernesto Che Guevara, Gabriel García Márquez, José Luis Borges, Mario Vargas Llosa, Pablo Neruda, entre outros.

Entre o fim da década de 1960 e o início da seguinte, estruturou-se um departamento de livros didáticos na Casa. Essa área cresceu tão rapidamente que foi necessário desmembrá-la e aí foram criadas duas subsidiárias a Didacta e a Encine Audiovisual. Não deram certo e começou o fim da José Olympio para o José Olympio.

Uma crise financeira abalou os alicerces aparentemente sólidos da Casa. Em junho de 1971, pouco depois da abertura da Didacta e da Encine, estoura uma bolha especulativa e as bolsas do Rio e de São Paulo vão abaixo e, junto com elas, as ações da JO. Em valor, os papeis da editora caíram de Cr$ 6,50 para Cr$ 0,80.

Não bastasse isso, em 1973, vieram a Crise Mundial do Petróleo e o aumento mundial do preço do papel. Dois duros golpes no negócio de JO.

Apesar desse cenário tenebroso, JO era um jogador. Queria mais e viu na morte de Octalles Marcondes Ferreira, em 1973, uma oportunidade de comprar a Companhia Editora Nacional. Recorre, então, ao Banco Nacional de Desenvolvimento Econômico (BNDE) e pega um empréstimo de Cr$ 200 milhões[4] (Cr$ 150 milhões para comprar a Nacional e Cr$ 50 milhões para capital de giro que se tornara escasso).

Na tentativa de se recuperar, suspendeu todos os lançamentos. Viveria de reimpressões. Mas a inflação causada pela Crise do Petróleo era galopante, inviabilizando a frente de vendas porta a porta, que tinha grande relevância no fluxo de caixa da empresa.

O fim veio com a publicação do livro *Jogando com Pelé*, lançado durante a Copa de 1974, com mega-tiragem de 200 mil exemplares. Deu errado.

Nessa altura, a José Olympio tinha 46 anos de história, 700 autores e perto de 30 milhões de exemplares produzidos. JO sequer botou as mãos na Nacional. Diante da situação tão ruim, as duas editoras são estatizadas em 1975. Cinco anos depois, em 1980, o BNDE consegue vender a Nacional para o Ibep e fica com a José Olympio.

---

4. Aqui vale um esclarecimento. Hallewell traz a cifra de Cr$ 200 bilhões. Com a colaboração de Mariana Bueno, economista da Fipe responsável pela Pesquisa Produção e Venda de Livros no Brasil, trouxemos o valor de 2019 e chegamos a um número exorbitante, superior a R$ 1 bilhão. Perseguimos a cifra correta até chegar a esse valor estampado nas páginas do jornal O Estado de S. Paulo do dia 24/10/1974.

Nove anos depois, em janeiro de 1984, a incerteza se abateu sobre a moribunda José Olympio. O velho JO, já com 82 anos, se recolheu em sua casa diante da notícia de que o BNDE – depois de uma desastrosa gestão – jogava a toalha e ia desistir da editora. Uma longa e extensiva campanha mobilizou a intelectualidade brasileira em torno do patrimônio literário nacional.

O alívio – mesmo que temporário – veio em 16 de abril de 1984. Bastaram dois minutos para que Henrique José Gregori, então presidente da Xerox no Brasil e amigo muito próximo de JO, arrematasse as ações da José Olympio em um leilão na Bolsa de Valores do Rio de Janeiro. Matéria d'*O Globo* trazia estampadas três fotos de José Olympio enxugando as lágrimas, dizendo que poderia morrer tranquilo e que o sufoco finalmente chegava ao fim. Gregori pagou à vista Cr$ 302 milhões por pouco mais de 305 mil ações da José Olympio.

Pelo acordo, o banco permanecia dono do imóvel da Rua Marquês de Olinda. A onda de rumores causada pela desistência do BNDE levou muitos autores proeminentes a decidirem deixar a Casa. Nomes como Pedro Calmon, Gilberto Freyre e Rachel de Queiroz se mantiveram fiéis ao selo, mas eram a exceção que confirma a regra. O que Gregori comprou, por fim, era apenas um espectro daquilo que tinha sido a José Olympio.

Gregori toca o negócio até a sua morte em abril de 1990. JO fica profundamente abalado e menos de um mês depois morre enquanto almoçava. Os herdeiros de Gregori tocam o negócio até maio de 2001. Nove meses antes começava as negociações que culminaram com a compra da empresa por Alfredo Machado, então presidente do Grupo Editorial Record. Segundo matéria da época publicada pela *Folha de S. Paulo*, o negócio foi estimado em R$ 2 milhões.

VERA FORA DA JOSÉ OLYMPIO

Longe da direção da editora, Vera Pacheco Jordão dedicou-se à crítica de artes plásticas, compondo júri de prêmios e de exposições na área. Escreveu também para teatro e dois livros: o infantil *Uma noite no jardim zoológico* (Salamandra) e *A imagem da criança na pintura* (José Olympio). De 1959 até 1974, colaborou como articulista de artes e viagens do diário carioca *O Globo*.

Para comemorar os seus 70 anos, segue com alguns amigos para Paris, sua cidade natal. Lá, tem mal súbito e morre em 24 de outubro de 1980.

MONTEIRO LOBATO &
OCTALLES MARCONDES FERREIRA

São Paulo do final do século XIX e início do século XX viveu o auge do café. Foi essa comodity que permitiu o aumento significativo da população de matriculados na educação primária no estado como vemos no perfil sobre Francisco Alves. Nesse contexto cresceu o menino José Bento de Monteiro Lobato (1882 – 1948), que mais tarde revolucionaria o mercado editorial brasileiro.

Nascido em 1882, Monteiro Lobato seguiu a carreira jurídica, chegando a promotor público das cidades de Taubaté e de Areias. Em 1911, aos 29 anos, o avô morre e Lobato herda a fazenda de café localizada em Buquira (hoje Monteiro Lobato), para onde se muda. A situação já não era das melhores. O solo da fazenda já estava desgastado pelas sucessivas colheitas do café e o negócio não ia bem. Mas quem incomodava mesmo o futuro editor eram os vizinhos. Ao ponto de escrever, em 1914, uma carta em que denunciava "a velha praga", referindo-se à rudimentar técnica da queimada usada pelos proprietários das terras adjacentes à da família.

Esse artigo foi o cartão de visitas de Lobato para o mundo da escrita, ou pelo menos, foi nessa carta que se fiou para dar início a sua carreira como escritor.

No cenário mais amplo, o mundo encontrava-se dividido naquela segunda década do século XX. De um lado, os Aliados (França,

Inglaterra e Rússia) e do outro, os Impérios Centrais (Alemanha e a Áustria-Hungria). Em 1914 dava início à Primeira Guerra Mundial que perdurou até 1918. Por um lado, o prélio permitiu o desenvolvimento da indústria manufatureira brasileira. Diante da impossibilidade de importação, empreendedores do lado de cá do Atlântico deram seus pulos. Por outro, a incipiente indústria editorial brasileira era muito dependente dos insumos que vinham da Europa. Basta lembrar que, nessa época, as fábricas nacionais de papel engatinhavam e que nomes já consagrados da nossa literatura como José de Alencar e Machado de Assis tinham seus livros publicados pela Garnier, que os imprimia na França ou em Portugal. Com a Europa em guerra, essa logística se agonizou e junto com ela, o mercado editorial brasileiro.

A Guerra afetou em cheio também os negócios de Lobato. Com a suspensão das exportações de café para a Europa, ele decide, em 1917, vender a fazenda e mudar-se para São Paulo.

Com uma parte do dinheiro, comprou, no ano seguinte, a *Revista do Brasil*, veículo que havia publicado os primeiros contos de Lobato, escritos depois da carta ao *Estadão*. Com outra parte do valor apurado com a venda das terras mandou imprimir dois livros, *Saci-Pererê: resultado de um inquérito* e *Urupês*, coletânea de contos que Lobato tinha publicado n'*O Estado de S. Paulo* e na *Revista do Brasil*. O sucesso foi imediato. Saci teve duas edições vendidas em dois meses. A antologia teve ainda mais êxito e Lobato apurou a venda de 11,5 mil cópias no primeiro ano de vida e, em 1923, bateu a marca dos 30 mil exemplares vendidos. Um sucesso sem precedentes na história editorial brasileira até aquele momento.

Com esse primeiro passo, muito mais do que se lançar como escritor, Lobato premeditava se tornar editor. Em correspondências com amigos, revelava os planos.

Quando Lobato lançou *Urupês*, sua primeira grande constatação foi a falta de pontos de vendas de livros no País. O Brasil contava naquela época com pouco mais de 30 livrarias. Levando em conta somente esses estabelecimentos, o autor de *Urupês* poderia calcular pelo menos cinco anos para fazer esgotar a primeira edição de seu livro, que saiu com tiragem de mil exemplares.

Mas Lobato tinha nas mãos os canais de distribuição da *Revista do Brasil*. Com isso conseguiu aumentar de 30 para 200 pontos de vendas. Ainda não era suficiente. Resolveu, então, escrever para todos os 1.300 agentes postais do Brasil da época pedindo que lhe enviassem nome e endereço de bancas de jornais, papelarias, farmácias, armazéns ou qualquer outro estabelecimento comercial onde pudesse colocar à venda os seus livros. A resposta foi maciça. Ele então, enviou uma outra carta aos estabelecimentos indicados pelos agentes literários. Em um trecho da carta, Lobato explica o que eram esses "tais livro":

> Trata-se de um artigo comercial como qualquer outro: batata, querosene ou bacalhau. (...) O conteúdo não interessa a V.S., e sim ao seu cliente, o qual dele tomará conhecimento através das nossas explicações nos catálogos, prefácios, etc. E como V.S. receberá esse artigo em consignação, não perderá coisa alguma. (...) Se vender os tais 'livros', terá uma comissão de 30%; se não vendê-los, no-los devolverá pelos Correios, com porte pago por nossa conta.

Com essas palavras, Lobato revolucionou o modo como se vendiam livros no País. Conquistou quase dois mil pontos de vendas espalhados pelo Brasil. Tempos depois chegou a dizer que o único lugar onde não tinha vendido livros foi nos açougues "por temor de que os livros ficassem sujos de sangue".

Daí para começar a editar outros nomes foi um pulo. Em março de 1919, funda a Monteiro Lobato & Cia com o mineiro Octalles Marcondes Ferreira. O mineiro aparece na vida de Lobato como candidato a uma vaga de emprego, mas em pouco tempo exigira a sua participação na empresa, mesmo sem o aporte de qualquer capital. Lobato topou e Octalles passou a ser uma espécie de contrapeso para o espírito inovador e otimista de Lobato.

Juntos, eles passam a publicar sob o selo Edições da *Revista do Brasil*. Foi por aí que publicou nomes de estreantes como Paulo Setúbal, Martim Francisco, José Antônio Nogueira, Ricardo Gonçalves, Godofredo Rangel e Toledo Malta. Dizia ter ojeriza aos velhos nomes da literatura. Os nomes graúdos que fossem se arrumar "com o Garnier ou com o Alves". Apesar disso, publicou também nomes que já eram conhecidos da época como Lima Barreto, Guilherme de Almeida, Oswald de Andrade e Menotti del Picchia.

Não é nenhum exagero dizer que Lobato estava à frente do seu tempo. Hoje, em 2019, muito se fala da independência do conteúdo, não importando se ele assume o formato de um livro impresso, digital, de um audiolivros, de uma série de TV ou um podcast. Já naquela época, há uma centena de anos passados, ele já lançava mão dessas narrativas, com licença para o anacronismo, *crossmedia*. *Jeca Tatu*, por exemplo, estava nos livros, mas estava também nas mídias de sua época: nas modinhas, no teatro, como tirinha nos jornais, nas revistas e até nas anedotas.

Também em 1919, já com o fim da guerra, começou a importar seu próprio papel; estruturou a sua própria oficina gráfica; estudou um novo formato que fosse mais rentável; importou tipos novos, mais modernos e deu especial atenção às capas, já que ela eram o primeiro cartaz dos seus livros. Ao final desse ano, tinha produzido 15 títulos – incluindo, além novas edições de *Saci* e de *Urupês*, outros dois de sua lavra – que, juntos, venderam cerca de 60 mil exemplares.

A bonança dessa primeira – e meteórica – incursão de Lobato na edição durou pouco. Passado o crescimento do Pós-Guerra, veio a depressão e a desvalorização do mil-réis, moeda brasileira da época. O financiamento do maquinário importado por Lobato e os insumos para a impressão oneraram muito os custos de produção. Sobre isso, Lobato escreveu a um amigo: "A vendagem dos livros tem caído; todos os livreiros se queixam - mas o público tem razão. Câmbio infame, aperto geral, vida cara. Não há sobra no orçamento para a compra dessa absoluta inutilidade chamada livro".

Mesmo diante desse cenário (ou de olho nas oportunidades que ele podia oferecer), Lobato avança, investindo em novas instalações e maquinários. Entendia que conseguiria atrair trabalhos de outros editores que até então imprimiam na Europa. Foi nessa época também que deixou a literatura de lado e colocou suas fichas nos livros didáticos. Em 1924, dá mais um passo e abre o capital da sua empresa, que passa a se chamar Cia. Gráfico-Editora Sociedade Anônima, com 4,4 mil cotas que foram compradas por 60 sócios.

Em julho desse mesmo ano, irrompe em São Paulo uma revolta de militares que queriam depor o presidente Arthur Bernardes. Como contra-ataque, o governo federal bombardeou a cidade. Foram apenas 23 dias, mas que entraram para a história da capital paulista como o maior conflito bélico já visto até aquela época. Com isso, foram suspensas as atividades da gráfica de Lobato. Esse episódio somado à crise cambial já explicada, levou a Cia. Gráfico-Editora Sociedade Anônima a uma situação perturbadora que resultou em sua falência em julho do ano seguinte. O processo de liquidação da empresa durou até setembro.

Dois meses depois, Lobato e Octalles resolvem vender uma casa lotérica que tinham em sociedade e investir em uma nova editora. Nascia a Cia. Editora Nacional. O primeiro título, *Meu cativeiro entre os selvagens brasileiros*, um relato do que o alemão Hans Staden viveu em uma tribo canibal no Brasil. Foi nessa época, sem as responsabilidades da grande empresa, que Lobato passou a se dedicar mais à leitura infantil, embora já tivesse publicado *A menina do narizinho arrebitado*, em 1921.

Em 1927, ao aceitar o convite para se tornar adido cultural do Brasil nos EUA, afasta-se do negócio do livro. Lá, se fascina pela indústria do petróleo e passa a apostar na bolsa de valores. Perde tudo com o *crash* de 1929 e se vê obrigado a vender a sua parte na Cia. Editora Nacional, comprada por Themistocles Marcondes Ferreira, irmão de Octalles. Themistocles, quem mais tarde, em 1941, assumiu a primeira presidência do Sindicato Nacional dos Editores de Livros (SNEL), conduziu a empresa até a sua morte em 1965.

De volta ao Brasil, em 1930, Lobato não assume mais cargos de direção na Cia. Editora Nacional, mas a casa passa a publicar – com muito êxito comercial – os seus livros infantis.

Octalles e Themistocles seguem ampliando a Cia. Editora Nacional. Em 1932 compram a Civilização Brasileira, editora carioca fundada em 1929 por Getúlio M. Costa, Gustavo Barroso e Ribeiro Couto. Foi por esse selo que resolveram publicar os livros adultos da casa, preservando a marca Cia. Editora Nacional para os livros didáticos e infantojuvenis. Esta carregada de livros de Lobato, naturalmente.

Em 1943, seis professores que cuidavam do programa de livros didáticos da casa saíram da empresa para abrir a sua própria editora, a Editora do Brasil. Na sequência, Arthur Neves, braço direito de Octalles, deixa a empresa, leva consigo os direitos de publicação da obra completa de Lobato e funda, com Caio Prado Júnior, a Brasiliense para vender coleções caprichadas no mercado porta a porta. Essas baixas estremeceram a confiança de Octalles, mas nada que pudesse influenciar no desempenho da Editora Nacional, que segue crescendo até a década de 1970, quando ainda era uma das líderes no segmento de livros didáticos no País, mas começava a viver o acirramento da concorrência, desde o aparecimento de casas como FTD, Ática, Scipione, Ibep e Moderna.

Com a concorrência em alta, Octalles decide que precisava diminuir o número de lançamentos e apostar na melhoria da qualidade dos títulos que já dispunha em seu catálogo. Passou a enriquecê-los com ilustrações e novos projetos gráficos.

Em 1973, Octalles morre e seus herdeiros decidem vender a empresa à José Olympio, que recorre a um empréstimo bancário junto ao Banco Nacional de Desenvolvimento Econômico (BNDE). Não podendo arcar com o financiamento, a Editora Nacional é estatizada e passa por uma desastrosa gestão por parte do BNDE. Em 1980 foi vendida ao Ibep, grupo do qual ainda faz parte em 2019.

Mais consagrado como autor da literatura infantil do que como editor, Monteiro Lobato morre em 1948. Sua obra permaneceu na Brasiliense, a despeito das investidas judiciais empreendidas pelos sucessores na tentativa de tirar de lá os direitos da obra de Lobato. Só em setembro de 2007, o Superior Tribunal de Justiça dá ganho de causa à família, é rescindido o contrato e a obra lobatiana vai para as mãos da Editora Globo, que a detêve até que Lobato caísse em domínio público, em janeiro de 2019.

RUGGERO PONGETTI & RODOLFO PONGETTI

O nome Pongetti aparece na história do livro no Brasil pela primeira vez ainda no século 19, quando Carlos Pongetti inaugura, em Salvador, a livraria Catilina. Aberta em 1835, a Catilina é uma das mais longevas livrarias do país, fechando as suas portas só em 1960, aos 125 anos.

Mas é um ramo da família de origem italiana que se instalou primeiramente em Juiz de Fora (MG) e depois em Petrópolis (RJ) de que trata este capítulo. Em 1921, os Pongetti se mudam para o Rio de Janeiro.

Na capital federal da época, o pai se associa ao jornalista Paulo Hasslocher para comprar a Editora O Norte, dona de uma das gráficas mais modernas do Rio de Janeiro da época. Toda a família é empregada no novo negócio.

É ali que Ruggero (1900 – 1963) e Rodolfo Pongetti (? – 1977) iniciam a sua carreira. É também pela O Norte que Henrique Pongetti publica seu primeiro livro, *Pan sem flauta*, uma coletânea de crônicas publicadas em jornais da serra fluminense onde a família morava. Mais tarde, Henrique se torna um dos dramaturgos mais proeminentes do cenário teatral brasileiro daquela época. É dele o texto de *Amanhã, se não chover*, espetáculo dirigido por Ziembinki, que revelou ao mundo Tônia Carreiro.

Em 1932, Ruggero e Rodolfo deixam a O Norte, do pai, e juntos fundam as Officinas Graphicas dos Irmãos Pongetti. No primeiro ano, a nova firma instalada em um sobradinho na rua Mem de Sá, no centro do Rio de Janeiro, oferecia exclusivamente serviços tipográficos. Em 1933, criam um braço editorial. Entre os primeiros títulos da nova editora estão, por exemplo, *Forma e exegese* e *Ariana, uma mulher*, de Vinicius de Moraes.

A editora ganha relevos históricos quando começa a publicar, em 1937 o *Annuário Brasileiro da Literatura*, compêndio que reunia a produção literária brasileira, organizada por J.L. Costa Neves com o suporte dos irmãos Pongetti. O primeiro volume trazia colaborações de nomes como José Lins do Rego, Henrique Pongetti, Agrippino Grieco, Pedro Calmon e Manuel Bandeira.

Os primeiros anos não foram fáceis para os irmãos Pongetti, mas algo aconteceu em 1939. Três anos antes, em Hollywood, o produtor David O. Selznick comprava os direitos para filme de um livro pouco conhecido, escrito por Margaret Mitchell. Os bastidores da produção de *E o vento levou* eram tumultuados. Selznick era acusado pelos diretores de ser intervencionista, tirando deles a liberdade para fazer o seu trabalho.

Mas mais do que isso, a escolha da atriz que encarnaria a protagonista Scarlett O'Hara levou meses, com diversos nomes cogitados, nenhum deles aprovado pelo produtor. Isso gerou um buchicho mundial, atravessando a Linha do Equador e chegando por aqui. Muito antes de o filme existir, ele era assunto nas rodas. Vivien Leigh foi a atriz escolhida e o filme estreou em 1939.

Isso suscitou o interesse de editores brasileiros para publicar o romance de Margaret Mitchell, mas o tamanho assustava. Eram quase 900 páginas, um trabalho monumental de tradução. Erico Verissimo e Henrique Bertaso, da Globo de Porto Alegre, disseram não. Ênio Silveira, da Civilização Brasileira, também não quis.

Os irmãos Pongetti foram ousados. Chamaram Francisca de Bastos Cordeiro, que fez a tradução do volumão e elaboraram uma capa chamativa, colorida, pouco usual para a época. O livro chegou às livrarias junto com a estreia do filme, em 1939. O preço ao consumidor era condizente com o tamanho do projeto, mas salgado para a época: 25 contos de réis. Era uma aposta alta: tudo ou nada.

O burburinho em torno das polêmicas cinematográficas ajudou e os Irmãos Pongetti venderam 50 mil exemplares, um dos maiores êxitos comerciais da indústria editorial dos anos 1930. Mudou a vida da Irmãos Pongetti, que passou a acumular no seu catálogo nomes como André Maurois, Fiódor Dostoiévski, Edmond Rostand, Leon Tolstoi, LynYutang, além de enciclopédias e dicionários.

Entre 1960 e 1962, Ruggero preside o Sindicato Nacional de Editores de Livros (SNEL), levantando duas bandeiras principais: o barateamento dos custos de produção do livro e a melhoria da malha logística nacional para o envio de livros. Defendia que o cidadão do interior do país, sem acesso às livrarias, deveriam ter o direito de acesso ao livro. Morre em 1963 em decorrência de problemas renais.

Rodolfo continua à frente da Irmãos Pongetti. Em 1966, Rodolfo recebe o título de Amigo do Livro da Associação Brasileira do Livro, durante a Feira do Livro da Guanabara.

No dia 26 de fevereiro de 1975, uma discreta nota na Coluna de Calos Swan, n'*O Globo*[1] noticia o fim da editora, que "não resistiu aos novos tempos". Rodolfo morre em 18 de outubro de 1977.

---

1. *O Globo*, 26/02/1975 p. 4.

OS COMBATENTES

CAIO PRADO JÚNIOR &
CAIO GRACO PRADO

O avô de Caio Prado Júnior (1907-1990), Martinico Prado (1843 – 1906), foi um dos grandes cafeicultores do mundo. Isso mesmo, do mundo. Da fazenda do maçom e abolicionista, em Ribeirão Preto, saía boa parte do café consumido no globo. Fez fortuna. Seu filho, Caio Prado Silva (1872 – 1947) foi um nome importante na transição do Brasil agrário para o industrial. Casa-se com Antonieta Álvares Penteado (1880-s.d.) e com isso reúne fortunas de duas famílias de relevo nesse cenário econômico de São Paulo. Caio Prado Júnior nasce no dia 11 de fevereiro de 1907. Na primeira infância, a educação se dá em casa, como era de costume entre os endinheirados da época. De casa, sai para o Colégio São Luiz e depois segue pra Inglaterra, onde estuda no Chelmsford Hall, em Eastbourn. Em 1924, já de volta ao Brasil, entra para a Faculdade de Direito do Largo de São Francisco.

Aos 20 anos e prestes a pegar o diploma de Ciências Jurídicas, filia-se ao Partido Democrático, que fazia oposição ao Partido Republicano Paulista, que se revezava no poder com Minas Gerais, na "política do café-com-leite". Atua de forma muito participativa, mesmo sem ter um cargo de destaque, da Revolução de 1930.

Em 1931, descrente com os resultados da Revolução, rasga a sua ficha de filiação no Partido Democrático e vai para o Partido Comunista do Brasil (PCB). Dois anos depois, escreve seu primeiro livro, *Evolução política do Brasil*, em que aplica o método do materialismo histórico à realidade brasileira. No ano seguinte, embarca para a então União Soviética. Queria conhecer de perto a sociedade organizada segundo os princípios comunistas de Karl Marx e Friedrich Engels.

As ondas fascistas que irromperam na Europa chegaram ao Brasil. Assim, a partir de um movimento liderado pelo PCB, foi formada a Aliança Nacional Libertadora (ANL), uma coesão de diversos setores da esquerda com o objetivo de unir forças contra o fascismo. Caio Prado Júnior assume a vice-presidência regional da ANL em São Paulo.

Em 1935, depois de um manifesto de Luís Carlos Prestes, a ANL é enquadrada pela Lei de Segurança Nacional e vai para ilegalidade e Caio Prado Júnior condenado, por seu envolvimento com a frente, a dois anos de prisão que cumpre antes de se exilar na França.

Retorna ao Brasil em 1939, em plena ditadura do Estado Novo. Em 1942, publica *Formação do Brasil contemporâneo*, considerada a sua mais importante obra. No ano seguinte, associa-se a Monteiro Lobato, de quem era amigo íntimo, e a Arthur Neves, braço direito de Octalles Marcondes Ferreira na Companhia Editora Nacional, e lançam *Hoje: o mundo em letra de forma*, revista clandestina que se prestava a divulgar as ações do PCB. Essa sociedade foi a base do que pouco mais tarde se tornaria a Brasiliense.

A editora foi fundada também em 1943, apoiada financeiramente pela fortuna dos Silva Prado. Além de Caio, Lobato e Neves, chegava à sociedade Leandro Dupré, marido da escritora Maria José Dupré. Os primeiros livros a serem publicados pela Brasiliense, não por acaso, foram os livros de Lobato, cujos direitos pertenciam à Companhia Editora Nacional, mas foram gentilmente cedidos por Octalles ao ex-sócio. Ao iniciar o novo empreendimento, já com 61 anos, Lobato disse: "Meu cavalo está cansado... querendo verificar pessoalmente se a morte é vírgula, ponto-e-vírgula ou ponto final". Morreu cinco anos depois, de derrame, no apartamento que tomara emprestado de Caio Prado Júnior, no 12º andar do número 193 da Rua Itapetininga, no centro de São Paulo. Neste mesmo endereço, só que no térreo, estava instalada a Livraria Brasiliense.

Impulsionada pelas coleções de Monteiro Lobato, vendidas no porta a porta, a Brasiliense cresce e em pouco tempo se desmembra não só na editora e na livraria, mas também na Gráfica Urupês, que fica em atividade até 1968 quando é interditada pelos militares.

Com o tempo, a Brasiliense passa a publicar também os livros de Dupré. A editora publica ainda a obra completa de Lima Barreto e cria coleções que fizeram história, como a *Jovens de todo o mundo* e *Contos jovens*.

Em 1962, Neves deixa a sociedade e segue para Brasília a convite de Darcy Ribeiro para fundar a Editora da Universidade de Brasília (UnB).

Com a instalação da ditadura cívico-militar, em 1964, Caio Prado Júnior não baixa o tom da sua voz. Em 1966 resolve publicar a coleção *História nova do Brasil*, organizada por Nelson Werneck Sodré, com a colaboração de nomes como Joel Rufino dos Santos, Pedro de Alcantara Figueira, Rubem César Fernandes e Pedro Celso de Uchôa Cavalcanti. Pela ousadia, o editor tem a sua prisão decreta, mas não chegou a ir preso.

Em 1967, o editor concede uma entrevista para uma revista feita por estudantes da Faculdade de Filosofia de São Paulo. Caio Prado Júnior declara que se houvesse trabalhadores dispostos a pegar em armas, o seu papel era ajudá-los a tomar o poder. Mesmo sendo uma publicação artesanal e de circulação restrita, os militares resolvem, três anos depois, prender Caio Prado Júnior. Ele é condenado a seis anos de prisão, mas fica um ano e cinco meses preso.

SOB NOVA DIREÇÃO

Caio Prado Júnior é sucedido pelo filho Caio Graco Prado (1931-1992), que assume a Brasiliense em 1975 e faz uma revolução no negócio. Apontado por seus pares como um sujeito dotado de muita criatividade e ousadia, reinventa a editora.

Caio Graco nasce em 1931, mesmo ano que seu pai lança seu primeiro livro, *Evolução política do Brasil*. Quem conviveu com ele o aponta como um grande aventureiro: gostava de pilotar aviões e ultraleves; esquiava sempre que possível e adorava motocicletas.

Ele assume o negócio fundado pelo pai em meio a uma situação complicada. No ano anterior, em 1974, a Brasiliense tinha entrado com pedido de concordata, nome dado à recuperação judicial na época.

O ano de 1975, quando Caio Graco chega à Brasiliense, coincide com o da morte do jornalista Vladimir Herzog, que foi um dos vetores de força para a distensão do regime ditatorial do Brasil. A abertura "lenta e gradual" começa aí e só é concluída efetivamente em 1988, com a promulgação da Constituição.

O editor vê nesse movimento uma chance de reposicionar a editora ao lado de jovens, ávidos por entender o novo mundo.

Em 1980, lança a coleção *Primeiros Passos*. A inspiração veio de uma coleção espanhola que explicava aos jovens leitores fundamentos da cidadania. Aqui, com apoio do editor Luiz Schwarcz, mais tarde fundador da Companhia das Letras, ganha um novo caráter, se aproximando ainda mais da linguagem do jovem. Fez um estrondoso sucesso de vendas. A revista *Veja* registrou na sua edição do dia 31 de agosto de 1983: "o maior êxito na cena editorial brasileira nos últimos anos".

E foi mesmo um sucesso. Foram mais de 300 títulos, impressos no formato 11,5 x 16 cm, pouco usual no mercado brasileiro.

Foi um enorme sucesso. Depois vieram outras coleções como *Cantadas Literárias*, que revelou Marcelo Rubens Paiva, com *Feliz ano velho*, *Circo de Letras*, que apresentou aos jovens leitores brasileiros ícones da contracultura, como Charles Bukowski e a Geração Beat; e a *Encanto Radical*, que trazia biografias de gente com "ideias voadoras".

"Nos três primeiros anos da década [de 1980], a Brasiliense lançou mais títulos do que já publicara desde sua fundação, em 1943, e de editora discreta, nos anos 60, passou ao posto de uma das casas mais influentes do mercado", escreveu anos mais tarde o jornalista Cassiano Elek Machado na *Folha*[1].

A ousadia de Caio Graco levou o editor a ir além. Abriu filiais da Livraria Brasiliense, no sistema de franquias e dobrou a produção de livros em 1987, o que quase lhe causou a bancarrota.

Caio Prado Júnior morre aos 83 anos, em 1990, em decorrência de uma insuficiência respiratória. Dois anos depois, em junho de 1992, Caio Graco fazia uma trilha a bordo de uma motocicleta entre as cidades de Camanducaia, em Minas Gerais, e Campos do Jordão, em São Paulo. Ao passar por um buraco, desequilibra, perde o controle da moto e cai. Estava sem capacete. É socorrido pelo filho, mas não sobrevive.

Com a morte de Caio Graco, Yolanda Prado, sua irmã, assume a editora.

À frente do negócio fundado pelo pai, Danda, como Yolanda era chamada na família, enfrenta uma das maiores pendengas judiciais vividas pelo mercado brasileiro: sob a acusação de negligenciamento da obra, os herdeiros de Monteiro Lobato vão à Justiça pedir que os direitos voltem para a família. Em sua defesa, a Brasiliense argumenta que foram os herdeiros que impediram qualquer modernização da obra. Em março de 2006, o Supremo Tribunal de Justiça (STJ) dá ganho de causa à família e os direitos vão para a Editora Globo, onde ficam até a obra cair em domínio público, em

1. https://www1.folha.uol.com.br/fsp/ilustrad/fq1910200214.htm

2019. Em 2012, Maria Teresa Baptista Lima, sócia e vice-presidente da Brasiliense, assume a empresa[2].

A Brasiliense segue sua carreira, desta vez com Yolanda Prado, a Danda, filha de Caio Prado Júnior e irmã de Caio Graco.

---

2. https://www1.folha.uol.com.br/colunas/raquelcozer/1123360-brasiliense-prepara-sua-volta-pa-ra-agosto-sob-nova-presidencia.shtml

CARLOS LACERDA, SÉRGIO LACERDA & SEBASTIÃO LACERDA

O nome de Carlos Lacerda (1914 – 1977) estará sempre ligado a adjetivos como "volúvel", "polêmico" e "obcecado pelo poder". Nasceu em 1914, numa família de patrimônios (financeiro, político e intelectual). Seu pai, Mauricio de Lacerda, foi um líder de esquerda importante entre os anos 1920 e 1930.

Inicia, muito jovem, aos 16 anos, a carreira de jornalista, atuando como repórter no *Diário de Notícias*. Aos 18, ingressa no curso de Direito e lá passa a militar em movimentos estudantis. Não chega a concluir o curso. Abandona a universidade em 1934, mesmo ano em que se filia ao Partido Comunista Brasileiro (PCB).

Articula, ao lado de nomes como Luis Carlos Prestes, Caio Prado Júnior, João Saldanha e Francisco Mangabeira, a Aliança Nacional Libertadora (ANL), um grupo fundado em 1935 com o propósito de promover a mobilização popular contra a escalada do fascismo, em especial contra o movimento Integralista.

A ANL dura pouco. Logo, a mando de Getúlio Vargas, a entidade é dissolvida e sua sede lacrada. Quando do golpe de 1937, que levou o Brasil ao Estado Novo, Lacerda chega a ser preso.

Em 1939, sob a acusação de traição, é expulso do PCB e as portas da ANL são fechadas para Lacerda. Desiludido, costumava dizer: "Eu sou contra o comunismo como fui contra o fascismo".

Dá continuidade a sua carreira de jornalista e, em 1945, Lacerda passa a integrar a equipe do *Correio da Manhã*, onde assinava uma coluna chamada "Na Tribuna da Imprensa".

Indo para o outro lado do espectro político, Lacerda filia-se à União Democrática Nacional (UDN), partido pelo qual se elege vereador em 1947. É, na direita liberal, que faz carreira política.

Em 1949, deixa o *Correio da Manhã* e funda o jornal *Tribuna da Imprensa*, que passa a fazer ferrenha oposição a Getúlio Vargas, quando este volta ao poder em 1951.

Quando chegava em casa, na noite de 5 de agosto de 1954, sofre um atentado que leva à morte o major Rubens Vaz, responsável pela sua segurança. Lacerda é atingido no pé. O episódio leva a crise diretamente para o Palácio do Catete, onde no dia 24 daquele mesmo mês, Getúlio tira sua própria vida.

Já nos anos 1960, o seu inimigo público era Juscelino Kubitschek. Contrário à mudança da capital do Rio de Janeiro para Brasília e mirando na possibilidade de se tornar governador do estado da Guanabara, Lacerda promoveu intensa campanha para desestabilizar o governo desenvolvimentista de JK. Chegou a liderar dois golpes contra o presidente.

Se não teve sucesso nos golpes, conseguiu eleger-se governador da Guanabara em 1961, sendo responsável por obras como o Aterro do Flamengo e o Túnel Rebouças. Entrou também para a história ao remover favelas da Zona Sul do Rio de Janeiro e transferir comunidades inteiras para a longínqua e desestruturada Cidade de Deus. Nesse mesmo ano, vende a *Tribuna*.

Em 1964, vendo a possibilidade de finalmente chegar à Presidência da República, apoia o golpe cívico-militar. Os seus planos deram em água, quando foi impedido pelos militares de se candidatar. Foi aí que se deu conta que a revolução tinha se tornado golpe. No ano seguinte, alia-se a antigos inimigos, incluindo aqui JK e João Goulart, para assinar o manifesto da Frente Ampla, em oposição ao governo.

Desgastado e um tanto decepcionado, funda, em 1965, a Nova Fronteira, que recebe aporte financeiro do amigo e banqueiro Carlos Almeida Braga, o Braguinha. O primeiro título da Nova Fronteira é *O presidente morreu*, de autor anônimo. O livro é anunciado no jornal *O Globo* de 07 de março de 1966 como "um livro sensacional sobre a luta pelo poder!"[1]. Na edição do dia 15 do mesmo mês, o livro figurava na lista de mais vendidos, ocupando a quinta posição da lista de autores estrangeiros[2].

Na sequência, vieram *A sangue frio*, de Truman Capote; *Hotel*, de Arthur Hailey; *O voo do falcão*, de Daphne du Maurier, *As confissões de Penkoviski*, de Oleg Penkoviski, "o homem que traiu o regime por amor à Pátria", e *Paixão e crime: o processo do dr. Jaccoud*, escrito pelo próprio Lacerda.

Com o Ato Institucional número cinco, de 1968, Lacerda tem seus direitos cassados por dez anos. Chega a se mudar para Europa de onde atuava como correspondente do jornal *O Estado de S. Paulo*.

Em 1975, o editor percebe uma oportunidade e compra os ativos editoriais da Nova Aguilar, fundada em 1958 por José Aguilar, sobrinho do fundador da Aguilar, de Madri.

No dia 20 de maio de 1977, poucos dias depois de ter capitaneado o lançamento de *Os militares no poder*, de Carlos Castello Branco, na Livraria Rocio, Lacerda tem sintomas de uma gripe. Quem o socorre é Pedro Paulo de Sena Madureira, o *publisher* da Nova Fronteira. É levado ao médico que diagnostica uma desidratação. Morre dois dias depois, quando ainda estava internado, de um ataque cardíaco.

---

1. https://acervo.oglobo.globo.com/busca/?tipoConteudo=artigo&ordenacaoData=dataAscendente&allwords=&anyword=&noword=&exactword=Editora+nova+Fronteira&decadaSelecionada=1960&anoSelecionado=1966
2. https://acervo.oglobo.globo.com/busca/?tipoConteudo=artigo&ordenacaoData=dataAscendente&allwords=&anyword=&noword=&exactword=Editora+nova+Fronteira&decadaSelecionada=1960&anoSelecionado=1966

Com a morte do patriarca, a Nova Fronteira passa a ser presidida pelo filho mais velho, Sergio Lacerda (1938-1991). Sebastião Lacerda, o outro filho, assume como vice-presidente.

Sergio na época trabalhava numa promissora empresa de computação. Desiste dessa carreira para tocar o negócio fundado pelo pai, apoiado pelo irmão mais novo.

Naquele ano de 1977, a Nova Fronteira tinha 120 títulos no seu planejamento. Já era uma potência para a época. Até 1986, a Nova Fronteira era a líder absoluta do mercado de livros de interesse geral no Brasil. Tinha no seu catálogo livros de nomes como Ezra Pound, Thomas Mann, Milan Kundera, Marguerite Yourcenar, Italo Svevo, Robert Musil e Umberto Eco.

Os Lacerda recebem, ainda em 1977, o suporte do designer e capista Victor Burton que revoluciona o visual de livros, sendo uma marca registrada da Nova Fronteira a partir de então.

Entre 1984 e 1987, Sergio presidiu o Sindicato Nacional de Editores de Livros (SNEL). À frente da entidade declarou guerra ao "Estado-editor" que, na sua opinião, "invadia"[3] o setor privado. "Os órgão criados, dentro dos governos, mesmo com propósitos meritórios de assistência ou de pretensa expansão da área didática, não podem substituir os editores que deveriam ser os únicos a editar, mesmo eventualmente sob encomenda deste freguês poderoso"[4].

Sergio morre em 1991, em decorrência de um câncer iniciado nos rins, que se espalhou para o pulmão e para os ossos. Sebastião assume os negócios que segue nas mãos da família até 2006, quando a Ediouro compra a Nova Fronteira.

---

3. https://acervo.oglobo.globo.com/busca/?tipoConteudo=artigo&ordenacaoData=relevancia&allwords=S%C3%A9rgio+lacerda+sindicato&anyword=&noword=&exactword=&decadaSelecionada=1980
4. Idem.

Ainda na família, a Nova Aguilar passa a ser administrada por Carlos Augusto, neto de Lacerda. Em 2007, a Nova Aguilar também vai para a Ediouro. Em uma nova transação, a Global arremata a editora dos clássicos em 2014.

Sebastião se associa à empresária Vivi Nabuco, herdeira do Grupo Icatu[5], e funda a Bem-te-vi, que desde 2002 publica livros de literatura, arte, sociedade, cinema, teatro, música, arquitetura e jornalismo. Entre as publicações da Bem-te-vi estão uma coletânea de cartas de Carlos Lacerda; *A arte do encontro*, antologia assinada por Paulo Garcez; *Diários*, que reúne textos escritos pelo jornalista Joaquim Nabuco (1849-1910); *Rio Belle Époque*, volume que reúne 200 fotos inéditas da cidade do Rio de Janeiro de 1902 a 1930, e *Revela-te, Chico*, fotobiografia de Chico Buarque de Holanda ganhadora da categoria Capa no Jabuti de 2019.

---

5. https://valor.globo.com/eu-e/noticia/2016/03/07/a-pequena-casa-de-raridades.ghtml

ÊNIO SILVEIRA

A entrada de Ênio Silveira (1925 – 1996) no mundo do livro acontece à beira de uma banheira, literalmente. Uma amiga, a intelectual Leonor Aguiar, resolve apresentar o futuro editor a um outro amigo, Monteiro Lobato. Com apenas 18 anos, Ênio sentia a necessidade de um emprego que lhe desse independência financeira. Leonor e Ênio acreditavam que Lobato, a essa altura, já um autor consagrado, pudesse fazer a ponte com Octalles Marcondes Ferreira, com quem fundou em 1925 a Companhia Editora Nacional.

Leonor, então, convida Ênio, ao seu apartamento. Ele, finalmente, conheceria Lobato. Com a "timidez compreensível num rapaz de 18 anos"[1], ele atende ao chamado da amiga para encontrá-la no banheiro. Leonor esfregava vigorosamente as costas do escritor de "sobrancelhas espessas"[2]. Diante do espanto e do visível constrangimento, Ênio ouviu de Lobato: "Ué, você nunca viu um homem nu, oh, menino?"[3]

Sobre esse início, Ênio escreve: "Meu primeiro emprego regular foi na Companhia Editora Nacional, onde abri os olhos para os novos aspectos da vida de nosso país em convívio com alguns dos brasileiros mais dignos e competentes que já conheci"[4].

1. FERREIRA, Jerusa Pires. *Editando o Editor – Ênio Silveira*. São Paulo: Edusp / Com Arte, 2013, p. 22.
2. Idem.
3. Idem p. 23.
4. Editorial da edição de número 3 da Revista *Civilização Brasileira*, em 1968.

Mas antes desse encontro, Ênio era um menino filho de uma família de "classe média, com uma longa tradição de gerações inteiras dedicadas à advocacia e à vida intelectual, de homens e mulheres voltados para as coisas da literatura, da pesquisa e da dúvida criadora"[5].

O tio-avô, Alarico Silveira, foi secretário da Presidência no governo Washington Luís e ministro do Superior Tribunal Militar e o avô, Valdomiro Silveira, secretário de Educação e da Justiça no governo de Armando de Sales Oliveira, no Estado de São Paulo. Valdomiro, a propósito, foi um escritor regionalista importante, editado pela Companhia Editora Nacional muito antes da cena da banheira.

Nesta mesma altura, começa a cursar a Escola Livre de Sociologia da Pontifícia Universidade Católica de São Paulo, que não chega a concluir. Já na Nacional, conhece Cleo, filha de Octalles, com quem se casa.

Cabe aqui mais um episódio insólito da vida de Ênio. Cleo estava nos EUA para onde tinha ido em companhia do irmão. Antes de ir, a noiva deixa uma procuração ao tio Jerônimo Rocha, que a representa diante do juiz no dia do casamento.

Já casado, Ênio também segue para os EUA, onde estuda editoração na Universidade de Columbia, em Nova York. Lá, faz um estágio na Alfred Knopf, a casa americana dos mais proeminentes autores brasileiros da época.

Nos EUA, conhece o escritores Richard Whright e Howard Fast, responsáveis por apresentar a Ênio o Partido Comunista norte-americano. Ali, a sua "práxis política foi muito 'treinada'"[6].

De volta ao Brasil, assume, em 1948, a direção do selo Civilização Brasileira, que já fazia parte da Nacional desde 1932, quando Octalles e o irmão Fenício resolvem comprar a editora fundada em 1929 por Getúlio M. Costa, Ribeiro Couto e Gustavo Barroso.

---

5. Idem.
6. Editando o Editor p. 40.

O cenário econômico brasileiro em 1948 não favorecia muito a produção de livros. Se, por um lado, o fim do governo de Getúlio Vargas marcou também o término da censura prévia, por outro, a política cambial permitiu um salto nas importações de livros. No pós-Guerra, instalou-se uma crise no mercado editorial brasileiro. As políticas cambiais encarecem a compra de direitos e a produção de livros ao mesmo tempo que favorece a importação de livros. Essa situação marcou toda a segunda metade dos anos 1940 e, sobretudo, a década seguinte. O "dólar-livro" tinha uma cotação mais baixa, favorecendo a importação. O dólar aplicado à compra de papel era mais alto e o câmbio usado para a compra de direitos, então, esse era a "preço cheio".

Isso atingiu o ápice em 1953. Hallewell apresenta os números: em 1951, o Brasil importou mil toneladas de livros, no ano seguinte, esse volume subiu para 1,5 mil toneladas e, em 1953, atingiu o ápice, de duas mil toneladas de livros. A situação era tão dura que a produção da Civilização Brasileira foi perto de nula em 1952.

Foi uma época de pouco desenvolvimento da indústria nacional de livros. As poucas editoras que sobreviveram foram aquelas que mantiveram a cautela, o foco na venda por crediário e a firmeza nos seus nichos. Eram elas, a Melhoramentos explorando os livros infantis; a Nacional com os didáticos; a José Olympio com a literatura nacional e a Globo com as traduções.

Esse cenário toma outros contornos com a chegada de Juscelino Kubitscheck à Presidência da República em 1956. A indústria editorial estava na mira do presidente-bossa nova. Ele defendia que "o crescimento da indústria editorial brasileira (...) é um dos índices mais expressivos do nosso avanço cultural"[7]. Na sua mensagem ao Congresso de 1958[8], o presidente defende que "a produção de livros (...) é matéria

---

7. http://www.biblioteca.presidencia.gov.br/presidencia/ex-presidentes/jk/mensagens-presidenciais/mensagem-ao-congresso-nacional-jk-1958.pdf p. 261.
8. Idem.

relevante que exige dos Poderes Públicos a mais zelosa assistência e estímulo" e que "o desenvolvimento a que o País aspira está a exigir, nesse campo, ação mais enérgica, que não confie apenas na capacidade de crescimento espontâneo da indústria livreira, mas venha provê-la dos meios de que carece, para atender de ponto à crescente necessidade de livros".

Entre 1952 e 58, Ênio preside o Sindicato Nacional dos Editores de Livros (SNEL). Ao lado de Edgar Cavalheiro, então na presidência da Câmara Brasileira do Livro (CBL), e com apoio de JK, conquista a isenção do papel importado em 1957 e o subsídio das tarifas postais. Na década de 1950, graças a esse impulso e às políticas de JK, a indústria editorial brasileira cresceu a olhos vistos.

Na mesma década de 1950, sob a gestão de Ênio, a Civilização Brasileira saiu de um inexpressivo selo editorial da Nacional para uma das principais editoras do país. A editora passa a ser a casa dos autores da literatura contemporânea brasileira da época. Carlos Heitor Cony, Antonio Callado, Millôr Fernandes, Dias Gomes e Ferreira Gullar são alguns dos nomes que passaram a publicar pela casa. A Civilização Brasileira acolhia também autores estrangeiros. Foi o caso de George Orwell, T.S. Elliot, Faulkner, Hemingway e Scott Fitzgerald.

Em 1962, começa a publicar os provocativos *Cadernos do povo brasileiro* que tinha como objetivo estudar "com clareza e sem qualquer sectarismo" "os grandes problemas do país", afinal, "somente quando bem-informado é que o povo consegue emancipar-se"[9]. Saíram por essa coleção volumes escritos por nomes como Nelson Werneck Sodré (*Quem é o povo brasileiro?*), Theotônio Jr. (*Quais são os inimigos do Brasil?*), Nestor de Holanda (*Como seria o Brasil socialista?*), Aloísio Guerra (*A Igreja está com o povo?*), Paulo R. Schilling (*O que é Reforma Agrária?*) e Jorge Miglioli (*Como são feitas as greves no Brasil?*).

---

9. Apresentação da série Cadernos do Povo Brasileiro.

No entanto, Octalles não estava contente com a linha editorial que Ênio imprimia na Civilização Brasileira. Ênio passa, então, a comprar partes da empresa. Começa pelas ações de Fenício e posteriormente, as do sogro. Em 1963, o controle acionário da empresa já estava em suas mãos e a família de sua mulher já estava fora do negócio. "A editora Civilização Brasileira rapidamente entrou no que eu chamaria de um verdadeiro boom, ela passou a ser uma editora em expansão"[10], lembrou anos depois, em 1990, em um evento na Escola de Comunicação e Artes da USP. "Eu trabalhava com um outro dinamismo, com uma visão não-elitista do livro, isso produziu resultados imediatos e a editora Civilização Brasileira foi a galope", completou.

Se os Anos Dourados de JK (1956 – 1960) foram importantes para a estruturação de uma capacidade produtiva da indústria editorial brasileira, o que veio depois foi só desafio. As confusões políticas causadas pela renúncia de Jânio Quadros e a assunção de João Goulart colocaram os ponteiros da inflação no alto e os da moeda brasileira no baixo. Determinar preços virou missão para verdadeiros adivinhos. A inflação seguiu num crescente entre 1960 (25,4%) e 1964 (89,9%)[11].

No curto período em que esteve à frente do governo, Quadros decide reverter a decisão do seu predecessor e retira o subsídio compensatório aos fabricantes brasileiros de papel. De acordo com levantamento de Hallewell, o papel representava, em 1950, 10% do custo de produção de um livro. Ao final de 1960, esse índice pulou para inacreditáveis 75%.

Mas foram os anos de chumbo da ditadura, iniciados na década seguinte, que marcariam para sempre a vida de Ênio. Com o Golpe de 1964, que deu início ao período da ditadura militar, Ênio se torna ainda mais radical no seu posicionamento político e paga um preço alto por isso.

---
10. *Editando o editor*, p. 54.
11. http://almanaque.folha.uol.com.br/dinheiro60.htm

Ênio passa por sete vezes pela prisão entre 1964 e 1969 e tem os seus direitos políticos cassados em 64. A primeira delas acontece poucos dias depois do Golpe. Para além do cárcere, a situação política do Brasil afetava os negócios de Ênio. Uma compra ousada, de 200 toneladas de papel – garantida por um banco que, depois da chegada ao poder dos militares, resolve se retirar do negócio –, foi um baque importante. Depois, o editor renuncia a um negócio importante: deixa de representar a Companhia Editora Nacional, importante casa de livros didáticos no Brasil. A Civilização Brasileira, embora já não fizesse mais parte do grupo nessa altura, representava comercialmente a casa de Octalles no Rio de Janeiro. A fama de comunista estaria prejudicando os negócios do sogro. Segundo informou o próprio Ênio, isso representou queda de 40% no seu faturamento. "Foi um golpe terrível, uma tijolada na cabeça", comentou anos depois[12].

Com a demissão do professor Álvaro Vieira Pinto da presidência do Instituto Superior de Estudos Brasileiros (Iseb), Ênio resolve ajudar o amigo encomendando a ele uma tradução da obra completa de Lenin. Paga adiantado. Mas os militares invadem a gráfica onde o livro estava sendo composto e apreendem os originais da tradução de três livros que já estavam prontos para a impressão e ainda milhares de exemplares do primeiro título. Outra "tijolada violentíssima"[13].

Em 1968, a livraria Civilização Brasileira, localizada na Rua Sete de Setembro, no centro do Rio de Janeiro, é alvo de atentado a bomba. A fachada que antes já tinha ostentado uma faixa onde se lia "A poesia é a arma do povo contra a tirania" foi abaixo. Tempos depois foi a vez de o depósito da editora também ser atacado. Os ataques se repetiram mais algumas vezes.

Sua posição de enfrentamento se torna ainda mais evidente com o lançamento da Revista *Civilização Brasileira*, em 1965. Com uma vida

---
12. *Editando o editor*, p. 68.
13. *Editando o editor*, p. 71.

curta, que dura até 68, teve 21 números publicados e chegou a ter tiragens que alcançavam 30 mil exemplares. Foi por ela que Ênio publica uma série de cartas ao presidente Castelo Branco.

Financeiramente sufocado, Ênio se vê obrigado a vender a Octalles todo o estoque do *Pequeno Dicionário da Língua Portuguesa*, um dos carros-chefes da Civilização desde a sua fundação. O pedido de concordata veio em 1966. Paga parte de suas obrigações com a venda do Dicionário, ainda assim, longe de resolver os problemas.

Um novo alívio veio em 1975, quando a Companhia Editora Nacional é estatizada pelo Banco Nacional de Desenvolvimento Econômico (BNDE). Como herdeira de Octalles, Cleo recebe uma boa quantia em dinheiro que dá novo fôlego (embora curto) à Civilização Brasileira.

Ênio decide vender parte da Civilização Brasileira. Encontra o português Manuel Bulhosa, "um banqueiro que tem paixão não por livro de cheque, mas por livro mesmo"[14], conforme define o próprio Ênio mais tarde. Bulhosa já era dono da Difel e da Bertrand.

Bulhosa ficou com 80% da empresa, manteve a linha editorial e a direção de Ênio. Posteriormente, compra os outros 20% e transforma Ênio em um assessor especial da editora.

No dia 11 de janeiro de 1996, enquanto jantava, Ênio se sente mal. A caminho do hospital, morre em consequência de um edema pulmonar.

Nesse mesmo ano, a Civilização Brasileira, a Difel e a Bertrand se unem sob o guarda-chuva da BCD União de Editoras e passa a ser dirigida por João Salomão e Rafael Golkorn. No ano seguinte, a Record incorpora a BCD e a Civilização Brasileira passa a ser um selo do grupo da família Machado.

---

14. *Editando o editor*, p. 81.

FERNANDO GASPARIAN

Quando tinha doze anos, Fernando Gasparian (1930-2006) presenciou a metamorfose de seu pai. Gaspar Gasparian foi um industrial paulista, que instalou no bairro do Belém, na Zona Leste de São Paulo, a sua tecelagem. Mas em 1942, ele se encontra na fotografia. É neste ano que se torna sócio do Foto Clube Bandeirantes, que reunia profissionais liberais paulistanos aficionado pela manifestação artística. Ao lado de nomes como José Yalenti, Thomaz Farkas, Geraldo de Barros e German Lorca, Gaspar passa a explorar sombras e luzes, texturas e composições a partir de cenas de natureza morta. Em uma segunda fase, dedica-se à fotografia urbana, tendo São Paulo como tema principal. Até o fim da sua vida, em 1966, aliou sua performance como fotógrafo reconhecido internacionalmente a de industrial.

É neste ambiente que cresce o futuro editor.

Em 1948, aos dezoito anos, entra para o curso de Engenharia na Universidade Presbiteriana Mackenzie. Ali, passa a militar no movimento estudantil, sendo presidente do Centro Acadêmico e assumindo, entre 1951 e 1952, a presidência da União Estadual de Estudantes. Nesta época, passa a fazer parte dos quadros do Partido Socialista Brasileiro (PSB).

O fim dos anos 1950 marca o início da vida pública de Fernando. Ele tinha 27 anos quando assume como diretor e, em seguida, como presidente do Sindicato das Indústrias de Fiação e Tecelagem de São

Paulo, o maior sindicato patronal do Brasil na época. Nesta mesma época, conquista uma cadeira na Federação das Indústrias do Estado de São Paulo (Fiesp). Em 1960, assume como diretor-financeiro da Cia Paulista de Estradas de Ferro, estatal que passa a presidir em seguida.

Neste mesmo ano, entra para o Partido Democrata Cristão (PDC), agremiação à qual Franco Montoro era associado. E foi a convite do então ministro Montoro, que Fernando torna-se interventor da Confederação Nacional da Indústria (CNI), que, sob sua gestão, passa a apoiar sistematicamente a implementação do décimo terceiro salário no Brasil.

Associa-se a outros dois sócios e compra, no início de 1964, a América Fabril, indústria têxtil carioca que passava por crise financeira e fora assumida pelo Banco do Brasil. Em abril deste mesmo ano, os militares tomam o poder e Fernando passa a sofrer pressões. O sindicato que dirigia sofre intervenção e ele é afastado do cargo. Com o novo empreendimento e a marcação acirrada dos militares, resolve se mudar para o Rio de Janeiro.

Em 1968, quando foi baixado o Ato Institucional Número 5 (AI-5), Fernando foi acusado de financiar manifestações populares contra o governo. Como a compra da América Fabril foi feita graças a um financiamento do Banco do Brasil, é obrigado a se afastar da direção da empresa. Resolve, dois anos depois, ir para o autoexílio. Primeiro, nos EUA, onde trabalhou no Centro de Estudos Internacionais da Universidade de Nova York, e depois para a Inglaterra onde atuou como professor visitante do Saint Antony'sCollege, da Universidade de Oxford.

Nesse período, escreve o seu primeiro livro, *Capitais estrangeiros e desenvolvimento na América-Latina*, publicado pela Civilização Brasileira.

Volta ao Brasil em 1972 e funda o jornal *Opinião*, que reproduzia artigos do francês *Le Monde* e reunia vozes opositoras ao regime militar brasileiro. No ano seguinte, compra o selo Paz e Terra, que fazia parte da Civilização Brasileira. O selo criado por Ênio Silveira foi claramente inspirado na encíclica *Pacem in terris* do papa João 23. Com esse movimento, o editor queria se aproximar dos setores progressistas da Igreja Católica. A casa já tinha publicado nomes como Harvey Cox, Roger Garaudi, Oscar Kullmann, Jean Lacroix e Paul Tillich, quando Fernando a assume, convidando colaboradores do *Opinião* a fazerem parte do seu conselho editorial. Alceu Amoroso Lima, Celso Furtado, Érico Verissimo e Fernando Henrique Cardoso foram alguns desses. A Paz e Terra passa a publicar a revista *Cadernos de Opinião*, cujo segundo número traz um artigo de Dom Hélder Câmara, um desafeto do governo militar. Tal ousadia leva o editor à cadeia em agosto de 1975.

No ano seguinte, a sede do jornal *Opinião* sofre um ataque à bomba e em 1977 o jornal deixa de circular. Ainda nos anos 1970, lança a revista *Argumento*, cuja circulação foi proibida pelo governo militar.

Em 1978, inaugura, uma pequena livraria no Leblon, na Rua Dias Ferreira. Hoje, a Argumento, uma das livrarias-símbolo do Rio de Janeiro é dirigida por seus filhos Marcus e Laura Gasparian.

Com a abertura política, filia-se ao Partido do Movimento Democrático Brasileiro (PMDB), pelo qual se elege, em 1986 deputado constituinte. Na Câmara, foi relator da Subcomissão do Sistema Financeiro. Ali emplaca o limite de 12% às taxas de juros reais, item que nunca foi regulamentado e acabou sendo revogado da Carta Magna em 2003.

Sete anos depois da promulgação da Constituição, em entrevista à *Folha*[1], Fernando criticou o então presidente e amigo FHC que tinha adotado uma política que esgarçava este limite constitucional. Na conversa com a repórter Marta Salomon, ele disse que o limite nunca foi aplicado no Brasil "porque os banqueiros é quem mandam neste país".

Na Constituinte, Gasparian foi contrário à adoção de pena de morte no Brasil; apoiou a estabilidade do emprego e a criação de fundo específico para a Reforma Agrária.

---

1. *Folha de São Paulo*, 22/06/1995 – Autor da proposta critica política econômica.

Em 1998, passa o comando da Paz e Terra ao filho Marcus.

Em 2006, Fernando é internado em um hospital de São Paulo para tratar de problemas renais. Morre no dia 7 de outubro com infecção generalizada.

Seis anos depois da morte do pai, Marcus Gasparian resolve vender ao Grupo Editorial Record, que já era dono nesta época de outras editoras tradicionais como a José Olympio e a Civilização Brasileira. Na ocasião, a Paz e Terra tinha 1,2 mil títulos de 500 autores, incluindo nomes como Celso Furtado, Michel Foucault, Paulo Freire e Eric Hobsbawn.

FERNANDO SABINO &
RUBEM BRAGA

Em 1960, o capixaba Rubem Braga (1913 – 1990) e o mineiro Fernando Sabino (1923 – 2004) já eram escritores com uma carreira consolidada. Já tinham livros publicados por importantes casas editorais da época.

Fernando já tinha lançado o seu romance *O encontro marcado* pela Civilização Brasileira e Rubem, além da sua carreira como cronista em grandes veículos da imprensa da época, já tinha livros publicados como *O conde e o passarinho* (1936) pela José Olympio.

Mas algo incomodava Sabino. Achava que podiam ganhar mais do que os 10% pagos a título de direitos autorais, se eles próprios se publicassem. É aí que entra a figura de Walter Acosta, um jurista que publicava, por sua conta, seus livros sobre Direito Processual Penal.

Era o início da Editora do Autor. Além de livros de Braga e Sabino, no prelo da recém-fundada editora estavam livros dos amigos Vinicius de Moraes e Paulo Mendes Campos. Quando uma história minimamente inusitada mudou o curso dessa história.

A convite de Jânio Quadros, então deputado e candidato à Presidência da República, Braga e Sabino embarcam para Cuba. Voltam de lá entusiasmado com *La Revolución*, como todo intelectual da época pendido – mesmo que levemente, como era o caso dos dois – à esquerda.

As percepções dos dois escritores do regime de Fidel Castro encontrava ressonância em uma série de artigos fervorosos escritos por

Jean-Paul Sartre no jornal francês *France-Soir*. Neles, o existencialista fazia uma defesa definitiva do regime cubano.

Nesse mesmo agitado ano de 1960, o casal Sartre e Simone du Beauvoir chegam ao Brasil, causando enorme frisson. Braga embarca para Salvador, onde participaria de uma recepção na casa de Jorge Amado para celebrar o casal. Fidel Castro tinha pouco mais de um ano tomado o poder depois da Revolução Cubana e essa era, claro, um assunto muito vivo naquele encontro baiano.

Braga externalizou seu entusiasmo com o movimento e não tardou que Sartre o cedesse – assim, de mão beijada, sem pedir nada em troca – os direitos dos artigos publicados no *France-Soir*.

A Editora do Autor tinha seu primeiro livro na mão e era preciso ser rápido. Precisavam aproveitar o giro de Sartre e Simone pelo Brasil. Traduziram, editaram, compuseram e imprimiam o livro – intitulado *Furação sobre Cuba* – em uma semana.

Os amigos vieram para a Editora do Autor. Manuel Bandeira e Clarice Lispector foram alguns que passaram a editar pela nova casa. Mesmo tendo contrato com a Francisco Alves, Clarice resolve publicar o seu *A paixão segundo G.H.* pela editora dos amigos.

Em 1965, três diplomatas apresentaram aos editores um livro que tinha sido publicado nos EUA 14 anos antes. Era *O apanhador no campo de centeio*, de J.D. Salinger, que se tornou ouro nas mãos da Editora do Autor, onde permaneceu até 2019, quando seus direitos foram para a Todavia.

Um desentendimento em 1966 levou a uma cisão na editora. Acosta seguiu com a Editora do Autor enquanto Fernando e Rubem saíram para fundar a Sabiá. Levaram com eles boa parte do elenco.

Um outro episódio digno de nota na vida de editores de Fernando Sabino e Rubem Braga aconteceu no fatídico dia 13 de dezembro de 1968, quando foi assinado o AI-5. A Sabiá se preparava para um mega lançamento, no qual ia reunir, entre outros nomes, Chico Buarque, lançando *Roda viva*, e Dom Helder Câmara, com *Revolução dentro da paz*. De última hora, a festa teve que ser cancelada.

A Sabiá reunia boa parte dos principais nomes da literatura nacional. Além dos já citados, estavam João Cabral de Melo Neto, Stanislaw Ponte Preta (Sérgio Porto), Marisa Raja Gabaglia e Chico Anysio.

Mas a Sabiá também acompanhou o boom latino-americano, promovido pela agente literária espanhola Carmen Balcells e que lançou ao mundo nomes como Gabriel García Márquez, Mario Vargas Llosa, Pablo Neruda, Manuel Puig, todos com livros na Sabiá.

Aliás, o fim da carreira de editor de Fernando Sabino e Rubem Braga está diretamente ligado a um desses autores. Ao lançarem *Cem anos de solidão*, de Márquez, o sucesso foi tanto que eles resolveram passar adiante o negócio. Perderam o tempo que tinham para os seus próprios trabalhos literários. Assim, decidem, em 1972, vender a Sabiá ao velho José Olympio.

Em 1990, Rubem Braga foi diagnosticado com um câncer na laringe. Resolve que não ia se tratar. Morre sete meses depois, aos 78 anos. Fernando Sabino também foi levado por um câncer. O diagnóstico inicial era que a doença estava localizada no esôfago, mas logo se espalhou e atingiu o fígado. Dois anos depois de lutar contra a doença, o escritor morreu, no dia 11 de outubro de 2004. No dia seguinte, ele completaria 81.

IVAN PINHEIRO MACHADO &
PAULO LIMA

Nos anos 1970, Paulo Lima – filho de Mario de Almeida Lima, que foi diretor da editora Globo e dono da Livraria Lima – e Ivan Pinheiro Machado – filho do deputado comunista Antônio Pinheiro Machado Neto – eram sócios numa agência de publicidade que tinha ainda nos seus quadros societários o desenhista Edgar Vasquez, criador do emblemático e questionador Rango.

Os anos de chumbo da ditadura cívico-militar mostravam as suas garras e Rango – um anti-herói que era a cara do Brasil: "miserável, esfomeado, marginalizado, pobre e desempregado"[1] – era um alvo fácil da censura. A sua estreia foi numa revista do Diretório Acadêmico da Faculdade de Arquitetura da Universidade Federal do Rio Grande do Sul, onde Vasquez estudava. De lá, alçou voos mais altos e alcançou o combativo *Pasquim* e a *Folha da Manhã*. Foi um símbolo de resistência à ditadura.

A agência de publicidade foi à bancarrota e eles se perguntaram por que não publicar um livro com as tirinhas do Vásquez? Queriam incomodar a ditadura. Nascia aí a L&PM, reunião das iniciais de Lima e Pinheiro Machado. "E, de fato, a gente conseguiu atingir o nosso objetivo. Desde o primeiro livro, a gente já saiu dando explicação para a Polícia Federal e tivemos nossos livros apreendidos", lembra Ivan.

---

1. https://www.lpm.com.br/site/default.asp?Template=../livros/layout_produto.asp&CategoriaID=645528&ID=648261

Mas o medo foi amplamente superado pela coragem – e por certo sentido de "irresponsabilidade". Um exemplo disso – e motivo de orgulho para Ivan – se manifesta num encontro que Ivan teve com Darcy Ribeiro, em Lisboa no ano de 1976. Ao ser questionado pelo professor sobre o que ele fazia, Ivan respondeu "sou arquiteto, mas não pratico. Tenho uma editora com o Paulo que está aqui do meu lado". "É por isso que o mundo avança: pela inciência da juventude", respondeu Darcy.

Ainda com o objetivo de incomodar, o segundo livro publicado pela L&PM foi uma coletânea de discursos que o deputado Paulo Brossard proferia na tribuna da Câmara dos Deputados. O nome de Brossard era absolutamente proibido nos veículos de comunicação, mas seus discursos, todos registrados nos arquivos da Parlamento, eram públicos. O que os jovens fizeram foi reunir estes discursos em um livro que alcançou os primeiros lugares das listas de mais vendidos da época.

A L&PM nasce numa Porto Alegre de mercado ainda restrito, exceto pela histórica editora Globo. Ivan e Paulo, então, resolvem "cruzar Vacaria", em referência à cidade que está na divisa do Rio Grande do Sul com Santa Catarina. "Com exceção da Globo, nenhuma outra editora gaúcha tinha conseguido cruzar Vacaria", lembra Ivan. "Quando publicamos *Rango*, pegamos um Volkswagen e fomos de carro, passando por todos os jornais importantes que tinham no caminho mostrando o livro, divulgando o livro", conta Ivan.

Em 1976, editam um livro de Millôr Fernandes e aí resolvem alugar um apartamento no Rio de Janeiro. Começa a nacionalização da editora, com a amizade dos editores com a turma do *Pasquim*, e, sobretudo, com a *Antologia brasileira de humor*, em dois volumes, reunindo os humoristas (politizados, claro) mais reconhecidos do Brasil: um acontecimento cultural brasileiro na altura.

Dois fatos importantes para a decolagem nacional da L&PM. O primeiro deles acontece quando a dupla segue para a Feira do Livro de

Frankfurt. Lá conhece um agente internacional que apresenta um livro de um diretor de cinema norte-americano pouco conhecido do público brasileiro. O autor em questão era Woody Allen e o livro, *Cuca fundida*, publicado pela L&PM em junho de 1978, com tradução de Ruy Castro. O livro sai na esteira da consagração de Allen, com o filme *Noivo neurótico, noiva nervosa*, que lhe garantiu o Oscar de Melhor Filme e Melhor Diretor naquele ano.

O outro episódio importante acontece em 1981, com a publicação de *O analista de Bagé*, de Luís Fernando Veríssimo, que vende 600 mil exemplares e ocupa uma capa importante do glorioso e falecido *Caderno B* do *Jornal do Brasil*. Foi aí que os dois editores, que até então tocavam a editora enquanto faziam outras atividades, percebem que precisam se dedicar de modo mais intenso aos livros.

Comercialmente, nada é mais lucrativo para a L&PM que as edições de bolso, tipo de livro cuja presença no mercado foi fomentada por essa editora. Foi preciso vencer o preconceito brasileiro que associava livro de bolso a má qualidade em vários níveis, desde o industrial até o literário. A distribuição, a cargo de Paulo Lima, foi um show de marketing e eficácia, pois os livros passaram a chegar a toda parte, inclusive açougues, padarias, além das quase óbvias bancas de jornal.

Parte da estratégia era lançar autores importantes, como Kerouac, Bukowski e Shakespeare, direto em edições de bolso. Produto barato e de altíssimo nível. Por isso é que a coleção de bolso da L&PM faz parte da vida de muitos leitores, e foram, inclusive, adotados em escolas.

O pioneirismo da L&PM também passa pelos livros digitais. A editora foi uma das sócias-fundadoras da DLD, pool de editoras que fundaram a distribuidora pioneira de livros digitais no país.

Ivan Pinheiro Machado e Paulo Lima são sócios há 50 anos. A amizade e a parceria sobreviveu a casamentos de ambos – e nenhum deixou, apesar daquele aluguel carioca nos anos 1970, Porto Alegre, o que sempre angariou custos e gozos. Nesta altura dos acontecimentos, os dois lembram-se com gratidão de terem podido conviver, no início de seu trabalho, com nomes do porte de Ênio Silveira, Fernando Gasparian, Jorge Zahar, Sérgio Lacerda, Alfredo Machado. Foram esses homens que ensinaram a Ivan e Paulo a dimensão de negócio que participa da edição de livros. E é seguindo esse legado, e também a origem política que norteou a fundação da L&PM, que a editora segue, com uma vida que promete ser muitíssimo longa.

JACÓ GUINSBURG &
GITA K. GUINSBURG

Jacó Guinsburg (1921 – 2018) nasceu em Rîșcani, um distrito da então Bessarábia, atual Moldávia. Chega ao Brasil em 1924, aos três anos de idade. A família segue primeiramente para a cidade de Olímpia, no interior de São Paulo e depois se muda para Santos, no litoral do mesmo estado. Ali Jacó é alfabetizado. A família, então, muda-se para a capital paulista, onde se estabelece no bairro do Bom Retiro, reduto de judeus na época.

Antes de se encontrar nas letras, trabalhou como jornaleiro, balconista, vendedor de ferro velho e tecelão. "Para desgosto dos meus pais, não consegui me fixar em nada. Era uma juventude muito errática. Meu objetivo foi sempre vagar entre a política, a literatura e a filosofia. Sempre gostei de história e fui muito mal em matemática. Era um curioso, e recebia o impacto dos amigos. E a curiosidade porosa te leva para lugares imprevistos", contava[1].

Foi no Bom Retiro que conhece Gita, com quem se casa em 1959. Gita nasce em São Paulo em 1930, filha de poloneses que chegaram ao Brasil "com uma mão na frente e outra atrás"[2]. Os pais vieram um pouco antes do seu nascimento, fugindo da onda antissemita que varria a Europa. A mãe começa a trabalhar em uma fábrica e o pai foi ser ven-

---
1. http://www.bpp.pr.gov.br/Candido/Pagina/Os-editores-Jaco-Guinsburg
2. https://www.youtube.com/watch?v=ZwvsNDBwxa0

dedor ambulante e, posteriormente, fundou uma sinagoga também no Bom Retiro.

Com o fim da guerra, em 1945 o pai se juntou com outros membros da comunidade judaica politicamente engajados e chamados à época de "progressistas" para fundar a Casa do Povo. O espaço inaugurado em 1946 foi erguido para homenagear os que morreram nos campos de concentração e ainda aglutinar pessoas e entidades que apoiavam a luta internacional contra o fascismo. Com isso, queriam "dar continuidade à cultura judaica laica e humanista que o nazifascismo tentou silenciar na Europa"[3].

Foi ali que Gita e Jacó se conheceram. Nessa altura, Jacó era um aguerrido militante de esquerda e Gita, uma jovem judia nascida numa família "progressista".

Em uma livraria do centro de São Paulo, Jacó conhece Edgar Pato Ortiz Monteiro, parente de Monteiro Lobato que atuava como vendedor na Livraria Brasiliense, de Caio Prado Júnior. Mesmo sem dinheiro, resolvem montar uma editora. Com o fim da guerra, Jacó se sentia na obrigação de resgatar a massacrada literatura judaica. Assim nasce, em 1947, a Rampa. Entre os primeiros livros estavam a primeira antologia de literatura iídiche no país e ainda *A mãe*, de Sholem Asch; *Contos*, de I.L. Peretz e *O Judeu da Babilônia*, de Isaac Bashevis Singer, livro que o editor julgava ser o mais importante da sua carreira. O empreendimento não vai longe. Os livros encalharam e Gita lembra que Jacó teve que ir para as ruas, com os livros debaixo do braço, para vendê-los de alguma forma.

Em 1952, aos 31 anos, Jacó traduz e publica de forma independente *O Dibuk*, de S. Anski, clássico do teatro iídiche. O trabalho lhe rende um posto na Difusão Europeia do Livro (Difel), de Jean-Paul Monteil. Ali passa a editar os livros universitários. Graças ao apoio do patrão, segue

---

3. https://casadopovo.org.br/sobre/

para a França, onde frequenta cursos de Filosofia na Universidade de Sorbonne e ainda participa de conferências de Roland Barthes e Lucien Goldmann.

De volta ao Brasil, ocupa a cadeira de crítica teatral da Escola de Arte Dramática da Universidade de São Paulo, deixada por Décio de Almeida Prado. É quando começa, em 1964, a sua vida acadêmica. Sem nunca ter se graduado, alcançou os maiores títulos da academia, chegando a professor titular da USP. Aposenta-se em 1991. Dez anos depois, a universidade o homenageia outorgando-lhe o título de professor emérito.

Em sociedade com amigos – entre eles Celso Lafer e José Mindlin –, Jacó e Gita fundam a Perspectiva, em 1965. O primeiro lançamento, uma coleção judaica que reunia, em 13 volumes, nomes como Sholom Aleichem e Sholem Asch.

O sucesso veio em 1968, com o lançamento da coleção *Debates*, com o livro *Personagem de ficção*, reunião de ensaios de Antonio Candido, Anatol Rosenfeld, Décio de Almeida Prado e Paulo Emilio Salles Gomes. Depois vieram livros de Octavio Paz, Le Corbusier e Umberto Eco. A coleção se firmou e ainda hoje, mais de 50 anos depois, segue como uma das mais importantes na área de Ciências Sociais no Brasil.

Outras coleções que vieram depois da Debates: a Estudos, dedicada à publicação de ensaios; Khronos (História) e Stylus (estética).

Jacó, poucos meses antes de morrer, disse que a "Perspectiva só estava de pé por que a mulher do editor é matemática"[4]. Gita também seguiu carreira acadêmica na USP onde se aposentou como professora. E a sua formação em física e matemática levou para o catálogo da perspectiva títulos relacionado à filosofia da ciência e ao positivismo lógico.

---

4. https://cultura.estadao.com.br/noticias/literatura,morre-aos-97-anos-o-editor-e-critico-jaco-guinsburg,70002557468

Jacó morre em 2018, aos 97 anos, vítima de insuficiência renal. Deixa um catálogo de 1,2 mil títulos, incluindo trabalhos de nomes como Anatol Rosenfeld, Antonio José Saraiva, Boris Schnaiderman, Décio de Almeida Prado, Erich Auerbach, Fernand Braudel, Hannah Arendt, Haroldo e Augusto de Campos, Margaret Mead, Roberto Schwarz, Roman Jakobson, Roman Jakobson e Tzvetan Todorov. Gita assumiu a direção da casa.

JAIME PINSKY

O ano é 2017. Jaime Pinsky se surpreende ao ser chamado para subir no palco do principal prêmio literário nacional. O livro *Alfabetização – A questão dos métodos*, escrito pela professora Magda Soares e editado por Pinsky, é nomeado como o Livro do Ano na categoria Não Ficção. É um grande momento e vem justo no ano em que a Contexto, editora fundada por Pinsky em 1987, completa 30 anos.

É possível que, naquele momento em que Jaime pegava o quelônio dourado nas mãos, ele se lembrasse de Cecília, sua irmã mais velha, e da loja do pai em Sorocaba, no interior paulista. O imóvel alugado da Sociedade Beneficente 25 de Julho guardava uma preciosidade: um amontoado de livros que antes pertencia à biblioteca da entidade, naquela altura desativada.

Era ali que os irmãos se refugiavam para ler. A pedido de Jaime, Cecília passou a acompanhar a leitura com o dedo. Em pouco tempo, o menino estava alfabetizado. Um método pouco comum, poderia dizer a professora Magda. Outra professora, a Dona Zizi, que ensinou Jaime a escrever, achou no mínimo curioso: o menino que sabia ler, mas não sabia escrever.

O livro, aliás, era um objeto comum na casa dos Pinsky. Os pais de Jaime eram judeus e vieram da Europa Oriental ainda nos anos 1920. O pai nasceu numa região onde hoje é a Belarus, tinha passaporte polonês e aportou por aqui aos catorze anos. Já a mãe nasceu na Lituânia e veio com a família quando tinha dez anos. Aqui se encontram em colônias judaicas na região de Passo Fundo, no Rio Grande do Sul.

Em casa, faziam questão de ter e ler livros em iídiche, língua que não queriam perder como forma de manter viva a cultura. Os livros eram importados ou dos EUA ou da Argentina, tinham capa dura e custavam caro para os comerciantes da cidade de Sorocaba. "Eles não abriam mão desse luxo. Era um dos poucos luxos que eles tinham, afinal", lembra Jaime.

"Uma das memórias mais remotas que tenho é a dos meus pais lendo seus livros e de quando éramos só eu e a minha irmã mais velha [depois de Cecília e Jaime vieram outros dois filhos], um deles vinha até o nosso quarto e lia um texto de algum importante em língua iídiche", lembra o editor.

Em 1949, aos dez anos, Jaime passou por um "processo revolucionário" que marcou toda a sua vida. "Estávamos ainda muito próximos da Segunda Guerra Mundial e uma parte enorme da família dos meus pais morreu no Holocausto. A desconfiança com o mundo não judaico era grande para a nossa família. Havia um sentimento de que era muito importante se manter no grupo judaico", conta. É nessa época e contexto que Jaime passa a integrar o Movimento Juvenil Socialista Sionista que pregava que a solução dos problemas judaicos seria a criação dos kibutz, lugares em que os jovens judeus poderiam viver de uma forma socialista.

"Começamos a ler adoidado!", lembra. Os clássicos russos do Século 19 – e aqui incluíam Dostoievski, Tolstoi – eram lidos em espanhol pelo menino de pouco mais de dez anos.

Aos quinze anos, muda-se para São Paulo. "Por uma questão de formação, achei que tinha que me proletarizar", explica. Entra para o curso de técnica industrial da Escola Getúlio Vargas, instalada no número 105 da Rua Piratininga, no bairro do Brás, na zona Leste da capital paulista. Ali percebe que não tinha tino para a coisa. "Eu fui um cara muito conhecido na escola por ser o aluno mais sem talento para habilidades mecânicas", brinca. Apesar disso, ia bem na parte geral.

Por insistência do grupo, Jaime se muda aos 17 anos para Belo Horizonte com a missão de divulgar ali as ideias do Movimento Juvenil Socialista Sionista. Na capital mineira, entra para um curso clássico, onde tinha disciplinas como latim, história e geografia. "Cheguei à conclusão de que não tinha como me proletarizar. Eu tinha que seguir para um curso na área de humanas", conta.

Volta a Sorocaba depois que o pai sofre um derrame e é na sua cidade natal que conclui o Ensino Médio e entra para o curso de História. Depois de um ano no curso, segue para Israel, onde estuda por um ano na Universidade de Jerusalém. Nem tinha se formado quando é convidado para dar aulas na Faculdade de Filosofia de Assis, também no interior paulista.

Posteriormente, a Faculdade foi transformada em uma unidade da Unesp, junto com ela, o corpo docente. Resolve que seguiria a carreira acadêmica e, para isso, precisava ir além da graduação. Resolve se matricular no mestrado na Universidade de São Paulo, mas na qualificação, segue direto para o doutorado, que é concluído em 1968.

A Faculdade de Assis resolve que ia publicar a tese de doutoramento de Jaime e é aí que começa a história do historiador que virou editor. "A tese ia ser publicada por uma gráfica de São Paulo e eu entrei em contato com eles para tratar da revisão e de outros detalhes. O responsável pela gráfica começou a me explicar as coisas e eu fiquei apaixonado!", diz.

No início dos anos 1970, publica *100 textos de História Antiga*, livro editado pela Hucitec que deu ao historiador notoriedade no meio acadêmico. "Eu estava indo muito bem na minha carreira, mas eu passei a gostar muito da área do livro", diz.

A convite da Hucitec, forma na editora uma área de Ciências Sociais, convidando nomes como Florestan Fernandes, José de Souza Martins e Paul Singer. "Foi aí que comecei a ter noção de o que é formar um projeto editorial. Foi meu primeiro contato com uma editora", lembra.

Essa experiência dá lastro para fundar a revista *Debate & Crítica*, com José de Souza Martins e Florestan Fernandes. Pinsky defende que a revista se tornou obrigatória para os pensadores e intelectuais de esquerda do Brasil, mas teve vida curta. Depois da publicação do número seis é proibida pela ditadura vigente na época. O episódio obriga a criação da revista *Contexto*, mesmo nome que Jaime daria a sua editora anos mais tarde.

Sem nunca abandonar a carreira acadêmica, faz outras incursões no mundo editorial, prestando serviços eventualmente para casas como Global, Brasiliense e Atual.

Estas pequenas incursões no mundo editorial sempre foram acompanhadas pela continuidade do trabalho acadêmico de Pinsky. No início da década de 1980, Jaime se torna professor titular da Universidade de Campinas (Unicamp). O reitor da época, o médico José Aristodemo Pinotti, resolve que a universidade merecia uma editora própria e convida Pinsky para diretor-executivo, cargo que ocupa por quase cinco anos.

Ao fim do mandato de Pinotti, em 1986, Pinsky é substituído na editora, o que abre caminho para ele fundar, no ano seguinte, a Contexto. A família Pinsky dividia espaço com os livros nos primeiros anos da editora: a garagem da casa localizada no bairro de Alto de Pinheiros, Zona Oeste de São Paulo, foi transformada em recepção; a sala de jantar virou o depósito e a sala de visitas abrigou a equipe de composição. De alguma forma, o empreendimento se parecia com a loja do pai de Jaime, aquela que servia de despejo dos livros da biblioteca desativada.

Deste cenário saíram os primeiros títulos, todos da coleção Repensando, que reunia livros curtos de no máximo 160 páginas, com capas padronizadas e que traziam conceitos básicos sobre Geografia, Linguística, História e outras áreas do conhecimento. Ariovaldo Umbelino de Oliveira, por exemplo, publicou *Repensando a Geografia – A Geografia das lutas no campo*. Outro volume dessa coleção inaugura foi *Repensando a nova Língua Portuguesa – A coesão textual*, de Ingedore Villaça Koch saiu com, vinte anos depois um *long-seller* da Contexto. "Essas pessoas foram fundamentais na história da editora", reconhece o editor.

Pinsky acabou carreando seus livros que tinham sido publicado por outras editoras para a Contexto e organizou e publicou uma série de outros. Um deles merece destaque na história editorial de Jaime: *História da cidadania*, obra de referência organizada por Jaime e Carla Bassanezi Pinsky que reúne a produção de nomes como Leandro Karnal, Marya Lygia Quartin de Moraes, Moacyr Scliar, Paul Singer, Rodolfo Konder e Wagner Costa Ribeiro. O volume se destaca pelo seu ineditismo ao contar o processo histórico que levou a sociedade ocidental a conquistar os direitos civis. Ao longo de sua carreira, Jaime e a Contexto conseguiram libertar o conhecimento acadêmico aprisionado dentro das universidades por meio do livro, tomando o cuidado para não banalizá-lo, mas levá-lo ao maior número possível de pessoas. Amealhou mais de mil e cem autores nessa jornada, construindo um catálogo consistente e homogêneo que cravou o nome da Contexto nas Ciências Humanas, em especial nas áreas de Economia, Turismo, Comunicação, Educação, Linguística, Geografia e História.

JORGE ZAHAR

Pode ser que a vida de Jorge Zahar desse um bom livro, daqueles cheio de *plot twists* e, ainda que um final trágico, feliz. Filho de pais que imigraram para o Brasil e viviam aqui em situação muito difícil. Basílio (nascido Basil Zahar), o pai, veio de uma família cristã ortodoxa, – que ganhava a vida vendendo roupas infantis em Beirute – e o deserdara quando ele resolve se casar com uma francesa. Marie Escot, a francesa em questão, era de família de operários de Lyon, e, mais tarde viria a ser a mãe de Jorge. Os abastados Zahar não viam com bons olhos a paixão de seu filho por uma mulher de origens como a de Marie.

Em 1913, resolvem fugir para o Brasil e por aqui se instalaram primeiramente numa vila no interior capixaba e, posteriormente, em Campos dos Goytacazes, onde nasce Jorge em fevereiro de 1920. Basílio vai trabalhar vendendo tecidos e Maria, como abrasileirou o nome, fazendo chapéus sob encomenda.

Em depoimento para o livro da série Editando o Editor (Com Arte / Edusp)[1] que leva seu nome, Jorge relembra a viagem que fez, em 1936, quando tinha 16 anos, de Vitória (para onde a família se muda em 1926) para o Rio de Janeiro. O trajeto – percorrido de trem – marca o início de uma nova vida, no Rio de Janeiro. Os primeiros anos foram de extrema dificuldade. Em carta escrita, nos anos 1980, ao amigo Paulo Francis, Zahar

---

1. FERREIRA, Jerusa Pires (org). *Editando o Editor* – Jorge Zahar. São Paulo: Com Arte / Edusp.

se lembrava dessa época: "Fico a me lembrar do meu primeiro ano no Rio de Janeiro, em 1936, quando fui vender artigos de carnaval nos [trens de] subúrbios da Central e, pior ainda, da Linha Auxiliar (...) Só o inferno pode ser tão (talvez mais) quente do que São João de Meriti no mês de janeiro".

Mãe e irmãos seguem para o Rio de Janeiro. O pai permanece em Vitória onde começa a trabalhar vendendo livros, primeiramente de porta em porta, e depois com uma livraria chamada Técnica.

No Rio, Ernesto, o irmão mais velho, começa a trabalhar com importação de livros. O sogro de Ernesto – Antonio Herrera, um "espanhol anarquista e passional"[2] – foi quem deu início ao negócio, vendo no período de guerra uma oportunidade para distribuir no Brasil livros produzidos na Inglaterra e sobretudo na Argentina, o grande centro editorial da América Latina na época. Em 1940, Jorge também entra para o time da Distribuidora Herrrera.

Quando Herrera decide se aposentar, em 1946 – ele acreditava que o fim da guerra colocaria um ponto final na lógica do negócio -, os irmãos veem uma oportunidade e resolvem fundar, com o irmão mais moço – Lucien – a Livraria Ler – Livrarias Editoras Reunidas. "A nossa própria firma (...) era uma continuidade da Herrera", lembrou Jorge no depoimento para o livro *Editando o Editor*[3].

Dez anos mais tarde, em 1946, os irmãos resolvem fundar a Zahar Editores. "A editora era um produto de Juscelino [Kubitscheck], era um produto da política de substituição de importações. O raciocínio é muito simples: se você tem que fazer automóveis nacionais, tem que fazer também livros", aponta Jorge[4].

"Na importadora, havia de tudo, mas na editora, não. A editora foi fundada para ser principalmente uma editora de livros de Ciências Sociais. Daí o slogan "A cultura a serviço do progresso social". Minha

---
2. MACHADO, Ubiratan. *História das livrarias cariocas*. São Paulo: Edusp, p. 239.
3. *Editando o editor*, p. 32.
4. *Editando o editor*, p. 33.

vocação era, e continua sendo, ser um editor universitário. E, então, fui para a área de Ciências Sociais", relembrou em depoimento também para o livro *Editando o Editor*[5].

O primeiro título a sair da nova editora foi *Manual de Sociologia*, de Jay Rumney e Joseph Maier. O livro inaugurava também a coleção Biblioteca de Ciências Sociais, "o conjunto que daria lastro acadêmico e prestígio intelectual ao projeto concebido por Jorge"[6]. Mas foi com *História da Riqueza do homem*, do marxista Leo Huberman, que a Zahar conquistou seu espaço ao sol. Esse era, na opinião de Jorge, o "que mais valeu a pena editar"[7].

A produção editorial das casas erguidas por Zahar sempre estará ligada ao pensamento de esquerda, mas Jorge fazia questão de ressaltar a sua independência: "Nunca tive vínculo ou financiamento estatais. Você está falando com um editor absolutamente independente. Desculpe a ênfase, mas eu faço questão disso, ser totalmente independente, inclusive partidariamente. Não é pelo fato de eu ter ideias socialistas que eu só faria livros socialistas. Nunca fiz livros nazistas, isso de modo nenhum, e não farei. Mas livros de contestação ao marxismo, de caráter universitário, científico, perfeito, editei vários"[8], disse.

Outra bandeira de Zahar era a liberdade de expressão. Fazia questão de ressaltar que publicava livros escritos por pensadores marxistas "ocidentais e não autores soviéticos"[9]. "É bom chamar a atenção para isso, pois, é claro, que eu me interessava em livros de autores que tinham liberdade para dizer isto ou aquilo"[10].

O apego à liberdade faz dele um combativo editor no período da ditadura militar no Brasil. Ao lado de Ênio Silveira, foi um dos mais

---
5. *Editando o editor*, p. 32.
6. PIRES, Paulo Roberto. *A marca do Z*. Rio de Janeiro: Zahar. p. 122.
7. PIRES, Paulo Roberto. *A marca do Z*. Rio de Janeiro: Zahar. p. 130.
8. *Editando o editor*, p. 37.
9. *Editando o editor*, p. 34.
10. Idem.

aguerridos opositores do regime por aqui. Ao contrário do amigo, que foi preso sete vezes entre 1064 e 1969, Jorge nunca chegou a passar pelas prisões. Mesmo assim, como bem lembra Paulo Roberto Pires[11], o Departamento de Ordem Política e Social (Dops) andava na cola de Jorge desde muito antes do golpe de 64. Em 1947, o Ministério do Trabalho do governo de Eurico Gaspar Dutra interveio em mais de 140 sindicatos. O prontuário do foi criado nos arquivos do Dops quando ele se manifesta publicamente contra essa política anti-sindicalista de Dutra.

Um relatório de 1964, também levantado por Pires, fala do envolvimento de Zahar com o Comando dos Trabalhadores Intelectuais (CTI). O coletivo foi responsável, no ano seguinte, pela publicação do abaixo-assinado "Intelectuais e artistas pela liberdade", que ocupava meia página de jornal. No documentos, os signatários pediam "imediata libertação do editor Ênio Silveira, preso por delito de opinião. Não entramos no mérito das opiniões políticas de Ênio Silveira, mas defendemos seu direito de expressá-las livremente"[12].

Em 1973, uma briga entre os irmãos leva a uma cisão na sociedade. Ernesto, o irmão mais velho, ficou com a marca Ler, mantendo a filial da livraria em São Paulo. Lucien, o mais novo, fica com o andar térreo do prédio no Rio de Janeiro e funda a livraria Galáxia. Jorge passa a ser o único sócio da editora. A separação gerou na editora uma ausência de capital. Sem liquidez, começa a procurar um sócio e encontra Abraão Koogan, fundador da Guanabara Koogan, e Pedro Lorch, quem tocava o negócio. Eles pegam 50% das cotas da Zahar Editores.

As políticas editoriais das casas entraram em atrito. Jorge insiste em levantar projetos financeiramente deficitários, mas que julga importantes do ponto de vista cultural. Os sócios não gostam. Jorge conta,

---
11. *A marca do Z*, p. 161.
12. *A marca do Z*, p. 167.

em depoimento nos anos 1990, que Pedro chegou a lhe dizer: "Você não soube usar meu capital"[13]

Com a redemocratização, em 1985, Jorge decide recomeçar e encontra nos filhos a figura de sócios. Em carta enviada a livreiros e colaboradores, escreve: "Não tendo mais qualquer participação acionária na editora que fundei há 30 anos é com prazer que comunico a continuação do meu trabalho editorial, agora em associação com os meus filhos. Os objetivos da nova empresa são os mesmos que sempre nortearam minha vida profissional: publicar livros de inquestionável valor cultural, boa apresentação gráfica e os preços contidos no limite razoável". Assim nasce a Jorge Zahar Editor, a terceira e derradeira empreitada do editor.

A década seguinte é, no mínimo, emblemática para a indústria editorial brasileira. Morrem, nos anos 1990, os grandes nomes da edição daquele período. José Olympio, Alfredo Machado e Sérgio Lacerda em 1990, Caio Graco Prado, em 1992, e Ênio, em 1996. Jorge encerra o ciclo, em 1998.

Cardíaco, ele passa por duas cirurgias para a troca de válvulas do coração. Na segunda delas, desenvolve uma endocardite bacteriana. A prótese teria que ser novamente trocada em um terceiro procedimento. Depois de dez horas, Jorge não resiste e morre na sala de cirurgia no dia 11 de junho de 1998.

Três meses antes de morrer, Jorge mesmo já sofrendo com a doença, embarca para Paris onde recebe a comenda Chevalier des Artes et dês Lettres, honraria que reconhece o trabalho de pessoas que ajudam a difundir a Cultura francesa no mundo.

A filha Ana Cristina e a neta Mariana estão hoje à frente do negócio construído por Jorge.

---

13. *Editando o editor*, p. 47.

JOSÉ XAVIER CORTEZ

Quando criança, em Currais Novos, no interior do Rio Grande do Norte, José Xavier Cortez sonhava em ser caminhoneiro ou sanfoneiro. Primogênito de uma família de 17 filhos – sete deles morreram ainda recém-nascidos – que vivia da subsistência dada por um pequeno roçado plantado no Sítio Santa Rita, herdado do seu avô.

Muito pequeno, o menino percorria nove quilômetros que separava a sua casa da escola rural mais próxima. Depois de alfabetizado, conseguiu uma vaga no grupo escolar Capitão-Mor Galvão, em Currais Novos. Conta que ali ainda se sentia muito distante dos livros, mas percebia "que os estudos poderiam levá-lo para muito além da rotina dos trabalhos campesinos", como ficou registrado no livro publicado em celebração aos seus 80 anos.

Na adolescência e em razão dos estudos, sai do sítio da família e se muda para a casa de seu tio Alfredo, em Natal. Para dar conta das despesas do dia a dia, vende frutas abrigadas em um balaio sustentado pela cabeça. Dois anos e meio depois, muda-se para Recife, onde ingressa na Escola de Aprendizes Marinheiros de Pernambuco (Eampe). Aos 19 anos, já militar, a bordo de um navio de guerra, parte para o Rio de Janeiro, onde cumpre carreira militar por nove anos.

No início da década de 1960, marinheiros descontentes com seus soldos e com as condições de trabalho, resolvem fundar a Associação de Marinheiros e Fuzileiros Navais do Brasil. Cortez foi um dos primeiros a aderir à entidade. Na congregação, representava o lendário navio de guerra Cruzador Barroso. Construído pela Marinha norte-americana e comprado pelo Brasil em 1951, C-11, como o navio era conhecido, participou da "Guerra da Lagosta" – como ficou conhecido o contencioso ocorrido entre Brasil e França no início dos anos 1960.

No livro em comemoração aos 80 anos do editor, ficou registrado que essa experiência, na Associação de Marinheiros e Fuzileiros Navais do Brasil, foi a primeira luta por justiça social empunhada por Cortez.

Em março de 1964, às vésperas do golpe que deu início à ditadura militar brasileira, Cortez foi preso por sua participação em uma assembleia da entidade na sede do Sindicato dos Metalúrgicos do Rio de Janeiro. O episódio o leva à expulsão da Marinha em dezembro daquele mesmo ano.

O Sertão do Seridó não estava nos planos do ex-militar, mas a perseguição na capital federal o obrigava a mudar do Rio de Janeiro. Foi nesse contexto que resolve se mudar para São Paulo, onde trabalha em um estacionamento como lavador de carros. Com medo de novas perseguições, guarda sua identidade militar a sete chaves.

Nesse mesmo período, resolve voltar a estudar. Matricula-se em um pré-vestibular e consegue uma vaga no curso de Economia da Pontifícia Universidade Católica de São Paulo. Para arcar com as mensalidades, deixa o estacionamento e começa a trabalhar na Ceagesp, central de abastecimento de alimentos da cidade de São Paulo. Apesar de o salário ser um pouco melhor, era ainda insuficiente.

Percebendo que era vizinho de uma editora que publicava muitos dos livros adotados no curso de Economia, tem a ideia de revender esses livros aos seus colegas de universidade. Aos poucos, essa atividade foi ganhando importância na renda e a fama de Cortez se espalhou pelos corredores da PUC. Nessa época, a PUC-SP era um foco de resistência ao governo militar. Conseguia, inclusive, fornecer livros proibidos pela censura a professores e alunos da Universidade.

Na PUC, forja sua trajetória no livro. Em 1968, junta forças com o seu colega de curso Orozimbo José de Moraes e funda, nas dependências da própria universidade, a Cortez & Moraes.

A sociedade é desfeita dez anos depois. A essa altura, Cortez e Potira, com quem tinha se casado, passam a morar em uma casa vizinha da PUC, no bairro de Perdizes. Na garagem de casa, o casal monta a Cortez Livraria e passa a vender livros para alunos e professores da PUC.

Aos finais de semana, era muito comum que o casal enchesse um fusca de livros, para participar de feiras.

Em janeiro de 1980, vê na sua relação com os professores da PUC a chance de publicar um livro. O primeiro a topar a empreitada é Antônio Joaquim Severino. A proposta de Cortez era transformar a sua apostila de Metodologia do Trabalho Científico em livro. Considerado ainda hoje uma obra de referência no assunto, o livro já vendeu mais de um milhão de cópias.

O catálogo da Cortez se consolidou com a publicação de livros nas áreas de Educação e Serviço Social. Pela editora saíram livros de nomes como Paulo Freire, Florestan Fernandes e Maurício Tragtenberg. Em 2004, o editor resolve diversificar seu catálogo e passa a publicar também livros de literatura infantil e juvenil.

O trabalho e a trajetória renderam a Cortez o título de cidadão paulistano, conquistado em 2009, no mesmo ano que foi tema do documentário *O semeador de livros*, de Wagner Bezerra. Em 2016, é considerado também cidadão natalense.

De todas as honrarias, a que deixa "seu" Cortez mais orgulhoso é nomear uma escola estadual localizada na Zona Sul da capital paulista. Mesmo com a idade avançada, pelo menos uma vez por ano, visita a escola para contar a sua história para as crianças.

LUIZ ALVES JR.

Luiz Alves Jr. é um homem das águas. Nasceu na cidade litorânea Santos, filho de portugueses que se jogaram no mar em busca de oportunidades do lado de cá do Atlântico.

Navegar e pescar são alguns dos hobbys que carrega pela vida. Antes de ser editor, foi construtor de barcos e de casas para trabalhadores do Porto de Santos. Foi ainda padeiro – nunca é demais lembrar que pão é feito de água, farinha e fermento.

No fim dos anos 1960, com o endurecimento da ditadura militar, muitos dos seus clientes – estivadores e doqueiros do Porto de Santos – foram presos e o negócio de construção adernou. Muda-se para São Paulo e, na capital paulista, começa a sua trajetória no livro ao lado de Raimundo Rios, um dos fundadores da distribuidora Catavento. No começo, vendia livros da Globo de Porto Alegre.

A experiência lhe deu oportunidade de conhecer boa parte do Brasil. Ele adentrou o país num tempo em que a comunicação era tremendamente difícil. Foi viajando que ele descobriu que o livro é um negócio muito bom, que apesar de muito trabalhoso, pode dar certo.

Foi com Raimundo Rios – que foi seu padrinho de casamento – que Luiz fundou a Farmalivros. Por trás da ideia, estava a missão de vender livros em todo lugar que não fossem as livrarias, repetindo Monteiro Lobato que, na década de 1940, escreveu a varejistas de todo o país oferecendo "uma coisa chamada 'livros'"[1]. A Farmalivros alcançou de farmácias a postos de gasolina; de salão de beleza a táxis.

Já que sabia vender, por que não produzir? Foi em 1973 que fundou a Global, publicando livros considerados "malditos" pela ditadura. O primeiro foi *Submundo da sociedade*, de Adelaide Carraro. Na apresentação do livro, a própria autora alertava: "Se você não tiver mais de 21 anos, não leia este livro. Foi preciso que eu tivesse muito mais de 21 anos para ter coragem de escrevê-lo". O livro tinha sido proibido pela censura e Luiz o publicou, com uma tiragem inicial de vinte mil exemplares que foram distribuídos pela Farmalivros. Depois vieram Cassandra Rios e Plínio Marcos, outros dois que sofreram a pesada mão da censura em seus trabalhos.

Pouco tempo depois, entra para a sociedade o moçambicano José Carlos Venâncio e, com ele, livros de sociologia, mais pendidos à esquerda. Foi nesta época que a Global publicou, por exemplo, Mao Tse-Tung, Rosa de Luxemburgo, Lenin, Stalin e Marx.

Aos poucos, foi transformando a Global na editora da literatura brasileira, abrindo cada vez mais espaço para os autores nacionais. Voltando a falar em água, agora de modo mais metafórico, ao longo de mais de 45 anos como editor, Luiz se sagrou como um grande um pescador de ostras perlíferas. Foi assim que reuniu no seu catálogo pérolas como Cora Coralina, Câmara Cascudo, Cecília Meireles, Manuel Bandeira, Darcy Ribeiro, Gilberto Freyre, Ignácio de Loyola Brandão, Ana Maria Machado, Marina Colasanti, Bartolomeu Campos de Queirós, Marcos Rey e João Carlos Marinho. Não à toa, o editor os chama de "joias da coroa da Global". São autores nacionais cujas obras completas estão depositadas na casa.

Com tantos nomes, Luiz se tornou, além de editor, um especialista em herdeiros. Sabe como poucos conquista-los. Foi assim com

---
1. HALLEWEL, 357.

Cecília Meireles, cuja obra chegou à Global em 2011, em meio a uma longa disputa entre os herdeiros. "Cheguei falando assim: Eu me chamo Luiz Alves, meu pai se chamava Luiz Alves, era português e tal. Não quero vê-los. Se vocês querem brigar, podem brigar, mas quanto vocês querem? 'Pau'. Como querem que eu pague? 'Pau'. Não teve problema nenhum", disse em entrevista ao Estadão[2].

Ele faz questão de dizer que não é saudosista, mas que a relação que construiu com seus autores e herdeiros é uma forma de reviver o passado. "Hoje, o autor mal conhece o seu editor. Eu quero estar muito junto dos meus autores para saber das suas necessidades, saber onde ele quer mais ênfase, onde ele quer mais atenção", diz[3]

As "joias da coroa" estão depositadas em outra joia arquitetônica. A Global ocupa, desde 1995, a casa que pertenceu a Ramos de Azevedo, o arquiteto que construiu São Paulo no auge da cultura cafeeira. Construído em 1891, o imóvel merece destaque pela sua imponência e pelo rigor com que foi restaurado. Entrar na casa é uma viagem no tempo.

E por falar em viagem, os livros da Global passaram a transitar por mares pouco navegados por editores brasileiros. Foi além das fronteiras do Brasil e a Global se fez em países latino-americanos, exportando toda a sua brasilidade aos nossos *hermanos*. É assim que nomes como Marina Colasanti e Ignácio de Loyola Brandão se tornaram conhecidos no México.

Ao longo de quase 50 anos, a Global se tornou um grupo editorial. O selo Global reúne, além das "joias da coroa" outros tantos nomes de autores nacionais como Roger Mello, Sabato Magaldi, Mario Quintana, Sergio Vaz, Mary e Eliardo França, Bartolomeu Campos de Queirós e Ana Maria Machado. O selo Gaudí, voltado ao público infantil, com livros brinquedos e materiais mais lúdicos. O terceiro "G" da Global é

---

2. https://cultura.estadao.com.br/noticias/literatura,global-faz-45-reve-sua-historia-e-mira-o-futuro-ao-lado-de-grandes-autores-brasileiros,70002201921
3. https://www.youtube.com/watch?v=d7N9EQiIoJ8&feature=emb_title

o Gaia, com livros não ficção, incluindo os de autodesenvolvimento e educação ambiental.

Ao completar 40 anos, o grupo ganhou reforço da Nova Aguilar, que reúne, em edições parrudas, obras completas de clássicos, com suas respectivas fortunas críticas. Para tocar este barco, Luiz chamou Jiro Takahashi que passou a ser o editor responsável pela Nova Aguilar, o primeiro "N" da Global.

MASSAO OHNO

Em depoimento para o documentário de Paola Prestes[1], Massao Ohno (1936 – 2010) revela os motivos pelos quais resolveu ser editor: tinha seus escritos, queria publicá-los, mas não encontrava espaço. Apesar disso, nunca se publicou, no entanto deu a outros nomes o espaço que procurava. Formou gerações de poetas, mudou o jeito de se pensar o livro no Brasil e, sobretudo, revelou nomes da poesia brasileira que se sustentam ainda hoje.

Era o mais novo de uma série de novo filhos. Contava que um dos irmãos morreu ainda muito jovem e, na ânsia de recuperar esse filho, a mãe teve uma filha atrás da outra e só parou quando Massao nasceu. "Era a procura do filho perdido dela", disse em depoimento à equipe da Biblioteca Mário de Andrade[2]. Aos sete anos ainda não sabia falar ou escrever em português. Em 1945, quando o Brasil declarou guerra ao Japão, a escola da comunidade japonesa onde estudava foi fechada, o que o obrigou a aprender o português.

Foi criado em uma casa de livros, onde conversas sobre literatura e autores eram comuns entre sua família. O pai era dono de uma biblioteca com mais de dez mil volumes ambientando essa casa de leitores.

---
1. PRESTES, Paola. Masso Ohno: Poesia Presente, 2015.
2. https://www.youtube.com/watch?v=qw25wWzayOk

A contragosto, foi estudar Odontologia na Universidade de São Paulo. Queria Filosofia ou Letras, mas ouvia recorrentemente de seu pai que esses cursos não davam camisa a ninguém. Em paralelo à vida acadêmica, o futuro editor prestava serviços para cursinhos pré-vestibulares de São Paulo, como encarregado de imprimir todo o material gráfico dessas escolas.

Formou-se e chegou a montar dois consultórios: um no centro de São Paulo para atender a clientela japonesa e outro na Vila Prudente, Zona Leste da cidade, para os demais clientes. A carreira de dentista durou três anos. No final da década de 1950, resolve se desfazer dos equipamentos dos consultórios e comprar máquinas gráficas. "Preferi deixar [a Odontologia] e sujar as mãos", contou ainda no depoimento à biblioteca. Essa mudança de carreira o leva a romper com o pai, que o considerava "pouco japonês".

No número 688 da rua Vergueiro, onde hoje existe o Centro Cultural São Paulo, ficava um sobrado. Era ali que Massao mantinha a sua tipografia. No andar de baixo, o maquinário e em cima o escritório que virou ponto de encontro de jovens poetas paulistanos. Era ali também que fazia apostilas para os cursinhos.

Das apostilas aos livros foi um pulo e a editora se firmou como uma casa de autores estreantes. Foi dali que saiu a Geração dos Novíssimos, grupo formado por nomes como Roberto Piva, Claudio Willer, Álvaro Alvares de Faria, Eunice Arruda, Eduardo Alves e Carlos Felipe Moisés. A fabricação de apostilas financiava a editora. Os livros eram feitos a partir de aparas e sobras dos impressos para os cursinhos e não era raro que, para diminuir os custos, ele mesmo cuidasse da impressão.

Apesar da sua vocação de revelar novos talentos, Massao se inscreveu em definitivo na história do livro ao dar espaço para Hilda Hilst, que não era exatamente uma revelação. Já tinha publicado quatro livros quando entregou a sua obra nas mãos de Massao Ohno. *Sete Can-*

tos, de 1962, foi o primeiro título de Hilda publicada por Massao e, a seguir, vieram outros 11 títulos.

Ao escrever o "escandaloso" e "obsceno "*O caderno rosa de Lori Lamby*, Hilda procura Caio Graco, da Brasiliense. Estava cansada da falta de tino comercial de Massao. Queria ser lida por mais gente, se desvencilhar da pecha de hermética. Caio recusa o original. A escritora volta a bater na porta de Massao que publica o livro em 1990 com ilustrações de Millôr Fernandes.

Mais do que um editor, Massao era um aficionado pelas artes plásticas e amigo de muitos artistas da época. Nomes como Manabu Mabe, Cyro del Nero, Arcângelo Ianelli, Kazuo Wakabayashi, Aldemir Martins, João Suzuki, Yutaka Toyota, Wesley Duke Lee, Jaguar e Millôr Fernandes colaboraram com o trabalho do editor.

A repercussão do trabalho de Massao Ohno chega ao Rio de Janeiro e Ênio da Silveira o convida para trabalhar na Civilização Brasileira. Ênio inclusive chega a propor uma fusão entre Massao Ohno e Civilização Brasileira.

O SUMIÇO E O CINEMA

Em 1964, Massao edita *O pássaro e o náufrago*, livro de estreia de Aurora Duarte, dona de uma carreira como atriz de filmes de ação da época.

Com ela, Massao se anima a produzir um filme, intitulado *Riacho de Sangue*. Apesar do fracasso, a dupla continua a investir no novo ramo e passam a distribuir filmes pouco comerciais, entre eles, clássicos japoneses.

Ele chegou a ser um dos coprodutores de *O Bandido da Luz Vermelha*, de Rogério Sganzerla e editou *Cinepoética*, de Julio Bressane.

Massao praticamente abandona a editora nesse período que se dedica ao cinema. Em 1973, retoma a vida literária com *Outros Poemas*, livro de Clovis Beznos ilustrado por Flávio de Carvalho.

Ao longo de cinco décadas, Massao publicou cerca de 800 títulos, se sagrando como um dos principais editores independentes do Brasil. No documentário de Paola, o bibliófilo José Mindlin aponta o editor como um dos principais artistas gráficos do livro no Brasil, pela sua inovação em formatos e uso de papeis. O seu trabalho meticuloso – e muitas vezes artesanal – paradoxalmente modernizou a edição de livros no país.

Assumidamente alcoólatra e tabagista por 50 anos, Massao morre em 2010, aos 74 anos. O editor lutava contra um câncer de pulmão. No citado depoimento à Biblioteca Mário de Andrade, fala que o seu grande legado é ter inspirado outros editores que vieram na sequência.

PAULO ROCCO

Paulo Rocco costuma dizer orgulhoso que Fernando Sabino e Rubem Braga autografaram sua primeira carteira de trabalho. As assinaturas foram feitas em janeiro 1968, quando Rocco foi contratado pela dupla para integrar o time da editora Sabiá da qual Sabino e Braga eram sócios. "Eu tinha feito um concurso público, mas desisti para trabalhar com o livro", relembra o editor que é paulista, mas se mudou para o Rio de Janeiro aos dez anos de idade. "Eu cheguei na entrevista, disse que era um grande leitor da obra dos dois, que tinha lido todos os livros da Sabiá. Eles me responderam: 'mas, Paulo, precisamos de um gerente. Leitores já temos'", conta. Foi contratado.

Fica na Sabiá até que a empresa é vendida a José Olympio. Na JO, permanece por mais dois anos, quando sai para criar, em 75, a sua própria editora. Desde então, o editor não só testemunhou, como protagonizou muitas transformações no mercado editorial brasileiro. Apesar de todos os avanços tecnológicos, Rocco observa que uma mudança foi a mais importante. "A relação mais pessoal foi se perdendo. A gente tinha muito mais disponibilidade na época, a gente se visitava muito. Na época da Sabiá, Drummond, João Cabral de Mello Neto e outros tantos sempre nos visitavam. Esse contato pessoal ficou menos comum hoje. Nessa época, a de grandes editores como Ênio Silveira e José Olympio, havia um contato muito mais estreito entre as pessoas do meio editorial", relembra.

O nome de Paulo Rocco estará sempre associado à palavra "sorte". Não só porque os dois primeiros títulos publicados pela Rocco – *Teje preso*, de Chico Anysio, e *Casos de amor*, de Marisa Raja Gabaglia – alcançaram as listas dos mais vendidos da época publicadas pelo *Jornal do Brasil* e pel'*O Globo*, mas também por ter revelado Paulo Coelho como escritor; por ter fechado contrato com J.K. Rowling para publicar no Brasil a saga do bruxinho Harry Potter, ou por ter assinado contrato com um certo Robert Galbraith, mesmo sem saber que se tratava de J.K. Rowling. "Não tem sorte. Tem intuição. Isso faz parte do nosso trabalho", rebate. "As pessoas falam que eu descobri Paulo Coelho. Nada! Paulo Coelho me descobriu. Me chamam de midas, mas isso não é bem verdade. É resultado de um esforço. Sempre fui uma pessoa esforçada", diz.

Rocco se lembra do primeiro leilão internacional de vulto que participa. Nele arremata *A fogueira das vaidades*, de Tom Wolfe. Nesse mesmo ano, arremata *Uma breve história do tempo*, de Stephen Hawking. Os dois vão parar na lista dos mais vendidos aqui no Brasil. "Lista não é objetivo. É consequência", sentencia. "O mais importante para uma editora é ter um bom catálogo. É o que dá referência, estabilidade e respeitabilidade. E eu me orgulho muito do ter um bom catálogo", conclui no depoimento que deu para este livro.

Por quase uma década, entre 1999 e 2008, Rocco foi presidente do Sindicato Nacional dos Editores de Livros (SNEL). Desse período, uma das maiores conquistas da categoria ocorreu em 2004, quando foi sancionada a Lei Federal que estabeleceu a desoneração fiscal do livro no Brasil, com a suspensão da cobrança de Pis-Confins. O SNEL ainda estava sob a presidência de Rocco quando foi aprovada no Parlamento a Lei 10.753 de 2003 que ficou conhecida como Lei do Livro.

PEDRO PAULO DE SENA MADUREIRA

Desde cedo, o carioca Pedro Paulo de Sena Madureira teve uma mente inquieta. Quando seus pais se separaram, ele foi morar com a avó Alice. O gosto pela leitura era não só estimulado pela avó, como pela inquietação do menino. Conta que o primeiro autor que leu foi José de Alencar. Aos 13, já tinha saldado toda a obra de Machado de Assis e de Joaquim Manoel de Macedo. "Eu tinha um cabedal de leitura enorme e as minhas inquietações eram gigantescas, embora não tivesse angústias. Sempre fui afetivamente amparado", conta[1]. É ainda menino que também aprende a falar inglês, espanhol e francês.

Em 1967, aos 17, mirava a diplomacia. Optou pelo Direito, mas não passou do terceiro mês na Faculdade Nacional de Direito, no Rio de Janeiro. Diz que não teve paciência e nem interesse pelo curso. Foi mais ou menos nessa época que, saindo do cinema, encontrou o poeta Leonardo Fróes, que desembarcava de volta da Europa com a missão de tocar aqui a editora espanhola Bruguera, especializada na publicação de livros populares, histórias em quadrinhos e álbuns de figurinha, quase sempre vendidos em bancas de jornais. Era a casa do Asterix no Brasil. Pedro Paulo começa ali, a convite de Fróes, como revisor.

---

1. https://alias.estadao.com.br/noticias/geral,a-ascensao-e-queda-de-um-editor-visceral,70002183533

Aos 20 anos, tem um encontro literário com o *Evangelho de São João*, numa edição francesa da Bíblia traduzida pelos dominicanos. "Aquilo me deixou completamente transtornado", disse em entrevista à Folha[2]. Pediu as contas e se entregou ao claustro. Primeiro com os dominicanos, no Rio, e depois, mais tarde, juntou-se aos beneditinos, na Bahia. Em Salvador, conhece Dom Timóteo Amoroso, abade do Mosteiro de São Bento que defendia perseguidos da ditadura e pregava a liberdade religiosa, sendo amigo de sacerdotisas do candomblé como Mãe Menininha do Gantois e Mãe Olga de Alaketu. Pedro Paulo traduzia os relatos do religioso sobre as torturas promovidas pelo governo brasileiro que eram divulgados entre ativistas dos Direitos Humanos de outros países.

Foi nesse período que Pedro Paulo se aproxima de outro religioso, o frade dominicano Bruno Palma. Filho de um imigrante português radicado em São Paulo, Bruno é ordenado em 1957 por Dom Helder Câmara. No ano seguinte, começa a se dedicar à tradução da a obra do poeta e diplomata franco-antilhano Saint-John Perse. É Bruno quem apresenta Pedro Paulo a Antonio Houaiss que preparava a versão brasileira da *Enciclopédia Mirador Internacional*. Em 1971, Pedro Paulo, então, segue para a equipe de Houaiss, trabalhando com a revisão final dos verbetes. De certa forma, Pedro Paulo poderia retribuir a gentileza do monge dominicano anos mais tarde, quando já era *publisher* da Nova Fronteira e publica a tradução de Bruno Palma do livro *Anábase*, de Perse. O livro rendeu a Palma o Prêmio Jabuti em 1980.

Do trabalho com Houaiss, Pedro Paulo segue para a Imago, editora de Jayme Salmão, que publicava, por exemplo, obras de Freud no Brasil. É na Imago que Pedro Paulo revela Adélia Prado – apresentada ao editor por Carlos Drummond de Andrade –, que publica por ali seu primeiro livro, *Bagagem*, em 1976. É nessa época que ele se aproxima

---

2. https://www1.folha.uol.com.br/fsp/ilustrissima/il1007201106.htm

também de Clarice Lispector, de quem era vizinho no bairro do Leme, no Rio de Janeiro. Ele conta que a escritora telefonava para ele pedindo trabalho de tradução. Foi assim que a Imago publica, por exemplo, *A rendeira*, do francês Pascal Lainé, traduzido por Clarice. Foi na Imago que Pedro Paulo publica seu primeiro livro, *Devastação*, de 1976.

Depois da Imago, Pedro Paulo segue para a Nova Fronteira, de Carlos Lacerda. Ali faz história e se torna um marco na história da edição no Brasil. Publica – e leva muitos deles às listas dos mais vendidos – nomes como Marguerite Yourcenar, T.S. Elliot, Virgínia Woolf, Ezra Pound e Thomas Mann.

Da Nova Fronteira, segue para um brevíssimo período na Salamandra, na época nas mãos de Ary de Carvalho. Ali publica *E por falar em amor*, de Marina Colasanti. Segue para a Guanabara, onde publica, em 1986, com sucesso estrondoso, o best-seller *Só é gordo quem quer*, do médico João Uchoa Jr.

Em 1989, Pedro Paulo deixa o Rio de Janeiro e muda-se para São Paulo, a convite de Fernando Morais, na época, secretário de Cultura do governo de Orestes Quércia. Em São Paulo, passou a cuidar das publicações feitas pelo governo paulista. E foi em São Paulo também que Pedro Paulo vive um novo apogeu, desta vez, na Siciliano, rede de livrarias que passou a também publicar livros. Fica por dez anos na empresa, que anos mais tarde foi vendida à Saraiva. É neste período que publica livros como *A festa do bode*, de Mario Vargas Llosa, e *Hilda Furacão*, de Roberto Drummond.

"Fizemos muita coisa na Editora Nova Fronteira, e o que ficou faltando, nós fizemos na Siciliano. Em todas as editoras por onde passei, os donos ficaram muito bem, digo com orgulho. Ou elas valem uma fortuna ou foram vendidas com grandes lucros para os proprietários", orgulha-se[3].

---

3. http://nocalordasideias.com.br/nocalordasideias.pdf, p. 386.

Em 1993, ainda na Siciliano (ele só deixa a empresa em 2000), ele passa a trabalhar também para a BrazilConnects, empresa do banqueiro, colecionador e mecenas Edemar Cid Ferreira, que levantou, por exemplo, a exposição Brasil 500 anos, no ano 2000. O editor assume a vice-presidência da Bienal de Artes de São Paulo, tendo o banqueiro como presidente.

Depois que deixa a Siciliano, resolve fundar a sua própria editora, A Girafa, que nasce em 2003, com o lema "cabeça nas nuvens e os pés no chão". A editora nascia em sociedade com os empresários Antonio Veronezi (Universidade de Guarulhos e Shopping Internacional de Guarulhos, entre outros) e Roberto Vidal (proprietário da gráfica ArtPrinter). Nesta ocasião, Pedro Paulo convida Fernando Nuno para cuidar da edição dos livros.

O sonho d'A Girafa foi interrompido por um escândalo. É que o nome de Pedro Paulo foi envolvido num caso milionário de lavagem de dinheiro cujo protagonista era o banqueiro e amigo Edemar Cid Ferreira. Pedro Paulo aparecia nos registros da Junta Comercial de São Paulo como presidente da Sanvest e procurador da Quality, empresas que mantinham negócios com o Banco Santos, de Edemar.

"Num determinado momento, eu passei a assinar papeis do Banco Santos, a pedido do Edemar. Eram debêntures, e eu sequer sabia para que serviam", alegou em depoimento publicado no livro *No calor das ideias*, realizado pela revista Insight Inteligência[4]. "A primeira vez que um delegado me perguntou sobre os títulos [os debêntures que ele assinava], eu respondi que não tinha a ideia do que se tratava, não podia dar nem a definição lexicológica", assegurou[5].

De acordo com a apuração da Folha da época[6], a Sanvest, no papel presidida por Pedro Paulo, emitiu R$ 246 milhões em debêntures,

---

4. http://nocalordasideias.com.br/nocalordasideias.pdf, p. 386.
5. Idem.
6. https://www1.folha.uol.com.br/fsp/dinheiro/fi2001200513.htm

títulos da dívida de uma empresa que pode ser resgatado depois de algum prazo.

A coluna da Mônica Bergamo do dia 27 de janeiro de 2005 noticiava a saída de Pedro Paulo d'A Girafa: "Os sócios da empresa pediram que ele entrasse de 'férias' para não vincular o nome da empresa aos problemas do Banco Santos, de Edemar Cid Ferreira"[7].

A situação levou Pedro Paulo a uma situação extrema, em 2005, quando tenta se matar pela primeira vez. A segunda vez veio em 2010. Depois do escândalo, Pedro Paulo entra no ostracismo. "Desde 2005, ninguém me convida para nada", desabafou[8]. Em 2011, resolveu doar o seu acervo – agendas, diários, cartas, cópias de contratos e livros autografados – para a Fundação Bienal de São Paulo[9].

---

7. https://www1.folha.uol.com.br/fsp/ilustrad/fq2701200508.htm
8. http://nocalordasideias.com.br/nocalordasideias.pdf, p. 388.
9. https://www1.folha.uol.com.br/fsp/ilustrad/fq1902201118.htm

ROSE MARIE MURARO

Em 11 de novembro de 1930, mesmo dia em que Getúlio Vargas invade o Rio de Janeiro e tira Washington Luis do poder, nasce Rose Marie Muraro (1930 – 2014). Apesar da família rica, de indústrias têxteis vinda do Líbano, garantir conforto e uma boa educação formal, uma certa inquietação fez de Muraro uma personalidade ricamente polêmica. Um problema importante de visão – ela enxergava com apenas 5% da sua capacidade visual – nunca foi impedimento para que ela aprendesse a ler e a escrever.

Aos quinze anos, quando seu pai morre, resolve dar outro sentido a sua existência, como relata no seu livro de memórias: "Rejeitei a vida antiga. Meu tio chegou a me convidar para trabalhar com ele, mas decidi estudar física. A essa altura já estava muito envolvida com a vida intelectual. Com a vida militante da Ação Católica. Era o caminho novo que se apresentava naturalmente em substituição àquele que eu estava deixando para trás". Foi nessa mesma época que ela conhece o então padre Helder Câmara, quem passa a acompanhar nas atividades da Ação Católica.

Em 1965, por indicação de Ernest Fromm, da Agir, começa a trabalhar como editora na Forense. Quando o amigo indicou essa possibilidade, ela se lembrou de uma viagem que fez a Paris em 1950. Por indicação de uma professora esteve nos lançamentos de dois livros marcantes pra a sua vida: *O segundo sexo*, de Simone de Beauvoir, e *La Cybernetique*, de Norbert Wiener. "Naquela hora [quando Fromm a indica], aquilo me veio à lembrança. Os dois livros tinham incendiado o mundo. Eu estava tendo um lampejo do que era ser editora. Eu também queria incendiar o mundo", disse em *Memórias de uma mulher impossível*. Ela volta a falar sobre isso no documentário de mesmo nome, de Marcia Derraik: "Já nos anos 60, eu dizia: 'eu também quero pôr fogo no mundo', então, eu fui pôr fogo no mundo. Fui ser editora. Eu vi que eram os livros que punham fogo no mundo".

Sai da Forense em 1967, quando se associa a Luís Maranhão e Heloneida Studart e forma a sua primeira editora, a Editora, que publicou as encíclica de João XXIII. Nessa época, contava com o apoio do amigo Ênio Silveira, da Civilização Brasiliense, que cuidava da distribuição dos livros. A editora dura pouco, até Maranhão ser torturado até a morte pela ditadura militar.

Já em 1969, a convite do frei Ludovico Gomes de Castro, passa a integrar a equipe da Editora Vozes. Lá passa a trabalhar ao lado de Leonardo Boff, outro que mais tarde, nos anos 1970, se torna o mais importante teórico da Teologia da Libertação, da qual Rose também foi uma defensora. Rose leva para a Vozes os escritos da Igreja Progressista. "Aquilo vendia, vendia, vendia...", disse em entrevista a Afonso Borges em uma edição do Sempre um Papo de 2007.

A vocação católica da empresa não a impede de se posicionar de forma crítica ao regime ditatorial vivido no Brasil da época. A Conferência Nacional dos Bispos do Brasil (CNBB) dava uma certa proteção à Vozes, garantindo a ausência de censores na sua estrutura. Rose Marie costumava dizer que tinha as costas quentes.

Um dos livros que lança no período da Vozes é *Mística feminina*, da pensadora feminista Betty Friedman, cuja obra tinha sido apresentada à editora pela madre Cristina, uma freira de São Paulo. Sobre o livro, Rose Marie comenta no documentário de Marcia Derraik: "Eu me encontrei retratada ali". A editora traz a escritora ao Brasil para o lançamento do livro em 1971, causando enorme polêmica.

Se a ditadura poupa, de certa forma, Rose Marie e Leonardo Boff, o Vaticano não suportou a repercussão da Teologia da Libertação e determina, em 1986, a demissão não só da dupla, mas também do frei Ludovico.

Foi nessa ocasião que a editora resolve fundar a Espaço e Tempo, que tem uma vida curta. Em 1990, ela se associa a Alfredo Machado, da Record, à jornalista Laura Civita, à atriz Ruth Escobar e à professora Neusa Aguiar e funda a Rosas dos Tempos, a primeira editora brasileira especializada em publicar livros que tratassem das questões feministas.

O primeiro livro é *Uma voz diferente*, de Carol Gilligan. Na sequência, a Rosa dos Tempos publica o livro que Rose considerava o mais importante de sua trajetória como editora: *Martelo das feiticeiras*, tradução para o português de *Malleus Maleficarum*, um manual medieval de caça às bruxas lançado originalmente em 1846.

Quatro anos depois da fundação da Rosa dos Tempos, em 1994, Alfredo resolve comprar a parte das sócias e transformar a editora em um selo da Editora Record, o primeiro de muitos que viriam depois. Rose Marie, que ao longo da sua carreira como editora publicou 1.600 títulos, continua como diretora editorial da casa até 2005, quando o selo é deixado de lado pelo já Grupo Editorial Record.

No seu livro de memórias, publicado pela Rosa dos Tempos, em 1999, ela resume: "Na minha vida inteira tive uma única profissão: a de editora. E sou muito feliz e estável nela, é uma profissão que fuça tudo. O que posso fazer se tenho uma cabeça irrequieta?"

Em 2009, ela funda o Instituto Cultural Rose Marie Muraro onde a editora trabalha até perto de sua morte em 2014. Ela combateu um câncer na medula óssea – "a doença do mundo", como ela própria definiu – por cerca de dez anos até a sua morte aos 83 anos. Ao *Globo*, Leonardo Boff disse na época: "Ela introduziu a questão de classe social no estudo de gênero, foi a primeira mulher a estudar de forma sistemática a sexualidade da mulher brasileira, a partir da situação ou classe social. A Rose elevou a questão do gênero a um novo patamar, pois não considerava o masculino e o feminino como realidades que se contrapõem, mas como instâncias onde cada um é completo em si mas voltado para o outro, numa relação de reciprocidade e construção". A então presidente Dilma Rousseff, também lamentou a morte de Rose dizendo que ela foi um "ícone da luta pelos direitos das mulheres".

Em 2018, 12 anos desde a suspensão das atividades da Rosa dos Tempos, o Grupo Editorial Record resolve relançar o selo. Na época, Rafaella Machado, neta de Alfredo, disse ao jornal *O Globo*: "Havia esta ideia, falsa, de que as mulheres já tinham alcançado a liberdade. A gente pode votar, trabalhar... É como se já estivéssemos colhendo os frutos da luta dos anos 1970 e 80, o que é uma mentira". O livro de reestreia do selo é *Feminismo em comum – Para falar do feminismo com todas, todxs e todos*, de Marcia Tiburi.

OS DA REDEMOCRATIZAÇÃO

ANNA RENNHACK

Ao longo de quase cinco décadas de carreira, a editora Anna Rennhack apurou o seu faro para um tipo muito específico de publicações: obras que têm forte apelo para adoção por escolas sejam elas públicas ou privadas. Pedagoga por formação e educadora por vocação, Anna diz que muito do seu "narizinho de cheirar bom livro" tem a ver com a sua experiência em sala de aula.

Tudo começou em 1972, ainda na Universidade Estadual do Rio de Janeiro, onde foi aluna do professor – e hoje imortal pela Academia Brasileira de Letras – Arnaldo Niskier. Ele mesmo conta a história no livro *Memórias de um sobrevivente – A verdade história da ascensão e queda da Manchete* (Nova Fronteira)[1]:

> Dispondo de um parque gráfico considerado como um dos três melhores do Brasil, era natural que as Empresas Bloch pensassem no mercado de livros didáticos. E, como a partir de 1968, com a criação da Comissão do Livro Técnico e do Livro Didático (Colted), o governo tinha investido milhões de dólares nesse processo, estimulando editoras a lançarem suas obras, para compras monumentais, destinadas a alunos carentes, a ideia empolgara Jaquito [Bloch, sobrinho mais novo de Adolpho Bloch, presidente

---
1. NISKIER, Arnaldo. *Memórias de um sobrevivente – A verdade história da ascensão e queda da Manchete*. Nova Fronteira, posição 5332 da versão digital.

do Grupo Manchete], que me convidou para um lanche na casa dele e me falou da criação da Bloch Educação. Assim, eu juntaria meu pendor para a educação com a vocação para a comunicação, binômio que sempre marcou a minha vida. Montei uma equipe valorosa para produzir os primeiros livros, convocando o coronel Tito Avilez, professor do Colégio Militar, e contando com a colaboração das professoras Anna Maria de Oliveira (hoje, Rennhack), Marlene Blois, Solange Leobbons e Lia Silva Mendes.

No início da Bloch Educação, o foco estava nos livros didáticos, em especial os voltados para Matemática e Ciências. "Precisava ter uma linguagem mais enxuta, precisava saber o que ia entrar em cada página. Foi uma escola muito forte", lembra Anna.

O primeiro livro de literatura que Anna edita é *Bufunfa*, de Daniel Azulay, que publicava as aventuras da Turma do Lambe Lambe pelo Grupo Manchete. "Foi um sucesso!", lembra Anna. "Teve uma boa vendagem em oito edições", completa.

Deixa a Manchete em 1980, quando volta para a UERJ, desta vez para concluir o mestrado em tecnologia aplicada à Educação. Ainda na universidade, foi professora do curso de Pedagogia e exerceu atividades como pesquisadora. "Mais uma vez, pude lidar com quem estava dando aulas, com quem estava na ponta. Esse tempo de academia me fez crescer mais um pouco", diz.

Em 1996, retorna à Bloch como diretora editorial. "Aí eu era a dona do pedaço", conta orgulhosa. Uma das primeiras ações que realiza no novo cargo foi um concurso literário que daria como prêmio uma ida à Feira do Livro Infantil e Juvenil de Bolonha. O ganhador foi *O menino do Rio Doce*, escrito por Ziraldo e ilustrado pelos irmãos Dumont, tradicionais bordadeiros da cidade mineira de Pirapora.

No ano seguinte, Anna segue com as Dumont para a Itália. "Existe uma Anna antes desta ida à Feira de Bolonha e outra depois", assume.

Volta com outra visão do livro infantil e juvenil e é nesse retorno que pensa a coleção *Biblioteca Básica Bloch*. Anna permanece no Grupo Manchete até o fim da Bloch Educação, em 1999.

Em 2002, ela é convidada por Sergio Machado para integrar o time da Record. Naquele ano, o sucessor de Alfredo Machado tinha comprado as editoras BestSeller e Verus e já tinha formado um dos maiores conglomerados editoriais da América Latina, reunindo sob o seu guarda-chuva selos históricos como José Olympio, Civilização Brasileira, Bertrand e Rosa dos Tempos.

Já na Record, Anna tem um reencontro casual com a infância. Ela nasceu no Rio de Janeiro, numa família sem muitos recursos. O pai, português, trabalhava numa mercearia. A mãe, fluminense de Bom Jardim, foi empregada doméstica. Em ocasiões especiais – Natal ou aniversário – era comum que Anna e seus dois irmãos ganhassem um brinquedo ou uma roupa que vinham sempre acompanhados de um livro. "Papai sempre se preocupou que o livro fizesse parte das nossas vidas", lembra.

Outra prioridade em casa era a educação e Anna estudou nas melhores escolas – todas públicas. Por exemplo, fez o jardim de infância na Escola Municipal Henrique Dodsworth, em Ipanema. Um dia, revirando o baú de memórias, descobriu que, por uma mera casualidade do destino, tinha estudado, nessa época, com Sergio Machado.

Na Record, Anna assume o cargo de gerente de relações institucionais. Sergio queria que ela colocasse o seu nariz de farejar bons livros para trabalhar a favor da sua empresa. A ideia era conseguir ampliar as vendas de livros da Record para programas governamentais.

O primeiro grande trunfo foi a coleção *Biblioteca em Minha Casa*, comprada pelo Fundo Nacional de Desenvolvimento da Educação. A partir daí, Anna passou a dar pitacos também nas aquisições de novos títulos e autores da literatura infantil e juvenil dentro do Grupo Editorial Record. Foi assim que a editora publicou *Fio da palavra*, o último livro inédito deixado por Bartolomeu Campos de Queirós (1944-2012). Foi também pelas mãos de Anna que autores como Luiz Raul Machado e Anna Cláudia Ramos e ilustradores como Salmo Dansa e Walter Lara foram parar na Record.

Outros livros que marcaram a história de Anna na Record foram *As 17 cores do branco*, de Luiz Raul Machado, que integrou o Programa Nacional Biblioteca na Escola no ano de 2013, e *Mais classificados, mas nem tanto*, de Marina Colasanti.

Ana fica 13 anos na Record, sai em 2015 e logo é convidada por Suzana Sanson, para servir como consultora editorial da Brinque-Book. Lá indica, por exemplo, *Quem matou o Saci*, novela policial criada por Alexandre de Castro Gomes e ilustrada por Cris Alhadeff e publicada pelo selo Escarlate, da Brinque-Book. Tem a sua impressão digital em livros como *Era uma vez 20*, de Luciana Sandroni e ilustrado por Guilherme Karsten e Natalia Calamari e a tradução do clássico juvenil *Poliana*, feita por Marisa Lajolo.

Desde o início de sua carreira, Anna teve participações na Fundação Nacional do Livro Infantil e Juvenil (FNLIJ), onde atua hoje como membro do conselho curador. Participou também de júris de prêmios importantes como o da Fundação Biblioteca Nacional e Rio de Literatura. Desde 1999, ela colabora com o *Jornal de Letras*, publicação do Instituto Antares. Além disso, dedicou-se à escrita e participou de obras como *Temas polêmicos na literatura*, organizado por Nilma Lacerda e publicado pela Olho de Vidro, para o qual escreveu o artigo *Compromissos de uma editora no século XXI: que parâmetros norteiam a decisão de publicar ou não um livro?*.

FERNANDO NUNO

Entre os anos 1970 e 1990, existiu no Brasil um grande fenômeno editorial: o Círculo do Livro, um modelo de clube de assinatura do grupo alemão Bertelsmann que já havia sido testado em diversos países e que aportava no Brasil graças a uma parceria entre a empresa alemã e a brasileira Abril.

Desde o começo, o editor Fernando Nuno esteve envolvido com o andamento do Círculo do Livro no Brasil. Pouco antes, em 1970, ele tinha entrado para a Editora Abril. Passou pelas redações da *Veja*, como revisor, e da revista *Quatro Rodas*, onde foi secretário da redação, mesmo sem saber dirigir um carro.

Estava na Abril quando a empresa começou a editar a *Imortais da Literatura Universal*, coleção com livros de "couro e ouro" vendidos em bancas de jornais. Ali conheceu Maria de Fátima Mendonça Couto. "Ela que me ensinou tudo", diz. Ela estava indo de férias para a Rússia e precisava de alguém para realizar a edição de *Anna Kariênina*, de Liev Tolstói. Para este primeiro trabalho no universo dos livros, contou com a orientação do professor Boris Schnaiderman, que recebeu o editor em sua biblioteca. "Nas vezes em que o visitei, era magia ver o professor Boris subir aquelas escadas, que na memória parecem ainda mais altas do que eram (uma boa imagem para descrever a lembrança do mestre), e descer com os preciosos livros russos nas mãos".

A partir daí, passou a realizar, em dupla com Maria de Fátima, a edição de outros clássicos da coleção.

O Círculo chegou pouco depois, em 1972, fundado por José María Esteve, que nos anos anteriores tinha criado também os extremamente bem-sucedidos Círculos de Espanha e Portugal. Além de parte do capital, a Abril entrou com o pessoal e a Bertelsmann com o *knowhow*. Fernando aprendia ali os caminhos do clube de assinaturas. "No começo, eu era um faz-tudo. Tirei xerox, controlei estoques, fazia preparação de texto, entrevistei e fotografei escritores para a revista-catálogo do Círculo, traduzia e editava", lembra. A convite de João Noro, diretor editorial do Círculo, assume o cargo de editor, tendo a mentora Maria de Fátima como chefe de revisão.

Já no primeiro mês embarcou para Barcelona – foi o primeiro de seus vários estágios nos clubes da Bertelsmann. Nessa viagem, aproveitou para realizar, ao lado de Silvana Salerno, com quem é casado, uma longa entrevista com Eduardo Galeano. A entrevista foi publicada pela *Folha de S.Paulo* às vésperas do lançamento de *As veias abertas da América Latina* no Brasil.

No início, o Círculo enfrentou dificuldade com alguns editores que não aceitavam ceder direitos de edição, fosse por motivo econômico, fosse por motivo ideológico, já que não queriam ter negócio com multinacional. Fernando atribui parte de seu êxito ao fato de ter conseguido aparar as arestas com todos esses editores. "Um caso, para mim, foi muito especial: o de Caio Graco Prado, da Brasiliense. Mesmo sem conhecê-lo, escrevi uma carta me declarando admirador da sua linha editorial. Ele me respondeu com muita gentileza e me convidando para almoçar. A partir daí construímos uma bela amizade, que durou até nosso último almoço, no mesmo mês em que ele morreu em um acidente", relata. "Os fundadores do Círculo ficaram impressionados com as viravoltas que provoquei nos relacionamentos. Além de tudo, a amizade com Caio me possibilitou estabelecer parceria e aprender com a galeria de editores sensacionais que ele formou na Brasiliense: Caio Fernando Abreu, Caio Túlio Costa, Luiz Schwarcz (para mim, o mais completo editor brasileiro) e Paulo César de Souza", completa.

"O ecletismo do Círculo me representa", conta Nuno. Ali foi editor de todas as áreas: de clássicos antigos e modernos a livros de jardinagem, de poesia e teatro a obras acadêmicas, dos infantis aos best-sellers e às obras de culinária. Por trás, uma equipe de pareceristas nas várias áreas dava apoio as suas decisões. Essa equipe tinha nomes como o médico Jacyr Pasternak e a pedagoga e arte-educadora Fanny Abramovich. "Também tive a sorte de receber carta branca dos cultos dirigentes principais da empresa, Raymond Cohen e Renê Santos", acrescenta. O concurso de literatura escrita por crianças e jovens coordenado pelo editor tinha um corpo de jurados composto por nomes como Ruth Rocha, além da própria Fanny, sob a presidência de Millôr Fernandes. Aqui, Fernando abre um parêntesis: "Uma curiosidade: uma vencedora do concurso foi a jovem Lygia da Veiga Pereira, neta de José Olympio".

No seu trabalho, o editor deu sempre destaque à literatura brasileira. Além de difundir a obra de autores novos na época, buscava resgatar autores de alta qualidade que andavam esquecidos e fora do mercado, como Lúcio Cardoso e sua *Crônica da casa assassinada*. Um caso especial foi o de Marcos Rey, na época conhecido pelos seus livros juvenis, mas esquecido pela sua produção adulta: editou dele *Memórias de um Gigolô*. Rey apresentou Mario Donato, seu irmão, a Nuno, que decide publicar o seu *Presença de Anita*, obra da qual também poucos se lembravam. O resultado foi que as obras desses autores voltaram a ser best-sellers e até se tornaram séries de grande sucesso na tevê.

Além dessa predileção por lançar autores brasileiros, Nuno também buscou dar voz a escritores de alguma forma perseguidos. Assim, no mesmo dia em que o Vaticano impôs voto de "silêncio obsequioso" a Leonardo Boff, Fernando contratou um de seus livros mais importantes para publicá-lo no Círculo. A obra foi adquirida por 25 mil leitores. Quando o escritor José Donoso foi preso no Chile, o Círculo contratou e publicou imediatamente sua obra. Também Ignácio de Loyola Brandão, que teve proibido seu livro *Zero* pela censura, foi objeto de atenção especial, visto que Fernando relançou então muitas de suas obras.

O Círculo ficou conhecido por fazer novas edições de obras já lançadas no mercado, com novas tradução, preparação de texto, diagramação e revisão. Mas teve projetos originais também. Um desses casos foi *Manifesto verde*, de Loyola. "Como ele tinha voltado da Alemanha encantado com o Movimento Verde, tive a ideia de lhe propor esse grande manifesto. Essa foi uma das exclusividades do Círculo inventadas por mim", diz.

Ao longo de 17 anos Fernando Nuno fez a curadoria – embora esse termo não fosse usado naquela época – de quase três mil obras no Círculo do Livro, não apenas programando o lançamento de cada uma delas, como também conduzindo o processo de contratação e a coordenação editorial. Para isso, contou com uma equipe de editores assistentes, entre eles Ibraíma Dafonte Tavares, Rita Siqueira, Ana Célia Mendonça Goda e Fernando Santos. Papel essencial no processo teve a equipe de mais de dois mil representantes e vendedores do Círculo do Livro, que, indo à casa dos assinantes, às vezes eram tratados como membros das famílias e com frequência são lembrados como grandes responsáveis pelo aumento no número de leitores no Brasil na época.

Nesse período, ele teve também a chance de conhecer e fazer parcerias com grandes nomes da edição do Brasil, como Caio Graco Prado (Brasiliense), Sérgio Lacerda e Pedro Paulo Sena Madureira (Nova Fronteira), Alfredo Machado (Record), Jorge Zahar, Alfredo Weiszflog (Melhoramentos), Fernando Gasparian (Paz e Terra) e Diaulas Riedel (Cultrix). Algumas obras editadas pelo clube foram, muitas vezes, lançadas nas livrarias por algumas dessas editoras. Apenas a capa (e às vezes nem isso) era diferente. *Poema sujo*, de Ferreira Gullar, e a *Crônica da casa assassinada* são exemplos desse tipo de edição.

A força financeira do Círculo também possibilitava que Fernando conduzisse edições que não seriam comercialmente viáveis para uma editora tradicional. Entre os vários exemplos desse caso, estão a *História da arte* e a *História da ciência da Universidade de Cambridge*, obras em vários volumes cuja produção brasileira foi realizada no Círculo para lançamento em coedição com a Zahar.

Nos seus primeiros anos de vida, a Companhia das Letras também lançou mão dessa estratégia. *O som e o sentido*, de José Miguel Wisnik; a coleção *A vida cotidiana* e a versão Penguin de *Declínio e queda do Império Romano*, de Edward Gibbon, são alguns de exemplos dessa parceria.

O FIM DO CÍRCULO E A REINVENÇÃO DO EDITOR

O Brasil viveu por quase quinze anos um período de inflação descontrolada e galopante. De acordo com a Fundação Instituto de Pesquisas Econômicas (Fipe), a inflação média no Brasil entre os anos 1980 e 1990 foi de 235% ao ano. Esse fenômeno econômico ajudou a enterrar o Círculo. Os assinantes do clube recebiam o catálogo dois meses antes de o livro ser entregue. O preço que aparecia ali era caro para os padrões econômicos brasileiros da época, o que desestimulava a compra. Dois meses depois, o preço "caro" pago pelo consumidor não era suficiente nem para cobrir os gastos de produção do livro.

O modelo que chegou a reunir mais de 800 mil assinantes tornava-se inviável. Em vez de contratar os direitos para fazer suas próprias edições, o Círculo do Livro passou a comprar das editoras cedentes os filmes da edição de livraria. De uma hora para outra, Nuno teve de demitir 30 funcionários das áreas de produção editorial.

Em 1992, o editor resolve deixar o Círculo. Diante da insistência para que ele ficasse, passaram-se dois anos entre a decisão e a ação. "O então presidente do Círculo, Charles Krell, repetia que eu era o cérebro do Círculo, o que eu contestava dizendo que me sentia o coração", conta ele. Nuno deixa a empresa em 1994 e o fim do Círculo como um clube de assinaturas é decretado em 1996.

Os amigos no mercado se surpreenderam ao saber que ele não pretendia abrir editora própria. Queria ter tempo para escrever e se dedicar às tarefas editoriais que não demandassem tanto no que diz respeito às funções administrativas. De saída do Círculo, cria com Silvana Salerno o Estúdio Sabiá, que ainda hoje presta serviços editoriais para outras casas. Embora tendo resistido às propostas para dirigir grupos editoriais, abriu uma exceção em 2003 ao aceitar ser o primeiro diretor editorial d'A Girafa, editora criada por Pedro Paulo Sena Madureira. Mas foi uma experiência efêmera.

Nesse mesmo ano, traduz peças de William Shakespeare para a Objetiva. Nessas versões, ele renova a linguagem dos textos em português. A coleção ganha ampla cobertura da imprensa, além de diversas encenações e adoções escolares. Isso o motivou a voltar para o Estúdio Sabiá. Ao mesmo tempo, suas adaptações de clássicos para jovens recebiam reconhecimento e, com as adoções nos programas de governo, atingiram mais de um milhão de exemplares vendidos.

Em 2009, é convidado a assumir a direção de redação do conteúdo da versão brasileira da *Encyclopedia Britannica* online. A princípio, era para ser dois mil artigos – entre os redigidos originalmente em português e outros traduzidos e adaptados com informações brasileiras –, mas Fernando apresenta uma lista de 2.600 e ainda seções que não existem na enciclopédia de outros países. Os trava-línguas, os contos populares e as parlendas são algumas dessas novidades. Reúne uma equipe de 50 colaboradores, entre jornalistas, professores universitários, redatores, tradutores e ilustradores. "Foi doidice pura! Era todo dia das nove da manhã às duas da madrugada, sem tirar fim de semana, durante meses", lembra. "Meus filhos Diego e Bruno, que também são editores, fizeram várias vezes o fechamento por mim. Num amanhecer fui até parar no hospital, de exaustão, e voltei à mesa de trabalho no fim do dia como se nada tivesse acontecido."

Em 2014, o Estúdio Sabiá alcança o ápice. Chegou a ter 72 livros diferentes sendo produzidos para dez editoras. "Sem ser editora, estávamos com uma quantidade maior de lançamentos em produção que qualquer editora", diz Fernando. "A Nana [Silvana] e eu estávamos ficando doidos, mais ainda do que éramos normalmente...", brinca. "Muitas dessas edições eram empolgantes, como a montagem, na Biblioteca Nacional, de *Literatura em quadrinhos no Brasil* para a Nova Fronteira, com a direção de arte do João Baptista da Costa Aguiar, ou buscar em Porto Alegre, na casa da irmã de Caio Fernando Abreu, material para compor as edições dele que estávamos remodelando e coordenando para a Editora Agir. Mas a grande maioria das edições eram produtos 'de linha', e foi preciso botar o pé no freio", conta. Hoje, o estúdio faz apenas trabalhos eventuais, e Fernando e Silvana dedicam mais tempo a escrever os próprios livros.

A partir de 2014, uma nova onda de clube de assinaturas volta a banhar o mercado editorial brasileiro. Primeiramente com a TAG e posteriormente com o Leiturinha, essa nova geração confessadamente inspirada no Círculo do Livro se aproximou de Fernando Nuno. "Sempre falo com eles. Acho sensacional o que esses clubes todos estão fazendo, eles, o Bux, o Quindim, o Tag, a Taba e outros que vieram e vêm por aí... (A propósito: meu último livro foi o primeiro da linha de edições próprias de um clube: é *O mistério do rino sério*, da Leiturinha.) Isso tem ajudado a revitalizar o mercado da mesma forma que o Círculo fez no passado", diz orgulhoso da sua trajetória. "Às vezes sonho que estou no Círculo. Às vezes o lugar é outro, as pessoas são outras, mas eu apareço sempre preocupado em escolher e editar os melhores livros de cada área. Quando acordo, me sinto feliz. Afinal, eu vivi mesmo num sonho", conclui.

JOSÉ CASTILHO MARQUES NETO

José Castilho Marques Neto nasceu em São Paulo, mas foi em Ibitinga, no interior paulista que cresceu. Em casa, sempre teve o que ler. O pai e o avô liam jornais. A mãe, professora de Geografia, preferia os livros. Na infância, o futuro editor alternava a vida de uma criança típica de uma cidade do interior da época – sem TV e brincadeiras na rua – com a abertura para o mundo por meio dos livros.

Ibitinga é o lugar onde Castilho propõe sua primeira biblioteca. De caráter comunitário, embora levasse o nome de "municipal", mesmo sem ter nada a ver com o poder público municipal, estava instalada atrás da sacristia da Igreja.

De volta a São Paulo em 1971, Castilho conclui seu colegial. Na cidade grande, tem contato com movimentos de resistência e logo se vê, em 1972, estudando Filosofia e Sociologia ao mesmo tempo. Nesse momento é que ele começa a lutar efetivamente contra a pesada ditadura civil-militar. Abandona Sociologia e mal cursa Filosofia. A causa era maior e mais urgente. Nunca parou de ler, ao contrário, a luta e a leitura andavam lado a lado.

Valeu a pena. Entre o movimento estudantil e a clandestinidade, ali foi decidido o futuro deste paulistano caipira, que mais tarde batizaria a Política Nacional de Leitura e Escrita (PNLE).

Conclui o curso de Filosofia em 1978, mas uma decisão governamental decretada no ano anterior definiu o seu rumo profissional. Em 1977, a Filosofia foi extinta como matéria no curso secundário, colegial. Então, não tinha onde trabalhar. (..) Ou continuava em um projeto de pós-graduação ou ia prestar concurso no Banco do Brasil ou coisa do gênero. Eu sinceramente não me sentia preparado pra enfrentar uma pós-graduação imediatamente. Também não queria fazer algo que me afastasse da profissão de professor que era o que eu sempre queria", lembra Castilho.

Foi neste contexto que, em 1978, é convidado por Magali Nogueira e Moisés Limonad para fundar uma livraria, que pouco depois abriu um braço editorial. Nascia aí a Kairós.

Três jovens apaixonados por livros, mas que pouco sabiam lidar com a edição; três trotskistas que começam a lucrar vendendo Trotsky. Durante seus quatro anos e trinta e poucos livros, a Kairós ensinou a Castilho o ofício de editar, contando com auxílios luxuosos de amigos e mestres do mercado editorial, como Massao Ohno e Caio Graco Prado.

Em 1988, Castilho apresenta sua dissertação de mestrado sobre Mário Pedrosa e o trotskismo no Brasil, mas é empurrado pela banca e pela orientadora a transformar o trabalho numa tese de doutorado, em virtude da qualidade do trabalho. A força do trabalho propunha a Castilho ficar na vida acadêmica. A carreira de professor universitária era o caminho mais certo a partir dali, mas, fazer livros é mais que um gosto ou um vício, é um compromisso. E a vida de Castilho prova isso. Anos depois, Castilho volta a fazê-los, agora na editora da Universidade Estadual Paulista (Unesp).

Fundada em 1976, com uma canetada do regime militar, a Unesp começa a respirar ares democráticos no governo de Franco Montoro (1983-1987). Jorge Nagle, reitor à época, entende que a universidade precisaria de uma editora que funcionasse como lugar estratégico que desse conta de dar respostas a um projeto político-acadêmico.

Chama, então, Castilho para tocar a empreitada. Ele resiste, encenando (talvez para si mesmo...) que jamais gostaria de editar de novo. Ele aceita. Progressivamente, a sala de aula é trocada pela editora.

Na editora da Unesp, Castilho esteve por trás de mais de dois mil títulos, de gente consagrada e gente nova ,professores da casa e autores internacionais. À frente da editora universitária, Castilho percebe a dificuldade em fazer seus livros circularem. Mais do que isso, vê que esta era a dificuldade de outras editoras congêneres. Luta para que seus livros e de outras editoras universitárias chegassem às livrarias. Chega a criar uma livraria com uma enorme vitrine voltara para a icônica Praça da Sé, no centro de São Paulo.

Da edição para a gestão pública Castilho, que sempre pensou no leitor, chega à direção a Biblioteca Mário de Andrade em 2002, e aí é obrigado a pensar também na figura do não leitor. A biblioteca vivia seu pior momento, recebendo menos de 100 pessoas por dia. Essa experiência traz de volta o militante, desta vez, ainda mais convencido da sua missão de formar leitores.

Por convocação de Antonio Candido, a maior referência intelectual do editor, participa da fundação da biblioteca comunitária de Heliópolis.

No segundo governo Lula, é convidado para ser secretário-executivo do Plano Nacional do Livro e Leitura (PNLL). Vive ali um dos momentos mais radicalmente transformadores da sua vida. Roda o país e conhece o Brasil profundo, suas experiências leitoras. Passa a entender como poucos sobre a formação dos leitores brasileiros. A partir de conversas que teve nessa época, elabora, junto com os outros membros do PNLL um projeto de lei que seria encaminhado ao Congresso pela Casa Civil do governo Dilma Rousseff.

Quando o processo de impeachment da então presidente chega ao Senado, ele ruma para o Congresso Nacional levando debaixo do braço o projeto de lei que criaria mais tarde a Política Nacional de Leitura e Escrita. Apresenta a proposta à senadora Fátima Bezerra, que liderava na época a Frente Parlamentar Mista do Livro e Leitura. A intenção era não deixar minguar a iniciativa de tantos anos.

A lei, que ganha o apelido de Castilho, é promulgada por Michel Temer, sucessor de Dilma, em julho de 2018. Nessa altura, Castilho já estava aposentado da universidade, mas sem nunca deixar a sua militância a favor do livro, da leitura e das bibliotecas.

LUIZ SCHWARCZ

Quando criança, Luiz Schwarcz sonhava em ser jogador de futebol. Deixou as aventuras dessa época registradas no livro *Minha vida de goleiro*, publicado pelo selo Companhia das Letrinhas em 1999. No livro, o editor reconta a história dos pais, ambos judeus que chegam ao Brasil depois dos horrores da Segunda Guerra Mundial.

André, o pai, era húngaro. Em uma noite de 1944, homens da polícia nazista batem à porta de sua casa e o levam, junto com o pai chamado Lajos, o equivalente a Luiz em húngaro. Por alguma razão – "Um defeito na engrenagem, um problema nos trilhos talvez"[1]– o trem no qual pai e filho estavam sendo transportados parou. Foi tempo suficiente para que Lajos jogasse o filho por uma fresta da porta e mandasse ir sem olhar para trás. O filho se salvou. O velho tapeceiro, não. André foge e, poucos dias antes do fim da guerra, consegue escapar para Itália, onde chegou a ser figurante em filmes dos estúdios da Cinecittà. O desejo era seguir de lá para Israel, mas vem parar no Rio de Janeiro onde recomeça a vida como feirante.

Já a mãe, Mirta, nasceu na Iugoslávia. A família, sentindo o perigo e a aproximação dos nazistas da cidade onde morava, dá novos nomes aos seus membros (Mirta se torna Maria) e resolve sair de Zagreb rumo à Itália. Ali, moram em campos de retenção, onde, segundo expli-

---
1. SCHWARCZ, Luiz. *Minha vida de goleiro*. Posição 310 da edição digital.

ca Luiz, não podiam se locomover por vontade própria, mas também não tinham trabalhos forçados ou extermínios em massa.

No fim da guerra, a família já estava morando em Milão, "praticamente livres"[2]. Na cidade do Norte da Itália, o pai de Mirta cria uma pequena fábrica de chapéus, mas os traumas da guerra o empurrava para fora da Europa. "A Palestina, os EUA, a Argentina ou mais remotamente o Brasil representavam para ele o futuro"[3]. Vieram para o Brasil.

Luiz conta que a mãe exerceu enorme influência na sua formação leitora. Ele se lembra que Mirta lia "romances acessíveis" e que gostava muito de Jorge Amado. O pai não era um leitor assíduo, mas foi dele que Luiz ganhou um exemplar de *Os meninos da Rua Paulo*, clássico da literatura húngara escrito por Ferenc Molnár e publicado orginalmente em 1907.

Em 2017, a Companhia das Letras publica uma edição do livro, com tradução de Paulo Rónai, que possivelmente deu aulas de português para André. Luiz, mesmo dizendo ser "contra editores aparecerem em livros de publicação própria", assina a orelha do livro. "Este talvez tenha sido o livro mais importante da minha história", deixou registrado no aparato. "Relembro-me hoje do dia em que meu pai me presenteou com um livro fino que me fez chorar. Imaginem então minha alegria ao editar Os meninos da Rua Paulo e lembrar das poucas palavras e dos muitos gestos do meu pai. Devolvo o presente que recebi, não só homenageando André, que nasceu em Budapeste, onde se passa a história, mas todos os leitores que querem voltar à infância e aos terrenos livres da fantasia", completa.

Outro episódio na vida pré-editor de Luiz Schwarcz se passou na sala do Colégio Rio Branco onde estudava. Um professor apresenta aos alunos um conto e começa a lê-lo, mas a aula acaba antes do fim da his-

---

2. Idem, posição 89.
3. Idem, posição 121.

tória. "Praticamente não consegui dormir naquela noite", diz. O conto era *Nova Califórnia*, de Lima Barreto, que, como se vê adiante foi fundamental na carreira de Luiz.

NA BRASILIENSE

Depois do colégio, ele começa o curso de Administração de Empresas na Fundação Getúlio Vargas (FGV). Ali conquista o posto de monitor na área de Sociologia e conhece Eduardo Suplicy, na época chefe do Departamento de Economia da FGV.

Para concluir o curso, precisava fazer um estágio. Em 1977, Suplicy liga para Caio Graco, da Brasiliense, para pedir uma vaga para o pupilo. "Ele me deu uma chá de cadeira de duas horas", lembra Luiz. A entrevista durou meia hora. Na conversa, o futuro editor defendeu que precisava de um estágio e que achava que podia contribuir editorialmente porque lia muito. Por fim, Caio teria dito: "Não sei o que você pode fazer aqui, mas gostei de você". Contratou o estagiário, que, no primeiro momento não foi trabalhar na editora, mas na livraria Brasiliense.

Luiz conta que, nessa época, a empresa tinha acabado de sair de uma concordata e um dos desafios era solucionar uma questão de logística. Grandes concessionárias de serviços públicos de São Paulo tinham criado um programa que permitia a seus funcionários comprarem livros didáticos com descontos especiais na Brasiliense. Mas a livraria de Caio Graco não tinha a menor estrutura para movimentar essa quantidade de livros. "A livraria estava um caos. Aos poucos fui bolando um sistema de compras e ele começou a me chamar para reuniões", conta Luiz.

Não existia nessa época a figura do *publisher*, o editor profissional que escolhe o que vai publicar, tem ideias, convida autores ou percebe oportunidades para publicar este ou aquele livro. Caio era o editor e tinha ali um chefe de produção que ajudava a unir as pontas do processo editorial. Era assim que funcionava.

Luiz foi crescendo dentro da empresa até que conquistou o direito de ter uma sala só sua. As paredes desse cômodo sustentavam uma prateleira com a obra completa de Lima Barreto, cujo direito pertencia à Brasiliense. "Eu defendi que Lima Barreto era um escritor que andava muito esquecido e propus ao Caio: e se a gente fizer uma coleção de contos deles? Pode ter adoção escolar". Caio topou e Luiz começou a ligar para críticos literários que pudessem organizar o volume. Ninguém quis assumir a empreitada. "Caio era muito atirado e disse: 'então, faça você'. Quando fui ler os contos, vi *Nova Califórnia*. Hoje, posso dizer que a minha vida de editor começou quando aquele professor leu esse conto", diz. Schwarcz é promovido a gerente administrativo da Brasiliense.

Nessa época, as reuniões da Sociedade Brasileira para o Progresso da Ciência (SBPC) tinham enorme importância para o mercado livreiro. Eram mais importantes que as bienais não só para a venda de livros, mas também para a captação de novos livros. Em 1979, Caio embarca para Fortaleza com o objetivo de acompanhar uma edição desse evento.

Ali se encontra com Carlos Knapp, um publicitário exilado na Espanha, que apresenta a Graco a coleção espanhola *Biblioteca de la Iniciación Política*, que reunia livros que explicava a jovens leitores alguns fundamentos políticos: o que é democracia, o que é política, etc. O Brasil começava a viver a sua abertura política e o editor viu potencial na ideia.

Caio Graco compra os direitos e segue para uma viagem internacional. "Eu comecei a ler e percebi que não dava para publicar aqueles livros no Brasil. Era uma ideia muito boa, mas a adaptação era mais trabalhosa do que fazer livros novos", lembra Luiz. "Ele ia passar quinze dias fora e o dinheiro [de pagamento dos *royalties*] estava sendo processado pelo Banco do Brasil. Eu, por minha conta, mandei sustar o pagamento; fiz um relatório escrito à mão explicando por que não dava para publicar cada um dos livros e deixei na mesa do Caio. Pensei: quando ele voltar ou vou ser mandado embora ou vou virar editor. Virei editor", conta Luiz.

Nascia dessa ousadia a Coleção *Primeiros Passos*. "Os primeiros títulos foram feitos por jovens professores ou jovens graduandos. Foi uma explosão! A gente tomou coragem para conversar com nomes como Marilena Chauí, que fez *O que é ideologia*; Gérard Lebrun, que fez *O que é poder*, e Jean-Claude Bernadet, que fez *O que é cinema*", lembra Luiz.

"Eu cuidava do acabamento editorial – título, capa, nome da coleção –, mas seguia os instintos do Caio. Ele era um cara de instintos, de grandes ideias. A minha formação é como um editor de detalhes", argumenta Schwarcz.

Depois da *Primeiros Passos* vieram as coleções *Encanto Radical*, *Toda História*, *Cantadas Literárias* e *Circo de Letras*.

Junto com as novas coleções vieram os conflitos. "Eu queria progredir do ponto de vista da complexidade dos livros. Queria sair da *Cantadas Literárias* [que reunia livros com linguagem que falava diretamente com o público jovem] e ir para o *Círculo de Letras* [que trazia uma literatura mais densa]. Caio estava bastante apegado ao público dos 17 – 18 anos. Costumo entender o conflito que a gente teve como ele sendo fiel a um leitor daquela idade fixa e eu querendo crescer com o leitor", avalia o editor.

Schwarcz reconhece que viveu uma *"egotrip"*. "Meu trabalho começou a crescer. Eu tive a minha *"egotrip"*. Estava com vinte e poucos anos e participando de uma revolução editorial que coincidia com a abertura política do país", diz.

Além disso, Luiz defende que Caio ficou um pouco enciumado. "A editora ficou muito dependente de mim", lembra. A segunda gravidez de Lilia Moritz Schwarcz, com quem Luiz é casado, foi de risco e o editor pegou um mês de licença. "Foi um período que ele percebeu que a operação dependia muito de mim e isso o deixou chateado. Quando voltei, ele queria que eu voltasse a ser gerente administrativo. Não dava para ser", diz. "Foi uma experiência incrível, mas começou a ter uma disputa. Eu reconheço que comecei a disputar a editora com o dono. Era um conflito insustentável", completou.

Luiz pede demissão. Caio insiste. Chega a oferecer sociedade na Brasiliense, mas Luiz não topa. Schwarcz é convidado para ocupar o posto de diretor do Instituto Nacional do Livro e para ser sócio de Jorge Zahar, que tinha conhecido um ano antes e se tornou um grande mentor de Luiz. Não aceita nenhum desses convites.

Em um almoço, conhece Fernando Moreira Salles, que revelou a Schwarcz o seu desejo de montar uma editora. "Chamei Sergio Windholz [que posteriormente ocupou o cargo de diretor financeiro da Companhia das Letras por 25 anos]; fizemos um *business plan* e apresentamos ao Fernando, mas ele não se decidia", lembra Luiz.

Em 1986, Luiz vende o seu apartamento por 100 mil dólares e reúne mais 40 mil dólares com o avô materno e o pai e funda a Companhia das Letras. Antes mesmo de sair o primeiro título, em maio daquele ano, o caderno Ilustrada, da Folha de S.Paulo[4] anunciava a chegada da nova editora: "Os quatro livros escolhidos para marcar a estreia da Companhia das Letras no mercado demonstram que a editora pretende voar alto dentro das duas áreas de seu interesse, Ciências Humanas e Literatura. Luiz Schwarcz lançará em outubro dois livros de ensaios - um de Marilena Chauí sobre o filósofo Baruch Spinosa, trabalho feito especialmente para a nova editora, e outro do americano Edmund Wilson, *Tothe Finland Station* – uma coletânea de poemas de W.H. Auden traduzida por José Paulo Paes e João Moura e o último romance de Bernard Malamud, *God´sgrace*.

---

4. *Folha de São Paulo*, 26/05/1986, p. 31.

Luiz lançava a Companhia das Letras prometendo a capacidade comercial da Record, a qualidade editorial da Nova Fronteira e a ousadia mercadológica da Brasiliense. A promessa de qualidade radical chamou a atenção do público. No evento de lançamento dos quatro primeiros títulos, cerca de duas mil pessoas lotaram o Museu da Casa Brasileira, em São Paulo. "Esperávamos 300. Tivemos que sair para comprar mais bebida", lembra Luiz.

Dois anos depois, os Moreira Salles apresentaram a proposta para comprar 33% da Companhia das Letras que pertenciam ao pai e avós de Luiz. Pagaram por essa quantia 300 mil dólares, segundo conta Schwarcz.

O editor observa que a Companhia das Letras ia crescendo mantendo a sua vocação literária, mas, ao mesmo tempo, se abrindo para a área educacional, fazendo promoção universitária de seus livros de não ficção.

Na segunda metade da primeira década do Século 21, Luiz acreditava que a Companhia das Letras caminhava para ser uma editora de nicho. Se no seu começo a editora buscou democratizar a literatura de qualidade, agora, precisava se abrir para novos públicos. "Dentro da editora, tinha uma reação violentíssima, como se fôssemos nos conspurcar. Eu fiquei muito inquieto com isso. Pós-planos governamentais de leitura e pós-*Harry Potter*, o público jovem explodia e a Companhia não podia ficar sem atingir esse público. Discutíamos muito para saber como íamos fazer da Companhia uma editora mais comercial", disse.

Nos preparativos para a Feira do Livro de Frankfurt de 2010, Luiz recebeu um pedido de reunião inusitado. O agente literário Andrew Wylie, conhecido no mercado como "O Chacal" pela sua voracidade com quem amealha clientes, o convidou para uma reunião com John Makinson, então CEO da Penguin, no seu quarto de hotel. Makinson foi direto ao ponto: queria encontrar um parceiro no Brasil para aportar por aqui os clássicos da Penguin. No páreo, estavam a Companhia das Letras e a Objetiva, revelou Luiz. "No fundo, era um balão de ensaios para conhecer a Companhia e em 2011, ele fez a proposta [de compra de 45% da Companhia das Letras]".

Luiz conta que o plano era ousado. Ele acreditava que, com o apoio da Pearson, na época dona da Penguin, a Companhia ia crescer para o lado educacional. O *business plan* falava em crescimento de 500%. Outra aposta era que a multinacional daria apoio na transformação digital da editora. O primeiro desejo não se concretizou, reconhece Luiz. "Hoje, as vendas digitais da Companhia são significativas, mas demorou muito para acontecer", completa.

"Para mim, foi muito difícil vender a parcela, mesmo que minoritária. Escolhi os caras porque eles tiveram uma abordagem super elegante", diz o editor. "Algum tempo depois, em Frankfurt, soube que a Penguin ia se juntar com a RandomHouse. Inicialmente, não queria. Coloquei como condição que eu não tivesse que assumir outras editoras no Brasil", lembra.

Pouco tempo depois, o editor soube que a PenguinRandomHouse estava comprando parte da Santillana. O editor contextualiza que o momento político no Brasil era delicado. A então presidente Dilma Rousseff estava ameaçada de sofrer impeachment. "Foi barra pesada ter aceitado. Eu não queria comprar uma editora com o Brasil à beira do precipício", diz. "Por fim, foi ótimo. Era um ativo editorial muito bom", completa.

Essa movimentação de 2015 formou o Grupo Companhia das Letras, que passou a absorver os selos de interesse geral da Santillana no Brasil, incluindo as marcas Objetiva, Alfaguara, Fontanar e Suma de Letras.

Em outubro de 2018, a PenguinRandomHouse aumenta a sua participação na Companhia das Letras de 45% para 70%. A família Moreira

Salles sai do negócio e Schwarcz, que até então detinha 36,5% passa a ter 30% da empresa.

Uma nova movimentação, em 2019, permite que o Grupo Companhia das Letras absorvesse o catálogo da Zahar. As duas editoras tinham sido parceiras por quase 30 anos, com a Companhia das Letras fazendo a distribuição da Zahar em São Paulo e a Zahar distribuindo a Companhia no Rio de Janeiro. Ao anunciar a fusão, Luiz comentou: "Nos últimos tempos, embora a Companhia tenha crescido e decidido ampliar a comunidade de leitores com os quais falamos, a vocação de ser em essência uma editora de catálogo, de livros de longa duração, só foi aumentando. E é em cada um desses títulos, que querem sobreviver ao tempo, que a imagem de Jorge Zahar está espelhada e mantida".

RECONHECIMENTO INTERNACIONAL

O trabalho de Schwarcz foi reconhecido pela Feira do Livro de Londres que lhe concedeu, em 2017 o prêmio Excellence Awards na categoria Lifetime Achievement. Ao justificar a escolha, David Roche, presidente do Conselho da Feira, disse "Luiz é sinônimo de indústria editorial brasileira. Ele é respeitado em todo o mundo e nós temos o prazer de reconhecer a sua imensa contribuição por muitos e muitos anos de atuação". Ao receber, Luiz repetiu a ideia apresentada na orelha do livro Os meninos da Rua Paulo: "Não acredito que editores devam ganhar prêmios. Prêmios são para autores e, por essa razão, quero dedicar este a todos os autores da Companhia das Letras, representados aqui por Ian McEwan. Eu aprendi muito com vocês".

MARISTELA PETRILI

Araraquara, no interior paulista, é especial. De lá saíram Ignácio de Loyola Brandão e José Celso Martinez Corrêa e para lá foram Jean Paul Sartre e Simone de Beauvoir, para a história conferência em setembro de 1960. Era pra lá também que o professor Antonio Cândido seguia com a família nas férias. Outro que assentou praça na história de Araraquara foi *Macunaíma*, o herói sem nenhum caráter, criado por Mário de Andrade em Araraquara, na Chácara Sapucaia, anos mais tarde incorporada ao patrimônio da Universidade Estadual Paulista (Unesp).

Todos esses nomes movimentavam o imaginário coletivo dos moradores de Araraquara quando a futura editora Maristela Petrili, mais uma cria araraquarense, chegou à adolescência.

"Eu não entendia nada, não tinha ideia e nem maturidade para acompanhar [a visita de Sartre, por exemplo], mas hoje percebo como tudo isso acompanhou a minha vida", diz.

A oralidade marcou a infância. As histórias de família, quase sempre contadas à mesa, faziam o imaginário da menina viajar pela Itália dos avós paternos ou pela Dinamarca do avô materno.

São marcantes desta época, a verdureira, japonesa, e a vizinha da casa da frente, síria, que mal falavam português, mas com quem a mãe de Maristela se comunicava. Aquilo era mágico para a criança. É dessa época também a sua paixão pelos atlas geográficos. "Já viajei muito no meio de tantos atlas que já tive ao longo da vida", conta.

Outra referência dessa época, vinha das roupas elegantes do costureiro Dener. Uma das suas tias era bordadeira e prestava serviço para o costureiro famoso. "O luxo dos vestidos não tinha nada que ver com a nossa vida, mas eu sabia que aquele universo existia. Era longe de mim, mas existia", lembra.

Foi assim, entre referências culturais potentes, histórias, línguas, vidrilhos e miçangas que a futura editora cresceu e se abriu para o mundo. Ela conta que a casa não era de muitos livros. "Me lembro dos gibis do Pimentinha [quadrinho criado em 1951 por de Hank Ketcham e depois rebatizado no Brasil como Denis, o Pimentinha]. Eu adorava aquele menino travesso, arredio e briguento", conta.

Os livros vieram mais tarde. A mãe, professora de Geografia, andava sempre com um de Haroldo Azevedo a tiracolo. Dessa época, Maristela se lembra bem de duas coleções: a Trópicos e uma de contos universais, que trazia histórias da Alemanha, Japão, Holanda, China...

Faz o curso normal e vai dar aulas de alfabetização. Na universidade, escolhe Administração. Ao fim da graduação, se casa e volta para os bancos da academia, desta vez para cursar Letras – Grego e Latim. Ao fim do segundo curso, o marido é transferido para a capital paulista. Na cidade grande, fica sabendo que uma pequena editora, localizada numa casa na Vila Mariana, estava contratando revisor. "Achei que podia fazer aquilo", conta.

A editora era a Moderna, fundada em 1968, pelo professor Ricardo Feltre. O ano era 1976 e, naquele momento, Maristela podia não prever o que vinha pela frente, mas ali permanece até hoje, mais de quatro décadas depois.

Começa como revisora, logo é promovida a preparadora e depois a assistente editorial. A Moderna era uma casa especializada em livros didáticos. No começo, para aqueles voltados para alunos do Ensino Médio e depois se diversificou outras etapas do ensino.

Isso começa a mudar em 1980, quando Maristela chega ao cargo de editora. "Um dia, o professor Feltre me diz que queria entrar na área da literatura infantil e juvenil e queria que eu tocasse. E, como [a Moderna] era uma editora de livros didáticos, a minha atribuição era criar um catálogo atrelado a esta clientela", lembra.

A Literatura Infantil e Juvenil vivia um período muito especial. Uma prova disso era uma movimentação intensa na academia. Em São Paulo, a professora Nelly Noaves Coelho criava a cadeira de Literatura Infantil e Juvenil na USP; em Campinas, no interior paulista, Marisa Lajolo fazia o mesmo na Unicamp; em Minas Gerais, a precursora da Literatura Infantil e Juvenil na academia era Maria Antonieta Antunes Cunha fazia e no Rio Grande do Sul, Regina Zilberman.

"Eu bebi em todas essas fontes. Se eu sou o que sou, devo tudo a elas", reconhece.

Outra prova era a própria produção literária voltada para a criança e o jovem, que explodia na virada da década de 1970 para 1980. "É um momento histórico da Literatura Infantil e Juvenil.

Estávamos saindo da ditadura e a Literatura Infantil e Juvenil adquire uma força inédita, ao romper com todos os velhos padrões moralistas e surge uma geração de autores que vai marcar época, cujas obras estão até hoje", analisa Maristela. É dessa leva que surgem nomes como os de Ana Maria Machado, Ruth Rocha, Sylvia Orthof, Ganymédes José e Ziraldo.

Os primeiros anos da Moderna foram dedicados aos livros didáticos pensados para alunos do Ensino Médio. Só nos anos 1980, a editora se abriu para a literatura. Primeiro para a voltada para o público infantil e juvenil. Na Bienal do Livro de 1980, apresentou seus primeiros títulos: *Olhinhos de gato*, de Cecília Meireles; *O soldado que não era*, de

Joel Rufino dos Santos, e *Um dono para Buscapé*, de Giselda Laporta Nicolelis. No ano seguinte, vieram a reedição de *A desintegração da morte*, e os inéditos *Sequestro em Parada de Lucas* e *Juca Jabuti, Dona Leôncia* e *Superonça*, de Orígenes Lessa, que tinha acabado de ser eleito imortal pela Academia Brasileira de Letras.

Em 1981, a Moderna dá mais um passo, rumo à literatura adulta, quando anuncia o lançamento de *Cânticos*, inédito de Cecília Meireles, morta em 1964.

Mais do que publicar títulos de autores consagrados como Cecília Meireles e Orígenes Lessa, Maristela precisava criar novos. Pedro Bandeira foi um deles. Um dia, Marisa Lajolo comenta com Maristela sobre um amigo que trabalhava no departamento de marketing da Editora Abril e apresenta à editora alguns textos. O primeiro título – *O dinossauro que fazia au-au* – sai em 1983. No ano seguinte, sai *A droga da obediência*, que dá início à série *Os Karas*.

Estão na conta de Maristela a publicação de livros como *Crescer é perigoso*, de Marcia Kupstas; *Onde tem bruxas tem fada*, de Bartolomeu Campos de Queirós; *Felpo Filva* e *Drufs*, de Eva Furnari, e *O sanduíche de Maricota*, de Avelino Guedes. "São livros que vieram e vão ficar. Se tornaram clássicos e os que vieram depois beberam nessa fonte", atesta a editora.

Ao completar 44 anos na Moderna, Maristela diz: "Eu nunca estive no mesmo lugar, tamanha a capacidade de renovação que esta empresa tinha, tem e terá. Aquilo é uma usina, um laboratório. Sorte de quem está lá".

PIERLUIGI PIAZZI, BETTY FROMER & ADRIANO FROMER PIAZZI

A Europa estava em convulsão em 1943. A Segunda Guerra Mundial entrava em um período decisivo. Foi em fevereiro deste ano que o mito da invencibilidade alemã é posto em cheque, quando a União Soviética vence a Batalha de Stalingrado. Na Itália foi um ano especialmente complexo: os Aliados, com apoio efetivo do Brasil, lançam a Campanha da Itália que resultaria na derrubada do governo de Benito Mussolini em julho. É nesse contexto os primeiros meses de Pierluigi Piazzi(1943 – 2015).

O menino então com dois anos e oito meses quando a guerra acabou, carregou a imagem das botas de soldados que um dia invadiram a casa da família em Bolonha por toda a vida.

O pós-Guerra foi especialmente duro para os Piazzi na Itália. Por isso, tomam a decisão de migrar para o Novo Mundo em 1954. Pierluigi tinha 11 anos quando a família chega ao Brasil. Passaram uma temporada em Goiás, mas ainda na adolescência, os Piazzi se mudam para São Paulo.

Na capital paulista, ainda muito jovem, Pierluigi começa um curso técnico em Química Industrial e depois segue para a Universidade Presbiteriana Mackenzie onde começa o curso de Física, concluído efetivamente na Universidade de São Paulo.

A formação acadêmica foi acompanhada desde cedo pelo trabalho. O jovem estudante era também professor em cursinhos da capital.

É em um desses cursinhos – no Anglo – que conhece Betty Fromer, uma destemida professora que, aos 16 anos, decidiu seguir para Paris. Ali se licencia em Letras pela Universidade de Sorbonne. Na volta ao Brasil, começa a dar aulas de francês no Anglo. Assim como a de Pierluigi, a família de Betty também veio da Europa. Judeus de origem polonesa e russa, eles chegaram ao Brasil muito antes de a futura editora nascer.

Casaram-se e, no início dos anos 1980, fundam um cursinho modular, que o aluno escolhia quais disciplinas queria fazer. Essa mesma escola passa a oferecer cursos de informática, uma das paixões de Pierluigi. Ele foi sócio na revista *Microhobby*, voltada para usuários do TK, um dos primeiros computadores domésticos a aportar no Brasil. No editorial do número zero, publicada em março de 1983, Pierluigi apresentava uma das características se impregnou no DNA da sua família: "Ela [a revista] vem preencher um vazio e atender inúmeros pedidos de usuários que se sentem marginalizados"[1].

Em 1984, Betty e Pierluigi fundam a Urânia. O nome da editora não era um acaso. Pierluigi homenageava uma coleção de ficção científica que começou a ser publicada na Itália em 1952. Era um aficionado pelo gênero literário. No entanto, uma outra editora brasileira carregava esse mesmo nome e a Urânia teve que ser rebatizada. Depois que publicou o seu segundo título, passou a se chamar Aleph e fez história.

A Urânia – e pouco depois, a Aleph – nasceu como um desdobramento da *Microhobby*: o foco estava nos usuários dos incipientes computadores do início da década de 1980. O primeiro título foi um manual de programação para o MSX, outro computador que era o último grito da tecnologia da época.

---

1. *Revista Microhobby*, número zero – março de 1983 – acesso em http://file.datassette.org/revistas/microhobby_0.pdf

Aos poucos, a Aleph se tornou líder no segmento. Todo lançamento da Aleph saía com uma venda garantida de pelo menos cinco mil exemplares, quantidade que era comprada e distribuída pela Moderna, de Ricardo Feltre. Dividiu a liderança no mercado nacional neste segmento com a norte-americana McGraw-Hill.

A qualidade técnica dos livros chamou a atenção da Gradiente, fabricante do MSX no Brasil, que contratou a Aleph para desenvolver seus manuais. Não demorou muito para que esses livretos se tornassem um grande diferencial da Gradiente na busca por novos clientes. Isso fica latente quando a fabricante resolve fazer um *merchand* numa novela da TV Globo. O ator tinha acabado de comprar o seu computador e ressalta a qualidade do manual que acompanhava o produto.

Então, nos primeiros anos, a Aleph passa a se especializar na publicação deste tipo de material. No meio do seu catálogo, o leitor mais interessado podia até encontrar algum ou outro título clássico de ficção científica. Entre eles estavam *O jogo do exterminador*, de Orson Scott Card; *Neuromancer*, de William Gibson, e *Star trek – Jornada nas estrelas – Nova geração*, de David Gerrold. Nenhum deles, no entanto, alcançou qualquer sucesso comercial na época.

Os manuais de computadores caem em desuso e os clientes da Aleph passam a escoar pelo ralo. Junto com isso, veio a separação do casal. Betty seguiu com a editora enquanto Pierluigi voltou para as salas de aula, tornando-se um especialista em desenvolvimento da inteligência de alunos em idade escolar.

Ao final dos anos 1990, Betty resolve encerrar as atividades da Aleph. Vê no curso de mestrado em Turismo da USP, uma atividade atraente. Estava decidida: voltaria para a universidade e deixaria a editora de lado. Chega a demitir os funcionários da Aleph quando se matricula no mestrado.

Na universidade, percebe a carência da bibliográfica acadêmica na área de turismo. Resolve que a Aleph não seria extinta, mas daria uma guinada. Publica o *Dicionário inglês – português – Turismo, hotelaria e comércio exterior*, de Maria Genny Caturegli. Um sucesso, já que o Brasil vivia no início dos anos 2000 um ápice de cursos de Turismo. Da mesma forma que foi pioneira na publicação dos livros de informática ou dos livros de ficção científica, a Aleph foi uma das primeiras casas a perceber o potencial deste nicho e seguir por ele. "Não que isso tenha sido uma estratégia muito bem pensada ou que tenha tido um planejamento, mas o *drive* da Aleph sempre foi mais de criar tendências do que segui-las", analisa Adriano Fromer Piazzi, filho de Betty e Pierluigi.

Adriano chega à editora no início dos anos 2000. Tinha se formado em Administração e passado por experiências na área de Marketing na Varig e na Dupont. Muito inquieto, resolve pedir demissão e passar um sabático entre a Europa e a Austrália. "Eu era bem rebelde nessa época", conta.

De volta ao Brasil e ainda sem um novo emprego, resolve visitar a mãe na Aleph. Percebe que a editora ainda emitia suas notas fiscais à mão. Sugere – e depois implementa – um sistema de emissão de notas e vai ficando ali. Um dia, Betty recebe os originais do livro *Manual do turista brasileiro*, de Lucio Martins Rodrigues e Bebel Enge. Resolve que o filho podia contribuir. "Enquanto lia, ia fazendo comentários, sem saber que estava editando o livro", lembra Adriano. Ele resolve fincar suas raízes ali, na empresa criada pelos pais.

Em 2003, recebe uma ligação de um sebista do centro de São Paulo, que dizia ter rascunhado uma projeto editorial que resgatasse os clássicos da ficção científica publicado pela Aleph no passado. O sebista era Adilson Ramachandra, que mais tarde se tornaria editor. Ele convence Adriano a republicar *Neuromancer*, de William Gibson. O título tinha saído pela Aleph em 1991, ainda na gestão de Pierluigi.

Mesmo inspirando as irmãs Wachowski na criação da trilogia *Matrix*, iniciada em 1999 com enorme sucesso de bilheteria, o livro estava esgotado. "E se esse cara tem razão?", pensou Adriano que, por fim, se convence e resolve requalificar e republicar o título, aproveitando o lançamento da sequência da trilogia que saiu em 2003. Ramachandra conhecia o catálogo da Aleph e aponta outros clássicos da ficção científica que tinham potencial. Adriano resolve comprar a ideia.

"Por anos, ninguém olhou para este mercado no Brasil. O mantra que a gente ouvia na época era que ficção científica não vendia. Por que não vendia aqui se vendia lá fora? Livro bom é livro bom. Não importa onde você esteja", defende Adriano. Novamente, a Aleph dá uma guinada, criando um importante mercado no Brasil, seguido hoje por muitos concorrentes. O cuidado estético de seus livros criou um padrão-Aleph e a editora passou a ter mais do que consumidores, fãs, um fenômeno pouco vivido na indústria editorial brasileira.

Prova disso é a edição histórica comemorativa dos 50 anos do *Laranja mecânica*, de Anthony Burgess, lançada em 2012. "Este livro elevou a editora a outro patamar e ainda hoje é um dos três mais vendidos da Aleph. É um livro que marcou, foi um trabalho inédito no mundo que nos garantiu o reconhecimento da Fundação Anthony Burgess e ajudou muito a Aleph em termos de distribuição no Brasil", comenta Adriano.

Pierluigi volta à Aleph não mais como editor, mas como autor. Publica, entre outros, *Ensinando inteligência e Inteligência em concursos*, pelo Goya, selo de autodesenvolvimento e espiritualidade da Aleph. É um dos livros mais vendidos pela editora. O professor Pier, como era comumente chamado pelos mais de cem mil alunos que passaram pela sua sala de aula, morre em 2015. Por uma casualidade no mesmo dia de aniversário do ator canadense William Shatner, intérprete de James T. Kirk, o capitão da nave estelar USS Enterprise na primeira versão de Stark Trek.

WALDIR MARTINS FONTES

O ano de 1956 estava chegando ao fim e possivelmente, o jovem Waldir Martins Fontes(1934 – 2000) fazia planos pro ano novo que começaria daí a alguns dias. Naquele dezembro, conhece um pracista que vendia livros porta a porta na cidade de Santos, no litoral paulista. Viu que aquilo podia dar mais dinheiro do que o emprego na Petrobrás. Contrariando as orientações do pai, no último dia do ano, pede demissão e começa 1957 trabalhando vendendo livros na Editora Globo, de Porto Alegre. Na lida, conhece Raimundo Rios, também vendedor de livros, só que na Melhoramentos. Sonhavam que poderiam, um dia abrir uma livraria.

Essa história dá um salto no tempo e chega a um outro réveillon, o de 1959 para 1960. Eles e Waldemar, irmão de Waldir, se preparavam para a inauguração da Livraria Martins Fontes, que abriria suas portas em janeiro, na rua Marechal Deodoro, no centro de Santos. Nada mais seria igual depois daquele dia.

Nesse mesmo ano, em abril, nasce Alexandre, o seu primogênito e, no ano seguinte, Evandro.

Em 1964, a Globo deixa de fazer vendas diretas. Abre aí uma oportunidade. Waldir e Raimundo se associam a Ramiro Novaes e Manuel Augusto e fundam a Catavento, que começa, não por acaso, distribuindo livros da Globo em São Paulo.

Os negócios iam bem quando em 1967 Waldir embarca para uma viagem a Portugal. Ali no Velho Mundo conhece muitas livrarias e tem encontro com alguns editores como Antonio André, Francisco Espadinha, Joaquim Soares da Costa e Manuel de Brito. Percebe ai uma oportunidade: por que não importar e vender livros portugueses no Brasil? Em pouco tempo, já é um dos principais distribuidores de livros portugueses por aqui.

Estabelece relações muito próximas com esses editores portugueses que se tornam parceiros de Waldir numa nova empreitada a partir de 1975: passaria a coeditar livros. Na prática, ele viabilizava edições portuguesas que chegavam aqui no Brasil com o selo da Martins Fontes na capa.

Mas foi em 1977 que ele publica seu primeiro livro, independente dos portugueses: *O corpo tem suas razões*, de Thérèse Bertherat.

O editor nunca abandonou a sua porção livreiro. Ao contrário. Na década de 1980, o negócio dá um salto importante. A unidade santista ficou com os irmãos Waldemar, sócio-fundador, e Walter, que entrou depois que Raimundo deixou a sociedade. Já Waldir subiu a Serra do Mar para abrir a sua primeira loja em São Paulo, na rua Doutor Vila Nova, no mesmo endereço onde funcionava antes a livraria da editora mexicana Fondo de Cultura Econômica. Abriu também uma unidade na Rua Fernando Osório, no bairro do Flamengo, no Rio de Janeiro[1]. Depois vieram as lojas da Avenida Paulista e das ruas Jaú e Conselheiro Ramalho, todas em São Paulo.

A editora se consolida como uma importante casa de livros de Ciências Sociais e arregimenta no seu catálogo um time estrelado de autores, que inclui nomes como Roland Bartes, Henry Bergson, Michel Focault, Herbert Read, Mircea Eliade e Wilhelm Reich.

---

1. MACHADO, Ubiratan. *História das livrarias cariocas*, p. 407.

A aposta era nos livros de referência e nos *long-sellers*, aqueles livros que vendem pouco, mas vendem sempre.

Em 1993, Waldir resolve diversificar e publica nada menos do que 50 título de literatura infantil e juvenil. Um deles é *Onde está Wally*, de Martin Handford, que faz um enorme sucesso e vende 500 mil cópias[2]. Nessa leva, veio para a editora *O senhor dos anéis*, de J.R.R. Tolkien, cujos direitos custaram a Waldir US$ 50 mil.

Ele não chega a assistir a explosão de vendas desse título, que aconteceu depois que o livro foi transformado em uma franquia de filmes, a partir de 2001. Em junho de 2000, ele embarca novamente para Portugal para curtir o verão europeu em Lisboa. Lá, sente-se mal. De volta ao Brasil, faz todos os exames e tudo o que os médicos encontram é uma anemia leve. O quadro se agrava e ele é diagnosticado com a doença de Castleman, que ataca o sistema linfático. Ele morre em novembro desse mesmo ano, aos 66 anos.

A sucessão é feita pelos filhos, que já trabalhavam com o pai. Alexandre, cuja formação é em arquitetura, chegou no início dos anos 1980, para colaborar com capas e projetos gráficos. Em 1990 começa pra valer, ocupando o departamento editorial. Já Evandro, que dedicava-se ao cinema e foi cinegrafista em uma tevê francesa, conta que estava em Nova York entre 1994 e 1995 quando recebe um recado do pai por meio de um amigo: queria ele na editora. Assume a parte comercial.

Os filhos seguem os mesmos passos do pai: tocaram a vida sendo livreiros e editores simultaneamente e apostaram nos *long-sellers* e em livros de referência. Se esses pontos eram consensuais entre os irmãos, os demais eram divergentes. Evandro, por exemplo, recusava-se a trabalhar com consignação, prática que se tornou corrente no mercado brasileiro. Já Alexandre via aí a possibilidade de crescer.

---

2. HALLEWELL, Lawrence. *O livro no Brasil*, p. 771.

Diante desses desentendimentos, o catálogo da editora, que já reunia mais de mil títulos quando Waldir morreu, foi dividido irmãmente entre Alexandre e Evandro. O primogênito fundou a WMF Martins Fontes, que traz as iniciais do pai. Já Evandro criou a Martins Fontes – Selo Martins.

OS
CONTEMPORÂNEOS

ANGEL BOJADSEN

O cosmopolitismo do trabalho que Angel Bojadsen realiza ainda hoje tem tudo a ver com a formação do indivíduo: filho de uma franco-alemã com um búlgaro que se conheceram em São Paulo (que é, como diz a canção, "como o mundo todo"). O menino aprende mais de uma língua desde cedo; hoje, lê em pelo menos seis. Desde cedo também viaja para vários lugares. Ainda criança, os pais se separam. Ela segue para a Índia e ele vai, com o filho, para o Canadá.

O contato com as artes plásticas também foi precoce e é uma das suas marcas ainda hoje.

Volta ao Brasil aos 16 anos e é em São Paulo que conclui o ginasial para seguir para a Europa. Entre 1982 e 1989, divide-se entre a Suíça e a Alemanha, trabalhando em bares e em uma produtora de cinema-documentário. É neste período também que começa seus primeiros trabalhos como tradutor. Em 1987, volta para uma curta temporada no Brasil, quando aproveita para publicar um livro pela Massao Ohno Editores. Este é um marco na sua carreira no livro.

Encanta-se com o trabalho de Massao, a quem se refere como um nobre samurai quixotesco. Depois dessa experiência, assume que essa seria a sua profissão. Volta para Berlim onde fica até pouco antes da queda do velho muro, em 1989.

De volta a São Paulo, assume o cargo de tradutor na hoje extinta *Gazeta Mercantil*. Vertia para o português matérias do *Wall Street Journal* e do *Financial Times*. Dessa época, lembra-se da pressão diária. Nessa mesma época, faz a tradução de manuais de uma máquina rotativa suíço-alemã comprada no Brasil pela Melhoramentos.

Além de ser mais um ponto de contato com o mundo do livro, esse é um episódio importante na vida do futuro editor como se verá a seguir.

A experiência como autor de Massao Ohno tinha acendido um sinal interno na vida de Angel e ele começa a enviar currículos para alguns editores. A Estação Liberdade, que tinha sido fundada por Jiro Takahashi em 1989, foi uma delas. "De início me aproximei como tradutor, mas logo, logo ele quis me aproveitar como sócio e eu tinha aquele dinheiro que ganhei com a tradução dos manuais da Melhoramentos", lembra. Em 1993, compra 9% da Estação Liberdade e, em três anos, Angel se torna um dos dois únicos sócios da editora, ao lado de Diba Verza.

Já dando as cartas do rumo editorial da Estação, Angel decide explorar o laço antigo da editora com o Japão – a palavra Liberdade remete ao histórico bairro oriental de São Paulo. Velho sonho da editora, editar o romance *Musashi*, de Eiji Yoshikawa, volta à boca de cena, através de um contato com a Fundação Japão. O primeiro volume sai em 1997 e o segundo em 1998.

Foi um marco para a Estação Liberdade, até hoje seu maior sucesso de vendas. *Musashi* foi apenas o começo. Para citar apenas um autor mais que marca a trajetória de Angel na editora, surge o nome de Junichiro Tanizaki, de quem a Estação Liberdade publicou *A gata, um homem e duas mulheres*, *O cortador de junco*, *A ponte flutuante dos sonhos* e *Diário de um velho louco*. Os autores nipônicos se tornaram uma espécie de carro-chefe rentável da editora tocada por Angel. "Nenhum livro de autor japonês encalha", diz orgulhoso.

A Estação Liberdade chegou a ter no seu catálogo Harumi Murakami, talvez a estrela que mais brilha no céu literário japonês dos dias de hoje. Lançou *Caçando carneiros* e *Dance, dance, dance*, ambos publicados antes de o autor se tornar um nome internacionalmente conhecido. Para o lançamento de *Dance, dance, dance*, Angel tentou trazer o autor para o Brasil. Diante da recusa, o editor entendeu que o autor não tinha interesse pelos leitores brasileiros e resolveu não publicar mais seus livros. Angel carrega este grande arrependimento até hoje.

No ano 2000, Angel integra um grupo de editores independentes que mais tarde daria início à Liga Brasileira de Editores (Libre), entidade fundada no ano seguinte e presidida por Angel entre 2003 e 2005.

Angel entrou para o mundo dos livros pela porta do autor. Foi autor do lendário Massao Ohno. Talvez por isso, tenha um apego tão profundo à escrita. "Uma coisa que dou muito de mim é no acamamento de texto. Fico muito tempo em cima de uma orelha. É o empenho no detalhe.

Desde sempre, eu queria escrever, aplico esse desejo de escrita no editorial. É como se tocar uma editora fosse uma obra literária também. Eu não estou escrevendo, mas eu estou escrevendo através dos livros que a editora faz", pontua.

Outra característica da trajetória de Angel está na sua raiz: a multiculturalidade. "Editar livros é também trazer o que eu gosto de algumas culturas. Busco muita coisa de fora, mas não em Nova York ou Londres. Gosto de trilhar caminhos mais complexos e trazer algumas coisas do Vietnã, da Coreia do Sul ou da Polônia. Gosto desse desafio", explica. E é com os livros também Angel reencontra seu Canadá, sua Berlim, e também visita o Japão, a China e outros tantos lugares geográficos pouco visitados.

CAMILA PERLINGEIRO

Em 1968, o jornalista e escritor gaúcho Fausto Wolff se viu obrigado a sair do Brasil. Perseguido pela ditadura militar, exila-se na Europa, dividindo seu tempo entre a Dinamarca e a Itália. Em 1979, volta ao Brasil ao som de *O bêbado e o equilibrista*, canção composta por Aldir Blanc e João Bosco que se tornou hino da anistia sancionada pelo governo de João Batista Figueiredo. É justamente nesse ano que ele publica o livro infantil *Sandra na Terra do Antes*. O livro influenciou de forma definitiva a vida da menina Camila Perlingeiro.

O livro fala da relação de uma menina de menos de um ano com a linguagem. Sem dominar ainda a língua dos homens, ela se comunica com os animais. E não são quaisquer animais. São bichos que carregam nomes de grandes nomes da literatura mundial: o "tartarugo" Edgar Allan Poe, o "gaivoto", Antoine de Saint-Exupéry, o porco-espinho Buster Keaton e o "minhoco" Lewis Carol, só para citar alguns. Ao adquirir a capacidade de se comunicar com os humanos, a menina Sandra perde o contato com os bichos.

A genialidade da escrita de Wolff encanta Camila ao ponto de dizer para a mãe que queria ser escritora quando crescesse. Mas mesmo antes de saber ler e, portanto, de conhecer *Sandra na Terra do Antes*, Camila tinha uma relação próxima com o livro. O pai, um dos principais galeristas do país, e a mãe, uma encadernadora clássica, tinham muitos livros em casa e Camila, que era uma criança calma, ficava "completamente maluca" quando via alguém folheando um livro. "Eu tinha ansiedade muito grande porque queria saber o que estava escrito nos livros".

A mãe usa de suas habilidades para ajudar a menina a construir seus livros. Camila escrevia e ilustrava e a mãe costurava e montava os volumes, até hoje guardados na casa dos Perlingeiro. Era o embrião não da escritora, mas da editora que estava por nascer.

Na adolescência, Camila se apaixona pela moda. Quando chegou a hora de decidir a carreira, ela não teve dúvidas: enveredou por esse caminho. Em 1998, já graduada em moda, entra no mestrado em museologia no Fashion Institutof Technology (FIT), curso focado em curadoria de exposição de moda. Nesse período, tem a chance de estagiar nos principais museus da cidade, tendo inclusive participado do restauro das icônicas "Tapeçarias de Unicórnio", conjunto de sete obras expostas do The Cloisters, braço do Metropolitan Museum of Art de Nova York dedicado às Artes da Europa na Idade Média.

Volta ao Brasil no início do novo século, com a cabeça cheia de ideias. Ainda na graduação, percebe a falta de livros de moda traduzidos para o português do Brasil. A ideia era retornar e fundar uma editora para atuar nesse nicho. Mas, a família já tinha uma editora, a Pinakotheke, fundada por seu pai no mesmo ano que Wolff publicou *Sandra na Terra do Antes*.

Intrinsecamente ligada à galeria de mesmo nome, a editora foi pioneira ao seu especializar em arte brasileira e conquistou os principais prêmios, incluindo o Jabuti e da Associação Paulista de Críticos de Arte (APCA). Uma de suas obras de referência é o *Dicionário de termos artísticos*, de Luiz Fernando Marcondes, que reúne mais de 3,3 mil verbetes com equivalências em inglês, francês e português.

O seu retorno ao Brasil coincidiu com uma triste fatalidade: num dia de chuva, uma árvore caiu sobre o depósito da editora, destruindo boa parte do estoque. O episódio marca o início da carreira de Camila no livro. "No fundo, meu pai achava que eu ia acabar com aquilo tudo. Ia jogar fora os livros, vender os que davam para vender e encerrar as atividades da editora", lembra.

Começa por aí: empreendendo ações de marketing na tentativa de escoar o que sobrou do estoque da editora.

Sugere ao pai que a Pinakotheke deveria investir na publicação de uma coleção voltada para o público infantil. O pai acha uma maluquice, mas dá carta branca e Camila publica, em 2002, *História da Arte para crianças*, um enorme sucesso que conquistaria mais tarde espaços em editais de compras governamentais e em adoções por escolas de todo o Brasil.

Se por um lado a editora de moda sonhada por Camila não saía da gaveta, ela realizava um outro sonho: popularizar os livros de arte entre o público brasileiro. "Queria tirar a fama de inatingível do livro de arte", diz Camila que aposentou os livros no formato 30 x 30 cm, com 400 páginas ao custo de R$ 500. A Pinakotheke começou a publicar livros menores, no formato 21 x 27 cm, em brochura, custando até R$ 70, sem perder a qualidade gráfica. "Precisava baratear a produção para conquistar mais gente", defende.

Um desses livros que buscou popularizar a arte foi *Vamos fazer um monte de arte*, de Marion Deuchars, publicado em 2013, antecipando a febre dos livros de colorir que marcou o mercado editorial brasileiro no ano de 2015. "Esse título mudou a nossa vida e a nossa relação com as livrarias, vendendo grandes volumes", diz a editora.

A UNIÃO DOS INDEPENDENTES

É nesse começo profissional que Camila assume um papel fundamental na história do livro. Diante das grandes dificuldades de distribuição dos livros da Pinakotheke, Camila se une a Martha Ribas, uma das fundadoras da Casa da Palavra, para levantar a Primavera dos

Livros, eventos cuja primeira edição, em 2001, reuniu 56 editoras independentes no Jockey Club do Rio de Janeiro.

A iniciativa incomodou livreiros da capital fluminense que ameaçaram não comprar livros publicados pelas editoras que participassem da Primavera. "Eu não tinha medo por que não tinha o que perder. Eu já não vendia para eles, estava muito à margem do mercado tradicional. Ninguém esperava muito de mim e isso me enchia de coragem para lutar", diz.

Ali brotava o que viria a ser a Liga Brasileira de Editores (Libre), entidade fundada no ano seguinte, com o objetivo de aglutinar editoras independentes que estavam em busca de um lugar ao sol. Camila foi a primeira presidente da nova associação. "A minha vida mudou. As primeiras reuniões aconteciam na Pinakotheke e pareciam com umas sessões de terapia dos 'editores anônimos'. Tentávamos achar uma solução para os nossos problemas que eram comuns", lembra.

A semente plantada pelo grupo liderado por Camila lá no início dos anos 2000 rendeu frutos. "A única razão para que todas as editoras, independente do seu porte, terem conseguido vender para os programas do governo federal é porque a Libre brigou por isso", observa a editora fazendo uma referência à bandeira levantada pela entidade.

Desde o início, a Libre buscou equidade no mercado, garantindo condições iguais de competição entre conglomerados editoriais e casas independentes como a Pinakotheke. Tendo isso em mente, os editores associados à Liga conseguiram abrir diálogo com o Fundo Nacional de Desenvolvimento da Educação (FNDE), órgão responsável pelas compras de livros para alunos e professores das redes públicas de ensino, conseguindo a retirada de exigências dos editais com relação ao capital social das pleiteantes e às garantias de cumprimento dos contratos. "Na prática, os editais daquela época, davam condições de participação para uma parcela muito pequena do mercado. O edital excluía 90% das editoras. Foi uma briga, mas os editais passaram a ser mais inclusivos e o bolo passou a ser partilhado por muito mais editoras", lembra Camila.

A Libre entrou na briga pela qualidade dos livros comprados pelo então Programa Nacional Biblioteca na Escola (PNBE), criado para suprir os acervos de bibliotecas escolares de todo o Brasil. Os editais previam a padronização de formatos e do papel utilizado para a impressão dos livros. "Conseguimos mudar isso também!", diz orgulhosa.

MEMÓRIA VISUAL E A EXPERIMENTAÇÃO

Se a Pinakotheke não podia abrir a sua linha editorial, solidificada nas Artes Plásticas, Camila resolveu criar uma nova editora, a Memória Visual. Por ali, passa a publicar não só os livros de moda, mas também livros de gastronomia e maternidade. "São temas que me interessam e de que gosto muito", observa Camila. O livro que inaugura a Memória Visual foi *Papel manteiga*, de Cristiane Lisbôa, publicado em 2006. O livro conta a história da protagonista, Antônia, por meio de cartas trocadas com a sua bisavó. Na trama, a autora apresenta sessenta e cinco receitas "simples de fazer e salpicadas de literatura".

Ao contrário de *Sandra na Terra do Antes*, Camila buscou novas formas de se comunicar, sem nunca se esquecer do que aprendeu no passado. Mantendo as atividades da Pinakotheke e da Memória Visual, aposta no futuro, em novas formas de levar adiante a sua relação profissional com o livro.

Funda, em 2019, com Ana Paula Costa e, novamente, com Martha Ribas, a Mapalab, um espaço de experimentação de novos modelos de negócios do livro, criando pontes entre autores e seus leitores, num processo colaborativo. "Senti a necessidade de pensar o livro de uma outra maneira, em outros modelos, numa outra forma de existir", diz a editora que tomou gosto pela leitura pela menina Sandra, dona de grandes dilemas existenciais antes mesmo de aprender a se comunicar.

CHARLES COSAC

A família Cosac chegou ao Brasil entre as décadas de 1920 e 1930. Fugindo da pobreza na Síria, aqui, fez fortuna com a mineração. O primeiro a vir foi Eduardo, o patriarca. Depois os filhos, entre eles, Mustafá, que herdou uma mina de quartzo na Bahia. Ele se casa com Vitória (nascida Hend), sua prima-irmã e herdeira de uma mina de ferro, em Minas Gerais.

Vitória já tinha uma filha, Beth, fruto do primeiro casamento, e com Mustafá teve outros dois: Charles e Simone. O menino nasce em 1968, no Rio de Janeiro, prematuro, antes do sexto mês de gestação e logo no primeiro dia teve que ser submetido a uma cirurgia.

O pai, no afã de manter a tradição de família, foi rígido na criação dos filhos. Jamais aceitou, por exemplo, que o filho fosse homossexual. Charles sonhava em ser artista plástico. Não raro, gastava tardes inteiras desenhando a paisagem que via da varanda da casa da família no bairro da Urca, no Rio de Janeiro.

A leitura também fazia parte da rotina do menino Charles. "Eu comecei aos onze anos com o Ibsen, que me marcou muito. Daí, com doze anos, fui parar no Munch [Edvard Munch, o pintor norueguês]. Depois voltei pro Nelson Rodrigues. Tive um percurso muito esquisito. Com treze anos, eu podia recitar os livros pra você, de tanto que eu lia os mesmos", disse em entrevista ao Estadão[1].

---
1. https://brasil.estadao.com.br/blogs/inconsciente-coletivo/os-fetiches-de-charles-cosac

Mustafá manda o filho ainda adolescente para a Europa. Foi nessa fase da vida também que Charles começou a compor a sua coleção de arte. Na Inglaterra, estuda Matemática e é na universidade que conhece Michael Naify, filho de Marshall Naify e sobrinho de Robert Naify que chegaram a ter uma fortuna combinada de 3,4 bilhões de dólares construída com o negócio de audiovisual, que incluía uma cadeia de cinemas e a implementação da TV a cabo nos EUA.

Os dois se conhecem na Universidade de Essex, onde Charles conclui o seu mestrado sobre o artista plástico russo Kasimir Malevitch. Michael, mais tarde, se casa com Simone, irmã de Charles.

Neste período, Charles se dividia entre Londres, Nova York e Moscou. Quando morou na Rússia, ganhou o apelido de Oblomov, protagonista do romance do escritor russo Ivan Goncharov, um "procrastinador crônico"[2], como o próprio Charles definiu. "Oblomov sou eu", disse[3]. Não por acaso, a Cosac publicaria o romance mais tarde, em 2012.

Em 1997, Charles resolve voltar para o Brasil, sem avisar a família. Aqui, percebe um vazio: não havia muitas editoras publicando livros de arte. "Temos uma das melhores produções de artes visuais do mundo. Era preciso tornar isso mais acessível a mais pessoas", disse em outra entrevista[4].

Para cumprir essa missão, se associou com o cunhado e fundou, em 1997, a Cosac Naify, com investimento inicial de R$ 70 milhões. "Foi uma maneira de trabalhar com artes visuais sem que eu precisasse ser o autor", disse anos depois da fundação da editora[5].

O primeiro livro publicado pela Cosac Naify mostrava a que a editora vinha: *Barrocos e lírios*, do artista plástico e amigo Tunga. O livro

2. https://valor.globo.com/eu-e/noticia/2012/01/20/um-personagem-a-procura-de-seus-autores.ghtml
3. Idem.
4. https://cultura.estadao.com.br/noticias/geral,cosac-resiste-em-publicar-arte-com-arte,20010128p3980?req=arteelazer/2001/not20010128p3980.htm
5. https://valor.globo.com/eu-e/noticia/2012/01/20/um-personagem-a-procura-de-seus-autores.ghtml

– por si só uma verdadeira obra de arte – era composto em dez tipos diferentes de papeis e incluía inclusive uma trança impressa em uma tira de um metro de papel.

Em 2001, Charles contrata o professor e poeta Augusto Massi para dirigir a empresa. Massi encontra um catálogo de 80 títulos. Dez anos depois, quando deixa a empresa, esse número se aproximava de 900. A saída, no entanto, não foi amistosa. Charles chegou a dizer que o *publisher* saiu à francesa, sem nem um adeus[6]. Nessa altura, a Cosac já tinha diversificado seu catálogo, ultrapassando as fronteiras das artes plásticas e abrindo seu catálogo para a moda – chegou a publicar uma biografia da boneca Barbie – fotografia, música, cinema, arquitetura e ainda para os clássicos que passaram a ganhar novas traduções diretamente do original.

Convida outros nomes de peso para cuidar do catálogo. Foi o caso do professor de Teoria Literária Samuel Titan, para cuidar da coleção Prosa do Mundo; do crítico Ismail Xavier para cuidar das obras de cinema, e do crítico Rodrigo Naves para as obras de Artes Plásticas.

Os livros da Cosac já eram um objeto de fetiche e sonho de consumo de muitos brasileiros. No entanto, como o próprio Charles reconhece, a empresa nunca operou no azul. Os sócios sempre tiveram que fazer aportes de recursos para manter a empresa.

Em 2001, quando a empresa tinha pouco mais de quatro anos, Charles perguntado até quando duraria a sua editora, ele responde: "até quando eu quiser e o sonho durar"[7].

O sonho durou até 2015, quando Charles resolve fechar a empresa. "Optei por fechar como eu abri", disse em entrevista à GloboNews[8].

---

6. https://valor.globo.com/eu-e/noticia/2012/01/20/um-personagem-a-procura-de-seus-autores.ghtml
7. https://cultura.estadao.com.br/noticias/geral,cosac-resiste-em-publicar-arte-com-arte,20010128p3980?req=arteelazer/2001/not20010128p3980.htm
8. http://g1.globo.com/globo-news/jornal-das-dez/videos/v/dono-da-cosac-naify-explica-os-motivos-para-o-fechamento-da-editora/4650283/

"Os livros não estão vendendo, as lojas estão apertando o cerco. Isso começou a ameaçar o projeto", completou[9].

"A editora sobrevivia com dificuldade, com um investimento mensal meu – nesta altura, Michael tinha deixado já a sociedade –, mas a crise aumentou e criou um efeito dominó, com a elevação do dólar, a interrupção das aquisições governamentais e o início da inadimplência. E 2016 foi horrível para todo mundo, um ano marcado por promoções, não teria sido diferente para a Cosac Naify. Não me arrependo de nada – teria vivido tudo de novo, desde o começo", disse em entrevista que rendeu às cobiçadas Páginas Amarelas de *Veja*[10]. "Eu me sentia frustrado com o trabalho de dezenove anos e com o impasse da editora, que não entrava no azul nunca", completou[11].

O fim da Cosac foi anunciado em 30 de novembro de 2015, mesmo dia que em que o escritor potiguar subiu ao palco do Prêmio São Paulo para receber o prêmio pelo livro *Tempo de espalhar pedras*, publicado pela Cosac Naify.

O catálogo da Cosac foi pulverizado em diversas outras editoras. Boa parte foi para a Sesi SP, uma doação de Charles. Editoras como Companhia das Letras, 34, Cobogó e Ubu também absorveram boa parte dos livros publicados originalmente pela Cosac. Um acordo com a Amazon permitiu que Charles liquidasse o seu estoque.

Em janeiro de 2017, aos 49 anos, Charles vai à imprensa comemorar o seu primeiro emprego de carteira assinada. É convidado por André Sturm, então secretário municipal de Cultura de São Paulo, para dirigir a Biblioteca Mário de Andrade. Fica ali até 2019, doando o seu salário para a própria biblioteca que o convertia em compra de livros. Na sequência, é convidado para dirigir o Museu Nacional Honestino Guimarães, em Brasília, de onde sai em junho de 2020.

---

9. Idem.
10. https://complemento.veja.abril.com.br/entrevista/charles-cosac.html
11. Idem.

Efetivamente, nunca abandonou a edição de livros. Organizou *Mauro Restiffe*, livro publicado pela Cobogó que reúne cerca de 150 imagens em preto e branco feitas pelo fotógrafo ao longo de 20 anos. Editou também o livro *Henrique Oliveira*, publicado pela Sesi-SP Editora. Em 2020, Charles resolve resgatar o nome da editora que veio estampado na capa do livro *Tunga*, organizado por Catherine Lampert e que resgata a obra do amigo vitimado por um câncer em 2016 e autor da primeira obra da Cosac e Naify, em 1997. À época do lançamento de *Tunga*, Charles disse ao Globo[12]: "Vou editar até morrer. (...) Nada me impede de fazer um livro por ano. Editar é um prazer, não faz mal a ninguém e não dá lucro nenhum. É uma atividade boa para a terceira idade".

---

12. https://oglobo.globo.com/cultura/charles-cosac-quero-fazer-livros-ate-morrer-24216399

CILENE VIEIRA

Uma mulher da literatura que divulga ciência. Poderia ser esta, entre tantas, a definição de Cilene Vieira. Natural de Martinópolis, no interior paulista, muda-se ainda criança para Osasco, na Grande São Paulo. É de lá a lembrança da biblioteca municipal, de onde era sócia desde pequena.

Mas é em Pernambuco que ela começa a sua vida editorial. Em 1977, ela conclui a graduação em Letras, na Universidade Católica de Pernambuco. Tem uma curta temporada no curso de Filosofia, quando decide entrar para um programa de pós-graduação.

Em 1983, conquista o título de mestre em Teoria da Literatura pela Universidade Federal de Pernambuco (UFPE), com a dissertação *Vivência Poética – princípios determinantes da relação espectador-obra*.

No Nordeste, a paulista se encanta com a Literatura de Cordel, mas é na divulgação científica que se encontra profissionalmente. Durante o mandato de Ennio Candotti, presidente da Sociedade Brasileira para o Progresso da Ciência (SBPC), assume como chefe da sucursal Nordeste da Revista *Ciência Hoje*/SBPC, onde fica até 1993. Lá, é a responsável pela coordenação e elaboração das atividades de divulgação científica das Secretarias Regionais da SBPC/Nordeste.

Entre os anos de 1986 e 1987 assume como coordenadora do Ciclo de Palestras de divulgação e educação científicas: *Ciência às seis horas* (quinzenal) e *Ciência na escola* (mensal), também pela Secretaria Regional da SBPC no Pernambuco.

No fim dos anos 1980, muda-se para o Rio de Janeiro, onde assume o posto de editora-associada da revista *Ciência hoje* e, em seguida, é promovida diretora-executiva. É na revista que conhece o neurocientista Roberto Lent, um dos primeiros editores da revista e com quem Cilene se casa.

Permanece na revista até 1997. Depois de sua saída, atua na área de mídia digital, chefiando o departamento de informática educativa do Senac Nacional. Tem também uma passagem pela Fundação Roberto Marinho, onde adquire experiência na área de vídeos educativos.

Todo esse arcabouço dá garantias para Cilene criar ao lado de Roberto a Vieira & Lent Casa Editorial, editora que se especializou na "divulgação científica de autores nacionais e temas científicos de interesse para o grande público leitor, como Cilene defende".

A estratégia para o início das atividades da Vieira & Lent foi dar espaço a jovens cientistas. Foi buscar no meio científico livros de autores nacionais, que desenvolvessem pesquisas em áreas de ponta, mas que não tinham livros publicados. O entendimento da editora estava na importância e na necessidade de dar visibilidade a estes trabalhos, mas também para firmar sua linha editorial frente aos mercados editorial e livreiro.

O primeiro título da editora sai em 2002 e foi *O cérebro nosso de cada dia*, que lançou a neurocientista Suzana Herculano-Houzel como escritora. Hoje, Suzana é autora consagrada, com outras obras publicadas por editoras como Zahar, Companhia das Letras, Sextante e Record. "O lançamento foi em janeiro, um mês em que tradicionalmente se vende poucos livros. Sabia que estava lançando o livro da Suzana na contramão. Aliás, sempre tive clareza de que editar divulgação científica é estar na contramão. Apesar de tudo isso, foi um sucesso. Vendemos

300 exemplares no evento de lançamento e livro em pouco tempo se esgotou", lembra.

Ainda nesse propósito, com conselho editorial formado por membros da comunidade científica das três grandes áreas do conhecimento (exatas, humanas e biológicas), é iniciada em 2007 a coleção *Ciência no bolso – Ciência fácil para todos*. Por ali publica, dentre outros, os livros *O que é justiça? O justo e o injusto na pesquisa filosófica. Um exemplo: as cotas raciais nas universidades*, da filósofa Marina Velasco; *Maconha, cérebro e saúde*, dos neurocientistas Sidarta Ribeiro e Renato Malcher-Lopes, e *O que é computação quântica?*, do físico Ernesto Galvão.

O grande best-seller da Vieira & Lent foi *A arte de esquecer*, do neurocientista Iván Izquierdo. No livro, o médico argentino naturalizado brasileiro responde à pergunta "como e por que esquecemos ou precisamos esquecer?".

A editora percebe oportunidade para explorar um novo segmento: o da literatura infanto-juvenil. Essa decisão nasce da "consciência de que não existia nada parecido. Ninguém falava de ciência para crianças", como a própria Cilene explica. Publica, por exemplo, *Tem perigo no ar* – livro de Israel Felzenszwalb e ilustrado por David Palatnik que alerta sobre o perigo de brincadeiras que envolvem a respiração – e *Afinal de contas, que cegonha é essa?*, em que o ginecologista Selmo Geber explica para os pequenos todo o processo de fertilização em laboratório. Era uma resposta a uma pergunta frequente em seu consultório: futuras mães queriam saber como explicar a seus filhos como eles foram gerados em laboratório.

Em 2017, já prevendo a derrocada das livrarias – no ano seguinte, Cultura e Saraiva, duas das principais redes de livrarias do país, pedem recuperação judicial –, Cilene se vê diante de um dilema: o seu modelo de distribuição já não estava mais funcionando e ela se via empurrada para a venda direta de seus livros. "Editar é editar. Vender é vender.

Nunca engoli essa coisa de ter que vender. Esse não era o meu modelo de negócio. Eu comecei a ficar muito infeliz com aquilo", diz defendendo a cadeia distributiva do livro.

Decide, então depois de quinze anos, encerrar as atividades da Vieira & Lent, não sem antes inscrever o seu nome na história do livro no Brasil ao popularizar a ciência brasileira, criando um numeroso portfólio de livros de autores-pesquisadores. Desempenha papel importante ao oferecer para os cientistas brasileiros um veículo para transmitir ao grande público o seu trabalho e as suas descobertas. Ademais, ofereceu ao público acesso simples e qualificado aos temas da ciência brasileira.

Depois do fechamento da editora, saldou seus estoques, fez os acertos com seus autores e quando deu depoimento para este livro prometeu voltar em breve com um novo empreendimento na área do livro. Quem viver verá.

CRISTINA FERNANDES WARTH

A formação da biblioteca de Cristina Fernandes Warth foi tão acidental como as formações das bibliotecas. Entre as escolhas do pai e a biblioteca do bairro, formou-se leitora, desde sempre, ávida. Na juventude, entrou para a militância da Política Operária. Pela causa, quase cursou Medicina, mas acabou estudando História. A vida na universidade se deu ao mesmo tempo em que nasceram as duas filhas. A futura editora Cristina esteve em sala de aula. Credita a este período parte da formação, estágio que decerto não foi de menos importância para a construção de sua cabeça cidadã.

Mas, e a Pallas? Chegou a Cristina através de seu pai, sempre com o perfil de uma editora familiar: primeiro, o pai de Cristina e suas filhas, hoje, Cristina e sua própria filha, Mariana Warth, a que estava no ventre da mãe quando da frustrada tentativa de ingressar em Medicina. O pai de Cristina era o tipo de editor que tinha um foco maior na área comercial. Por isso, ele editou livros ligados à cultura afro-brasileira, de caráter bastante popular, como livros que ensinam a realizar oferendas. Foi um grande acerto. Acerto que tocou o circuito alternativo a livrarias – lojas de santo, por exemplo.

Ao ser diagnosticado com câncer, o pai de Cristina trouxe a filha para mais perto de seu negócio, que já era, a propósito, também dela.

Desde seu desconhecimento sobre a editora, mesclado a certo desinteresse por editar e uma grande paixão pela disciplina da História, Cristina começou a notar a ausência de uma reflexão sobre cultura negra no Brasil. A sua formação em História talvez tivesse muito que ver com esse movimento.

O encontro foi potente: Cristina, em 1992, assume a editora querendo emprestar a ela um caráter histórico. Queria que a Pallas fosse, culturalmente forte, de uma referência em assuntos afro-brasileiros.

Seu pai, desde do seu lugar de negociante experiente, lhe disse: "faça o que quiser, desde que você não abandone o que há de mais forte na empresa, que são os livros populares."

Hoje, a editora assume que a combinação não poderia ter dado mais certo. A Pallas foi, inclusive, o lugar no qual a militante de esquerda começa, inclusive, a superar sua ignorância acerca da mesma cultura que ela ajuda tanto a divulgar.

A partir de então, a Pallas, sem deixar seus livros populares, começa a conversar com a universidade, antropólogos, sobretudo, e também a investir num conhecimento ligado à própria história da escravidão e das religiões afro-brasileiras. Foi o encontro da academia com o terreiro. Isso levantou diversas questões de caráter até epistemológico, como a tensão entre um conhecimento iniciático e sua traduzibilidade para o texto escrito. Esse foi um ponto de viragem no catálogo da Pallas, que pode ser traduzido como o encontro da academia com o terreiro.

O Brasil que se abre às cotas e a um crescendo da necessidade de representatividade foi solo fértil para essa editora a Pallas.

Cristina traz para dentro da empresa a sua filha Mariana, de quem estava grávida quando desistiu do curso de Medicina. Com a chegada de Mariana, a Pallas ganha livros da literatura infantil e juvenil que passam a compor o catálogo.

Este trabalho colocou a Pallas, por duas ocasiões, em destaque entre as melhores editoras das Américas Central e do Sul de acordo com a Feira do Livro Infantil e Juvenil de Bolonha.

O novo século também traz, além do protagonismo de Mariana Warth na Pallas, novos desafios. Como chegar à escola? Como transitar da academia e do terreiro para a ficção.? Entrar em um edital do governo de Minas Gerais foi uma enorme notícia de que este público existe, ainda mais numa editora cujos livros infantis são tão certeiros, posto que as personagens negras contam-se como negras mas contam também histórias universais, mesmo porque afrodescendentes são todas as pessoas que vivem no Brasil.

Daí, chegar à literatura afro-brasileira foi um passo. O nome de Conceição Evaristo é central nesta parte da história da Pallas. Em 2016, a editora publica *Olhos d'água*, que se constitui um marco importante na vida da editora para essa noção, que passa também pela superação do silêncio negro e feminino. Não é exagero dizer que, nesse campo, a Pallas é, hoje, a mais importante, ecoante, editora do país.

A brancura das peles de Cristina e Mariana é visível e curiosa. O avô de Cristina era negro; sua avó, racista. Para Cristina, trabalhar na Pallas é quase uma terapia – autoconhecimento, e enfrentamento. Além disso, é um trabalho de ajudar no enegrecimento de um país negro que não se reconhece como tal e segue perseguindo ideais de branquitude não apenas inatingíveis, mas lamentáveis. Cristina milita também na Liga Brasileira de Editores (Libre), que ajudou a formar e da qual foi presidenta. A Primavera dos Livros, evento fundador da entidade que já alcançou a sua maioridade, foi fundamental essencial, no começo do século, para representar uma indignação de editoras independentes dentro de um mercado muitas vezes pouco generoso.

Esta branca que lidera a maior uma das mais importantes editoras negras do Brasil entende, aliás, um Brasil como profunda viabilidade." Segundo ela, ainda "vivemos num país que fala uma língua própria, com coisas do português mas do ioruba, do banto etc.: o brasileiro. Um país, segundo ela, a se reinventar, ainda e sempre."

FLÁVIA GOULART ROSA

Em um dos seus aniversários, quando criança, Flávia Goulart recebeu do seu avô – o fotógrafo e ilustrador Arnaldo Goulart – uma tipografia. O brinquedo emulava a traquitana inventada por Gutenberg no século XV: no lugar dos tipos móveis de metal, os do brinquedo eram plásticos e a tinta usada, era a tinta de carimbo. "Já naquela época, eu brincava de fazer jornal, para 20 anos depois, fazer livros", comenta.

A brincadeira fez eco no interior da menina. Aos 13 anos, ainda concluindo o ensino fundamental, decide que queria atuar no jornalismo. "Hoje, tenho certeza de que meu avô Arnaldo construiu um alicerce forte que me conduziu a essa decisão", diz.

O sonho de menina se concretiza em 1976, quando ela entra para o curso de Comunicação Social da Universidade Federal da Bahia. No segundo semestre do curso, é convidada pelo professor Ailton José Oliveira Sampaio, na época, coordenador do Centro Editorial e Didático (CED), para estagiar no órgão responsável pelas publicações da universidade, além da confecção de todo o material gráfico utilizado pela instituição federal de ensino superior. "De imediato, identifiquei-me com a atividade gráfico-editorial e, de fato, cursei uma verdadeira escola na prática, pois tive oportunidade, nos três anos de estágio pelo Sistema Bolsa de Trabalho, de passar por todos os setores do CED: da pré-impressão (revisão, editoração, arte final) à atividade industrial propriamente dita: fotomecânica, impressão e acabamento", diz.

Flávia conclui o curso em 1979, três anos e meio depois do ingresso, e é contratada de imediato como professora colaboradora para substituir a professora Nívea Gouveia, que conduzia a disciplina de Editoração, no curso de Comunicação da UFBA.

"Eu, ainda muito jovem, não quis perder a oportunidade de continuar vinculada ao CED, fazendo o que mais gostava, enquanto conciliava com a atividade docente", comenta. E assim foi: de 1981 a 1989, ela chefiou o Núcleo de Recursos Didáticos do CED, coordenando a produção editorial-didática da universidade, incluindo a impressão do vestibular.

A entrada de Flávia para quadro efetivo da universidade coincide com um momento de organização das editoras universitárias localizadas no Nordeste. O objetivo, segundo ela mesma aponta, era refletir sobre o papel das editoras no contexto da universidade e ainda sobre a qualidade do que publicavam. Em 1982, a Universidade Federal do Ceará (UFC) realizou o I Encontro Nordestino de Editoras Universitárias, para discutir a problemática do livro universitário, colocando o foco num dos principais gargalos do setor até hoje: a distribuição.

Este encontro marcou o início de uma série de iniciativas que transformaria a história do livro universitário no Brasil. Uma delas foi a criação do Programa Interuniversitário para Distribuição do Livro (PIDL), em 1982. Ainda em atividades, o PIDL tem por objetivo divulgar e comercializar os títulos publicadas por editoras universitárias no âmbito de instituições pares.

Outro resultado desta movimentação iniciada no Nordeste foi a criação dos Seminários Nacionais das Editoras Universitárias. O primeiro deles foi realizado em 1984, em Niterói, Rio de Janeiro. Dali, sai a primeira entidade regional para aglutinar editoras universitárias: a Associação das Editoras Universitárias da Região Sul (Eduni-Sul), que, por sua vez, estimulou a criação de entidades similares em outras regiões. Estas organizações abriram caminho para a criação da Associação Brasileira das Editoras Universitárias (Abeu), no fim da década de 1980.

Flávia não só testemunhou como protagonizou todos estes momentos: viu o livro universitário romper as fronteiras dos campi para atingir um público mais amplo. Esta talvez tenha sido a sua principal bandeira ao longo de mais de 40 anos de atividade. Assumiu, inclusive, a presidência da Abeu em dois biênios: 2003-2005 e depois 2009-2011.

Outra iniciativa coletiva à qual Flávia esteve ligada desde a fundação foi o Instituto Baiano do Livro (IBL). Ela foi a vice-presidente da entidade fundada em 1991 nos dois primeiros mandatos (1991-1993 e 1993-1995).

Sem jamais abandonar a docência, em 1989, Flávia assume a coordenação do CED, órgão que, nas palavras da própria Flávia era complexo por aglutinar numa mesma estrutura as atividades intelectual, industrial e comercial. Em 1992, o CED é transformado na Editora da Universidade Federal da Bahia – Edufba. Flávia, que estava grávida de gêmeos, prefere não aceitar o convite para assumir a direção do novo órgão.

Neste mesmo início da década de 1990, UFBA cria o curso de Desenho Industrial – Programação Visual, ligado à Escola de Belas Artes da universidade e cujo corpo docente passou a contar com o nome de Flávia. Ali, foi professora das disciplinas de Desenvolvimento do Projeto de Programação Visual I; Materiais e Processos Gráficos; Supervisão de Estágio I e II; e Desenvolvimento do Projeto de Programação Visual IV, esta última voltada para o planejamento gráfico-editorial. Em 1997, ela assume a coordenação do curso.

O retorno à Edufba se dá no segundo semestre de 1998. O seu retorno coincide com a ampliação dos números de lançamentos pela editora universitária. Até 1999, a Edufba publicava, em média, 15 títulos por ano, cuja soma das tiragens não alcançava nove mil exemplares. Dez anos depois, a editora alcançava a marca de cem títulos publicados naquele ano de 2009 e em 2011 alcançou a marca de 30 mil exemplares vendidos.

Um aspecto relevante da trajetória da professora-editora foi a formação de mão-de-obra para o setor editorial. E disso ela se orgulha: seus alunos e estagiários conquistaram postos de trabalho não só no Nordeste, mas como em outros estados da Federação. Boa parte da equipe da Edufba hoje é composta de ex-estagiários que foram efetivados graças à Fundação de Apoio à Pesquisa e à Extensão (Fapex), ligada à UFBA.

Ao longo da sua trajetória, a Edufba construiu um catálogo importante nas discussões raciais e de gênero. E nele está fincada uma outra bandeira da editora: o acesso aberto, defendido por Flávia como maneira de democratizar o acesso ao livro. Este tema, inclusive, foi tema do seu doutorado defendido em 2011. Boa parte do catálogo da editora está disponível por meio do Repositório Institucional da Edufba, implantado paralelamente ao andamento da sua defesa.

Nesta direção, Flávia fez parte da implementação da Scientific Eletronic Library On-Line (SciELO) no Brasil. A plataforma foi lançada em 2012 graças a um consórcio formado entre Unesp, UFBA e Fundação Fiocruz.

Em 2017, tem o seu trabalho reconhecido ao receber a Medalha Rubén Bonifaz Nuño concedida pela Feira Internacional do Livro da Cidade do México pelo seu trabalho entre os editores universitários da América Latina e Caribe.

Em 2020, Flávia – ainda na direção da Edufba – conquistou o posto de professora titular da Federal da Bahia.

FLORENCIA FERRARI

Em 1997, oito alunos de graduação em Antropologia na Universidade de São Paulo resolveram dar um passo adiante. Uniram-se para fundar a *Sexta-Feira*, revista que tratava não só da antropologia, mas também de arte, cinema, teatro e literatura. Nesse grupo, estava Florencia Ferrrari, que mais tarde ocuparia o posto de diretora editorial da Cosac Naify e fundaria a Ubu. Mais de vinte anos depois dessas primeira experiência, Florencia reconheceu que a *Sexta-Feira* é bem parecida com a Ubu[1].

É neta de León Ferrari (1920 – 2013), artista plástico argentino apontado como um dos artistas plásticos mais provocadores do mundo. Em 2004, atiçou a ira do então arcebispo de Buenos Aires, Jorge Mario Bergoglio, atual papa Francisco, por colocar estatuetas da Virgem Maria em um liquidificador.

Florencia nasce na Argentina, mas se muda pro Brasil aos seis meses de vida. Um dos tios era ligado ao movimento Montoneros, uma organização política de guerrilha urbana duramente perseguida pela ditadura militar vigente no país naquela época. A atuação do tio obrigou toda a família a se exilar no Brasil.

A mãe, uma psicanalista que mais tarde, já no Brasil, fundou a editora *Revista Brasileiros*, e o pai, um professor de matemática, desembar-

1. https://www.youtube.com/watch?v=sO-2aefz8pE

caram em São Vicente, no litoral paulista. Pouco tempo depois disso, a família se muda para a capital, quando pai consegue uma vaga para dar aula no Instituto de Matemática e Física da Universidade de São Paulo. Só mais tarde, já adulta, quando assiste ao filme *Kamchatka*, de Marcelo Piñeyro, Florencia percebe que, embora tenha chegado muito cedo ao Brasil, teve uma infância muito argentina. Essa biculturalidade talvez tenha sido motor para que ela seguisse o caminho da Antropologia.

Terminada a graduação – sem nunca abandonar a *Sexta-Feira* que durou até 2006 –, Florencia segue para o mestrado, tendo como orientadora a professora Lilia Moritz Schwarcz. No fim da pós-graduação, em 2002, começa a procurar um trabalho. É apresentada pelo jornalista e escritor Heitor Ferraz Mello a Augusto Massi, diretor editorial da Cosac Naify na época. Ele tinha nas mãos os manuscritos de *A inconstância da alma selvagem*, do antropólogo Eduardo Viveiro de Castro, e precisava alguém que entendesse de antropologia para editá-lo. Florencia conhecia Viveiros, já o tinha entrevistado para a *Sexta-Feira*. Aceitou o serviço como freelancer.

Assim entra para a editora de Charles Cosac. Ali, é logo efetivada como assistente editorial, passa a coordenadora e, em 2012, chega a diretora editorial. Ocupa o posto até o fim da editora, em 2015, mas não sem antes passar por algumas turbulências. Em 2014, por exemplo, estava representando a editora na Feira do Livro de Frankfurt quando é demitida pelo então diretor-executivo da empresa, o escritor e jornalista Bernardo Ajzenberg. O motivo tinha sido uma discussão entre a editora e Charles Cosac[2]. Poucos dias depois, o excêntrico editor e proprietário da Cosac Naify, revê a sua posição e mantém Florencia no cargo.

Como o ponto final na história da Cosac Naify, Florência se associa Elaine Ramos, outra ex-Cosac, e Gisela Gasparian, que veio do mercado financeiro, mas é neta do editor Fernando Gasparian, para fundar

---

2. https://www1.folha.uol.com.br/ilustrada/2014/10/1532204-editora-cosac-naify-troca-comando-e-chama-de-volta-diretora-demitida.shtml

a Ubu. A nova editora nasce planejando reeditar 35 títulos publicados originalmente pela antiga casa onde Florencia se fez editora. No catálogo, livros de Ciências Humanas, Literatura, Crítica, Artes Visuais, Cinema e livros de referência. Uma mini-Cosac ou uma *Sexta-Feira* de mais fôlego, como o leitor preferir definir.

O livro que inaugura a Ubu foi uma edição crítica de *Os sertões* organizada pela professora Walnice Nogueira Galvão, que a Cosac contratou, mas não chegou a publicar. Depois vieram *O Supermacho*, de Alfred Jarry, com uma tradução de Paulo Leminski; e o infantil *Jacaré, não!*, de Antonio Prata.

Se os primeiros títulos da Ubu vieram do espólio da Cosac, o modelo de negócios não podia ser repetido. "Na Cosac eu não tinha a variável fluxo de caixa. Quando faltava dinheiro, alguém fazia o aporte. Não tinha isso, de o dinheiro acabar. Era uma editora de mecenato, no fundo. Me sinto muito orgulhosa de ter participado dessa experiência, mas isso não pode servir de modelo de negócio", analisa[3]. Os recursos iniciais para a abertura da editora vieram da investidora Cristina Pinho de Almeida, madrinha de Florencia.

Outro lado da editora é o de carateca. Ela está no segundo dan da faixa preta da arte marcial de origem japonesa. A sua atuação como editora é uma mescla de sua formação e da sua história: humanista como todo antropólogo deve ser, disciplinada como se espera de um carateca, cuidadosa com a produção editorial como aprendeu na Cosac e apaixonada como era desde os tempos da *Sexta-Feira*.

---

3. https://www.youtube.com/watch?v=sO-2aefz8pE

ISA PESSOA

O quarto de serviço de casa da menina Isa Pessoa, em Niterói (RJ), virou, muito cedo, um escritório. Era ali naquele pequeno espaço que a futura editora foi levada pelas mãos de Monteiro Lobato para o território da fantasia. Nessa época, ela sonhava em ser escritora e jornalista. Exercia a função desde cedo, escrevendo diários com a maior desenvoltura. Esse tempo e aquele pequeno quartinho foram formadores do que vinha pela frente.

Ela se forma jornalista pela Universidade Federal Fluminense (UFF) em 1983. No ano seguinte, já estava nos quadros do jornal *O Globo*, onde permaneceu por seis anos atuando como repórter do Segundo Caderno, especializando-se em cinema e literatura.

De lá, segue para a TV Globo, cuidando da parte internacional do Jornal Hoje e do Jornal da Globo. Ali conhece Roberto Feith, jornalista que tinha sido correspondente da Globo na Europa e nos EUA e tinha dirigido o Globo Repórter. Em 1992, ele resolve comprar a Objetiva, uma editora nanica criada por dois ex-editores da Nova Fronteira.

Pouco tempo depois, leva a ex-colega para o seu time. Isa conta que estava um "pouco entediada" na TV e, ao receber o convite de Feith para a aventura nos livros, foi pouco olhando para trás.

A Objetiva nessa época ocupava uma pequena casa no bairro do Jardim Botânico, no Rio de Janeiro. No andar de cima, funcionava a produtora de vídeo de Feith e, no andar de baixo, a editora. "Um dia, passei com a minha mãe na frente da casa, e ela me disse: 'minha filha, você largou emprego na Globo para trabalhar aqui? Isso não vai dar certo'", lembra rindo. Deu certo. Isa entra, a princípio, para colaborar na produtora. Em pouco tempo, passa para o time da editora e ali faz história.

Ela assume a produção dos autores nacionais da Objetiva e conquista gente de alto calibre. Zuenir Ventura, Luis Fernando Verissimo e João Ubaldo Ribeiro são alguns desses nomes. "Roberto e eu formávamos uma boa dupla", diz. Mas nunca deixou de olhar o mercado internacional. A coleção *Plenos pecados* é um exemplo. A convite da Objetiva, sete autores escreveriam cada um sobre um dos pecados capitais. É nesta coleção que estão, por exemplo, *A casa dos budas ditosos*, de João Ubaldo Ribeiro (luxúria); *O clube dos anjos* (gula), de Érico Verissimo, e *Xadrez, truco e outras guerras* (ira), e de José Roberto Torero. Dois autores argentinos participam da série: Ariel Dorfman, com *Terapia* (avareza), e Tomás Eloy Martinez, com *Voo da rainha* (soberba). Um terceiro autor latino-americano estava cotado para a série. Era o chileno Mario Vargas Llosa, a quem Isa visitou em um a de suas idas a Londres. Ele acaba não participando da coleção, mas publicou pela Objetiva.

A trajetória da editora teve outros sucessos, como *Comédias da vida privada*, de Verissimo, que alcançou a marca de dois milhões de exemplares vendidos, e *Elite da tropa*, depois transformado em filme.

Isa chega a ser sócia da Objetiva, uma pequena participação, mas que veio em boa hora quando a empresa foi vendida ao grupo espanhol Santillana em 2005. Com essa movimentação, a Objetiva ganhou selos. O Alfaguara foi um deles e Isa passou a tocá-lo no Brasil.

Ao todo, foram 17 anos na Objetiva, editora que ajudou a transformar e a profissionalizar o mercado editorial brasileiro.

Em 2011, Isa deixa a Objetiva. Passa um pequeno sabático na Itália e, de volta ao Brasil, funda, em 2013, a Foz, nova empreitada, com outros números, substancialmente mais modestos. A editora publica 20 títulos de nomes como Jose Eduardo Agualusa, Gonçalo M. Tavares, Marcelo Rubens Paiva, Ruy Castro, Nelson Motta, Francisco Bosco, Paula Fabrio, Paulo Scott, Tatiana Salem-Levy e Sasa Stanisic.

O ano de 2016 foi especialmente duro para a economia brasileira e fatal para a Foz. "Eu tinha sonhos muito altos", diz, mas "houve uma sucessão de não, não, não e não", completa.

O fim do sonho de uma editora própria coincidiu com um episódio dramático que, anos depois, a editora consegue contar dando muita risada: ela tinha acabado de almoçar com amigos, quando tropeça e cai, batendo a testa na calçada. "Tinha acabado de laçar *Um dia toparei comigo* [de Paula Fábrio]. Foi meu último livro [na Foz]", conta rindo muito. "Eu fiquei apavorada!", disse. O acidente marcou o fim da Foz.

Quando tomou a decisão de encerrar as atividades da Foz, Isa tinha na ponta da agulha o livro *Amyr Klink – Não há tempo a perder*, uma grande aposta para tão poucos recursos.

Ela decide engavetar o projeto, mas incentivada por Marina Klink, mulher do navegador, ela decide fazer uma coedição com o selo Tordesilhas, da Alaúde. O livro chega às livrarias com as duas marcas estampadas na capa.

Nascia aí uma parceria de Isa com a Alaúde, de Antonio Cestaro. A convite do editor, a carioquíssima se muda para São Paulo em 2018 para assumir a Tordesilhas. Por ali publica, entre outros, o livro de memórias da ícone fashion Costanza Pascolato. A parceria dura pouco e é desfeita em 2019.

Não importa se em Niterói, no Jardim Botânico ou em São Paulo, a trajetória de Isa é pontuada pelo profissionalismo e pela paixão. Um de mão dado com a outra.

JIRO TAKAHASHI

Ao longo de mais de 50 anos de carreira, Jiro Takahashi conquistou um raro posto no mercado editorial brasileiro: é uma (quase) unanimidade entre seus colegas, uma espécie de lenda viva da indústria do livro. Nasceu em Duartina, no interior paulista, em uma família de origem japonesa, de costumes comedidos, mas que não impediram de o futuro editor ser uma criança como outras da sua época. Faz questão de manter contato, ainda hoje, com os amigos com quem jogava futebol nas ruas de Duartina e com quem apanhava mangas e goiabas nos quintais dos vizinhos. Criaram a tradição de se reunir todo dia 13 de dezembro, quando se comemora do Dia de Santa Luzia, padroeira da cidade natal. Ainda na juventude, começou a jogar tênis de mesa, esporte que sonhava defender nas Olimpíadas. Não chegou a tanto, mas conquistou importantes campeonatos regionais.

Sonhava em ser médico, mas a morte do pai, em 1961, fez o menino tomar outro caminho. Estudou contabilidade e, aos 17 anos, passa no concurso público do Banco do Brasil com nota alta. Pouco depois é aprovado no vestibular para o curso de Direito na Universidade de São Paulo, com nota máxima em língua portuguesa. O episódio, conta o editor, chama a atenção da imprensa da época que publica a história do menino de origem japonesa que tinha estudado contabilidade, mas chegava ao curso de Direito mais tradicional do país, com nota máxima em português.

A pequena vitrine serviu para que ele começasse a dar aulas em cursinhos da capital paulista. Conhece então, Anderson Fernandes Dias, que tinha acabado de fundar a Ática. Sem nunca deixar de dar aulas, atendeu ao chamado de Anderson e passou a integrar o time editorial da Ática, onde permanece por mais de 20 anos.

É onde formou gerações de leitores, sendo a mente por trás de duas das mais prestigiadas coleções brasileiras: *Para gostar de ler* e *Vagalume*, dois enormes sucessos comerciais do mercado editorial brasileiro.

A *Vagalume* veio primeiro, em 1973, com *A ilha perdida* e *Éramos seis*, ambos de Maria José Dupré; *Cabra das rocas*, de Homero Homem, e *Coração de onça*, de Ofélia Fontes e Narbal Fontes. Nenhum dos seus títulos da série voltada para o público juvenil vendeu menos de trinta mil exemplares. Esse número, aliás, vinha escrito no contrato com o autor: a editora se comprometia a vender pelo menos trinta mil exemplares. Se a ousadia era grande, o êxito era ainda maior. O que podia parecer uma maluquice, era, na verdade, acompanhada de muita pesquisa e testes com alunos e professores, que avaliavam previamente os títulos que seriam publicados pela série. Assim, a Ática diminuía os seus riscos, mesmo apostando alto.

A *Para gostar de ler* chegou no meio dos anos 1970, com o enfoque nos alunos do ensino fundamental e médio. O primeiro volume reuniu crônicas escritas por nomes de peso: Carlos Drummond de Andrade, Fernando Sabino, Paulo Mendes Campos e Rubem Braga.

Foi conversando com esses autores e lançando essas séries que a Ática começou a sair de seu lugar de editora de livros didáticos e paradidáticos, ampliando um bocado os limites da ideia de livro para a escola, ampliando, inclusive, a ideia de escola. E as vendas, bem só a *Para gostar de ler* vendeu 200 mil exemplares de saída, no primeiro semestre de vendas.

Na Ática, Jiro faz um trabalho refundador do mercado editorial. Foi revolucionário para a época. As tiragens ousadas e os nomes que aderiram às séries elevaram a indústria do livro no País.

Com a morte de Anderson, em 1988, Jiro sai da Ática e vê espaço para criar a sua própria editora, a Estação Liberdade. Recorre a um amigo antigo para orientá-lo nesse começo. Ninguém menos que Massao Ohno, outra lenda do mercado editorial brasileiro. Massao dá o caminho das pedras e dicas que Jiro diz carregar por toda a sua carreira futura.

Jiro bebeu em outras fontes também. Além de Massao e Anderson, teve relação próxima com Jorge Zahar, Murilo Rubião e Caio Graco, só para citar alguns.

Em 1993, Jiro vende parte pequena da Estação para Angel Bojadsen – outro que bebeu na fonte de Massao Ohno –, que aos poucos foi ampliando a sua participação até que em 1996 detinha 50% do negócio – os outros 50% pertenciam a Diba Verza, que estava na editora desde a sua fundação.

A partir daí, Jiro segue para a Editora do Brasil e depois tem passagens pela Ediouro, Rocco e Nova Aguilar, quando esta foi comprada pela Global.

A conversa para este livro aconteceu no sótão da casa ocupada pela Global, imóvel histórico usado como residência para Ramos de Azevedo, o arquiteto que construiu São Paulo. Ali, Jiro comanda o resgate de clássicos publicados pela Nova Aguilar, a versão brasileira mais próxima da francesa La Plêiade. A exemplo de Ramos de Azevedo e da própria La Plêiade, Jiro também se entende como construtor. Ergue "pontes e sonhos"[1]. Pontes no tempo: "Você lê Homero, Dante, Shakespeare e você lê Ruffato, Raduan e Djamila"[2]. Clássicos e contemporâneos. Pontes também no espaço: foi no seu período na

1. http://www.bpp.pr.gov.br/Candido/Pagina/Os-editores-Jiro-Takahashi
2. https://www.publishnews.com.br/materias/2019/12/05/jiro-takahashi-a-lenda-viva-da-edicao-brasileira-nas-lentes-da-pntv

Ática que foram construídas as fundações para trazer autores africanos para o Brasil. Pepetela é um desses que caminharam nessa ponta planejada por Jiro.

Além de construir pontes entre passado e presente, Jiro tem formado gerações de profissionais, ligando o presente com o futuro da edição no Brasil. Foi diretor acadêmico dos cursos de pós-graduação da Casa Educação e tem se dedicado à formação profissional de futuros editores.

Depois que completa os sessenta anos, o editor-construtor volta às origens: à meticulosidade nipônica e ao exemplo do amigo Massao Ohno. Passou a dedicar-se àquilo que o livro tem de mais artesanal, a encadernação.

JORGE OAKIM

A casa em que Jorge Oakim cresceu foi uma casa de leitura, por influência de primos e, especialmente, do pai, engenheiro e grande leitor, e leitor por gosto. Ainda na adolescência, o futuro editor se apaixona não só pelos livros, mas também pelo cinema. Seguindo o caminho do pai, Jorge tentou a Engenharia. Mas um período na Inglaterra – para onde foi estudar – deu uma guinada e Jorge se encontrou com a Economia. De volta ao Brasil, assume a administração dos imóveis da família. Foi nesse início de carreira que se casa e adia o plano de um MBA no exterior.

A ideia de se criar uma editora veio em 2002. Cria um cuidadoso plano de negócios e segue para a sua primeira ida à Feira do Livro de Frankfurt. Mesmo sem experiência nenhuma na gigante feira de negócios, Jorge volta de lá com o livro que marcaria o início – e o sucesso – da Intrínseca. O livro era *Hell – Paris 75016*, de Lolita Pille. A primeira vez que ele tinha lido sobre o livro foi em uma matéria no Caderno Ela, de O Globo[1]. Lolita, uma patricinha parisiense que tinha escrito um diário romanceado falando sobre as suas aventuras sexuais, chamou a atenção do futuro editor.

Jorge carrega a visão de economista para nutrir sua editora de uma visão um bocado pragmática: editar livros é um negócio, e, segun-

---

1. https://acervo.oglobo.globo.com/busca/?tipoConteudo=pagina&ordenacaoData=relevancia&allwords=&anyword=&noword=&exactword=Lolita+Pille&decadaSelecionada=2000

do ele, a falta dessa visão atrapalhar imensamente o crescimento de editoras que teriam grande potencial artístico e intelectual. Por outro lado, Jorge não evita o risco, muito pelo contrário: o nome da editora está ligado a isso. Faz apostas altas. Tudo vale para que ele tenha a "editora mais legal", esperta, diferente, que conquiste o maior número de leitores. A editora não edita muito, mas edita com precisão. Além disso, os temas podem ser diversos, desde que escritos de um modo que interesse à maior parte dos leitores.

Os leitores, aliás, têm um papel fundamental na visão do editor. Jorge defende que ler permite que qualquer pessoa seja melhor no que faz, simplesmente por ser leitora. "Sempre disse aos meus filhos: se você quiser ser um atleta, seja um atleta, mas se você quiser ser o melhor atleta, leia! Um atleta é melhor atleta se for leitor. Um engenheiro é melhor engenheiro se for leitor. Isso vale também para um médico, um jornalista...", defende.

Desde o início, com *Hell*, a Intrínseca emplacou diversos sucessos comerciais. *A vingança de Gaia*, de James Lovelock, foi outro. Mas foi *A menina que roubava livros*, de Marcus Zusak, que faz a editora dar um salto gigantesco de vendas. Oakim vence a disputa pela edição brasileira desse livro através de uma sedução ao autor, levada a cabo por uma carta singela, sincera e estratégica, que fez Zusak perceber que seria na Intrínseca, e não necessariamente na editora maior que disputava o livro, que *A menina que roubava livros* seria mais bem-tratada. O resultado foi que, em seis meses, o livro tinha vendido mais no Brasil do que na Austrália, país de origem do autor. Até hoje Zusak é uma referência intelectual e um grande amigo para Jorge, o que inclui telefonemas pré-natalinos Brasil-Austrália todos os anos.

Foi logo depois desse lançamento que Jorge deu um passo importante para a história da Intrínseca. Resolveu vender 50% da editora que tinha pouco mais de uma dúzia de títulos publicados para a Sextante, de Marcos e Tomás Pereira, que passa a cuida da produção e comercialização dos livros da Intrínseca.

Depois d'*A menina*, *Crepúsculo*, de Stephenie Meyer foi outro fenômeno de vendas. Em resumo, poucas editoras brasileiras conquistaram em tão pouco tempo a credibilidade internacional da Intrínseca, que costuma fazer o queixo do mercado estrangeiro cair.

Com os estrangeiros já consolidados, a partir de 2012, editora começa a publicar autores nacionais, sempre nomes muito conhecidos. O primeiro brasileiro da casa foi o jornalista esportivo Fellipe Awi, que publicou pela editora *Filho teu não foge à luta*, livro que disseca o protagonista dos atletas nacionais no MMA. Depois deste vieram outros como Adriana Falcão, Andréa Pachá, Camila Coutinho, Clara Savelli, Clóvis Bulcão, Clarice Freire, Daniel Furlan, Pedro Leite, Daniela Arbex e Isabela Freitas.

Mas nenhum desses livros conquistou o espaço que *Cinquenta tons de cinza*, de E.L. James. Depois de receber a dica de um *scout*, Jorge lê e percebe que tem potencial. Entra num leilão que durou dias. Fez uma oferta ousada, no limite do inflacionamento do mercado de promessas best-sellers. No fim, a aposta foi certeira e em quinze dias, Jorge Oakim estava comemorando o *breakeven*, aquele tão desejado ponto de equilíbrio, quando as receitas alcançam as despesas. Assim correm as tintas da Intrínseca, entre as dezenas de tons de fala que podem caber em livros, desde que despertem a atenção de muita gente.

KARINE GONÇALVES PANSA

Em 2020, quando o mundo parou por conta da pandemia do covid-19, Karine Pansa resolveu mexer nos guardados. Encontrou fotos da infância e uma delas chamou a sua atenção. Ela está com poucos meses de vida, usa um macacão vermelho e amarelo, brinquinhos nas orelhas e estava sentada em cima de revistas dispostas no balcão da banca de revistas da avó paterna.

"Livros e revistas sempre fizeram parte da minha vida", lembra. Pouco depois dessa foto, quando tinha um ano e oito meses, ela se muda com os pais para Portugal. Benedito Gonçalves, o pai, era um dos diretores da Editora Abril e tinha sido designado para representar a empresa da família Civita no Velho Mundo.

Os gibis e revistas faziam parte da vida da futura editora e foram responsáveis pela sua formação leitora. Mas tem dois livros que desempenharam papel fundamental neste processo: *Marcelo, marmelo, martelo*, de Ruth Rocha, e *Bisa Bia, Bisa Bel*, de Ana Maria Machado. "Eu achava o Marcelo muito parecido comigo. Eu também era muito curiosa. Como ele, queria saber de tudo! E *Bisa Bia, Bisa Bel* eu li numa época em que a minha avó paterna foi morar conosco. Esses livros me marcaram porque me fizeram, de alguma forma, me identificar com os personagens. Eu acredito muito nisso: que a criança tem que se ver no livro de alguma forma para que aquilo seja natural e para que ela vá para frente", defende a editora que, mais tarde, se especializou justamente na publicação de livros infantis.

A família volta de Portugal quando Karine estava perto de completar seis anos de idade. Pouco tempo depois, o pai deixa a Editora Abril e passa a dirigir aqui no Brasil as operações da Impala, grupo português que, a exemplo da Abril, editava revistas e livros.

Essa é a porta de entrada de Karine para o mundo profissional do livro. Um dia, o pai chega em casa e diz que precisava de alguém para traduzir do inglês um atlas geográfico que a Impala ia publicar no Brasil. Karine estava no terceiro ano colegial. Nunca tinha pensado em traduzir, mas aceita o desafio. E foi assim, traduzindo um atlas que a editora, que mais tarde lideraria a indústria do livro em um momento importante na sua internacionalização, começou a sua carreira. Não deixa de ser uma feliz coincidência.

Outro episódio que pode ser encarado como preditor do que estava por vir aconteceu quando Karine tinha 16 anos. A convite do pai, ela vai para a sua primeira Feira do Livro de Frankfurt.

Ainda na adolescência, aos 16 anos, segue com o pai para a sua primeira Feira do Livro de Frankfurt. Mal sabia ela que anos depois iria numa condição muito diferente. "A data da feira coincidia com a 'semana do saco cheio'. Não ia ter aulas. Fui como olheira, acompanhando meu pai e Isabel Coutinho, a editora da Impala na época", lembra.

"Livros faziam parte da minha vida de um modo que não eram só para leitura. Era um modelo de vida. Meu pai vivia isso e mostrava isso para a gente também", conta. Quando chegou a hora de escolher a profissão, seguiu para a Administração, mesmo tendo sonhado por anos com a Medicina. "Percebi que a Administração poderia me levar para vários lugares", diz. O seu TCC, defendido no ano 2000, era a criação de uma loja virtual para a venda de livros, uma novidade para a época.

Karine Passa fica por sete anos na Impala, onde aprende a editar livros infantis.

Em 1999, Karine segue para a Feira do Livro Infantil e Juvenil de Bolonha e volta de lá com a proposta de abrir no Brasil uma editora. Seria uma sociedade com duas empresas europeias: a Editora Girassol, de Portugal, e a Susaeta Ediciones, da Espanha. No ano seguinte, nasce a Girassol Brasil. Karine e seu pai entraram com 40% do capital e os 60% restantes eram divididos entre Fernando Sarmento, da Girassol Portugal, e Ignacio Susaeta, da parte espanhola. A primeira coleção que a Girassol coloca nas ruas reunia doze títulos de clássicos infantis, incluindo obras de Christian Andersen, dos irmãos Grimm e Charles Perrault. Mas é de um livro especial que Karine mais se orgulha: *Lendas brasileiras*, de Mauricio de Sousa, publicado em 2011. O livro parte de uma série de livros realizados em parceria com o ilustrador brasileiro. Desde 2008, a Girassol publica mais de 250 títulos criados pelo pai da Turma da Mônica, muitos deles chegando a figurar nas listas de mais vendidos.

Foi nessa composição societária que a empresa existiu nos seus primeiros doze anos. Em agosto de 2012, Sarmento resolve se aposentar e Susaeta também resolve. O cenário era de crise na Europa, em especial para a Espanha que entrava no seu quarto ano de recessão. Abre a chance para que os Gonçalves ampliassem a sua participação. Eles compram mais 10% e a Yendis, editora paulistana especializada em livros científicos, técnicos e profissionais, ou CTP, como é conhecido no mercado. A parceria improvável, já que a Girassol editava livros infantis e juvenis, dura pouco mais de um ano, quando Karine adquire 100% do capital da empresa.

Um ano antes dessa movimentação, a Karine assume o posto de presidente da Câmara Brasileira do Livro (CBL), sucedendo outra mulher, Rosely Boschini. A principal marca de Karine frente à entidade que representa tanto editores, quanto livreiros e distribuidores, foi a internacionalização do livro brasileiro. Esta foi a sua principal bandeira.

Ainda na gestão de Boschini, o Brasil foi escolhido para ser homenageado em importantes feiras internacionais, como a de Bogotá, o Salão do Livro de Paris, a do Livro Infantil e Juvenil de Bolonha e a de Frankfurt, o maior palco da indústria editorial no mundo. Karine – aquela que começou traduzindo um atlas geográfico e que pisou no solo sagrado de Frankfurt pela primeira vez aos 16 anos – é quem estaria na linha de frente nessas homenagens. "Foi ótimo ter o Brasil ali como o grande protagonista. Brasil sendo respeitado e aplaudido. Eu não queria que aquilo fosse esquecido", comenta.

O mais marcante dessa época, no entanto, foram os revezes. "Nos três anos que antecederam, tivemos sete trocas de ministros da Cultura [o MinC era o órgão responsável pela coordenação da homenagem]. Tivemos que explicar para cada um deles a importância do evento, convencê-los a 'comprar' o projeto. Toda vez que caía um ministro, a gente pegava um avião e começava o discurso do zero novamente. Foi um desafio enorme", declara.

Karine avalia como "lamentável" o discurso feito pelo escritor Luiz Ruffato, escolhido pelo MinC para representar o Brasil no palco da cerimônia de abertura da Feira. Na sua fala, Ruffato criticou duramente a desigualdade social no Brasil, arrancando aplausos de estrangeiros e um sentimento dúbio entre os brasileiros. Em depoimento para este livro, Karine revela que nesta mesma noite, foi oferecido um jantar em que autoridades brasileiras e alemãs celebrariam a homenagem. O então vice-presidente Michel Temer, que também fez pronunciamento na cerimônia de abertura, não apareceu, mesmo tendo sido confirmado.

O BrazilianPublishers – projeto setorial de incentivo de exportação de conteúdos editoriais brasileiros resultado da parceria entre a

CBL e a Agência Brasileira de Promoção de Exportações e Investimentos (Apex-Brasil) criado em 2008, ainda na gestão de Rosely – ganhou forças sob o comando de Karine e com as homenagens. Ela credita a isso o seu maior legado frente à entidade.

LUCIANA VILLAS-BOAS

Entre o início dos anos 1980 e até meados da década seguinte, o mercado editorial brasileiro vivia a plenos pulmões o seu processo de profissionalização. Como parte desse movimento, tornou-se comum que editoras fossem buscar em redações de jornais, revistas e TVs mão-de-obra para compor seus quadros profissionais, em especial, para dirigir seus departamentos editoriais.

No Rio de Janeiro, houve uma onda de contratações de mulheres que preenchiam esses critérios. Foi assim com Maria Amélia Mello, que deixa a *Tribuna da Imprensa*, em 1980 para ingressar nos quadros da José Olympio; com Vivian Wyler, que sai do *Jornal do Brasil* em 1987 para ser editora da Rocco e com Isa Pessoa, que sai da TV Globo em 1994 para a Objetiva.

A última dessa leva a percorrer esse caminho foi Luciana Villas-Boas, cuja trajetória na imprensa começou, por acaso, em 1976, quando ela tinha apenas 19 anos.

Naquele ano, o pai, que tinha servido o Grupo de Caça da Aeronáutica durante a Segunda Guerra Mundial, soube por um amigo que a filha estava sendo perseguida e poderia ser presa por sua ligação ao Partido Comunista do Brasil (PCdoB). Ela conta que nunca teve envolvimento muito profundo com a luta armada, mas assume que dava apoio, usando o seu carro para fazer transporte e ajudando na confecção de materiais gráficos.

Com o temor diante da possibilidade de a filha ser presa, o pai a propõe uma temporada em Londres. A princípio, ela iria para ficar quatro meses, estudar inglês e dar um tempo na sua militância. Para lá ela segue. "Consegui emprego de uma maneira meio estranha", conta. "Eu tinha uma professora de inglês, uma velhota que ficou muito apegada a mim", lembra. A professora de inglês indicou a pupila para o diretor do *External Service* da BBC. Foi aí que Luciana conheceu o pernambucano Vamberto Morais, que desde 1970 era chefe do serviço brasileiro da BBC.

Vamberto teve uma história interessante. Nasceu em Recife, no seio de uma família abastada, proprietária de usinas de cana[1]. Médico de formação, segue para a Inglaterra em 1946 para estudar no Maudsey Hospital, no Sul de Londres. Um ano depois, desiste da medicina e começa a estudar a História Antiga. Nove anos mais tarde, volta para o Brasil como professor de literatura inglesa da Universidade do Recife. Com o golpe de 1964, volta para a Inglaterra e assume o cargo na BBC. Por lá, vive até a sua morte, em 2000.

Muito ligado à Teologia da Libertação, Vamberto propõem à futura repórter um teste: escrever sobre a atuação da Igreja no Brasil diante daquele momento histórico que o país vivia. "Calhou de eu conhecer bem o assunto", comentou. A proximidade de Luciana com o PCdoB, naquela época muito ligado às Pastorais da Terra e a Dom Tomás Balduíno, ajudou muito nisso. Ela estava contratada. Aos 19 anos, era a mais jovem contratada pelo serviço brasileiro da BBC.

Luciana volta para o Brasil em 1978 e retoma o curso de História iniciado na Universidade Federal Fluminense antes da aventura londrina, quanto também entra para o time da TV Educativa.

---

1. https://www.theguardian.com/news/2000/oct/27/guardianobituaries.books

Um dia precisa substituir a apresentadora que tinha ficado doente. Por uma casualidade, Joel Silveira assiste ao programa. Na Segunda Guerra, o jornalista esteve no *front* cobrindo a Força Expedicionária Brasileira (FEB). Foi lá que conhece o pai de Luciana, que além de integrar o Grupo de Caça da Aeronáutica também fazia a cobertura da Guerra para os Diários Associados de Assis Chateaubriand. Silveira liga para Boni, na época, responsável por todas as áreas de programação da TV Globo, inclusive o jornalismo, e diz que ele precisava chamar Luciana para trabalhar na emissora da família Marinho.

Ela foi. Mas logo viu que não era a sua praia. "Eu não gostava. Foi uma experiência difícil para mim. Eu tinha veleidades intelectuais. Eu não tinha muito orgulho do trabalho. Não achava que aquilo era uma coisa inteligente", diz. No Jornal da Globo assumiu a previsão do tempo e uma coluna de variedades.

Vai, então, para a Veja e depois para o Jornal do Brasil onde fica por 10 anos, de 1985 até 1995. No jornal faz cobertura de Educação, Internacional, Política até que se encontra no *Caderno Ideias*. Trabalha com nomes como Marcos de Castro, Ivan Junqueira, Leonardo Fróes e Joaquim Campelo. "Esses caras me ensinaram muito", reconhece Luciana. Passa a assinar a coluna Informe Ideias, que cobria o mercado editorial. É ali que tem contato com Sergio Machado. "Foi nessa época que recebi o convite de Carlos [Leal, da Francisco Alves]. Comentei com o Sérgio e ele me fez uma oferta um pouquinho melhor", conta.

Começa, então, a história de 17 anos da editora na Record. A Record, em 1995, era apenas a Record. Não era ainda o Grupo Editorial Record como se configurou ao passar dos anos e não havia incorporado os selos que hoje compõem o seu catálogo vasto e plural.

A primeira missão dada por Machado foi a de modernizar a cara da editora. "A Record estava antiquada. A parte gráfica tinha ficado para trás", comenta. A outra missão era ampliar o catálogo da casa que tinha na época grandes nomes da literatura como Jorge Amado, Carlos Drummond de Andrade, Graciliano Ramos e Dalton Trevisan. "O Sérgio se orgulhava muito disso", lembra. Mas era preciso ampliar. Precisava desenvolver de forma mais consistente a linha literária; criar uma linha de não ficção igualmente forte e buscar inovar na literatura brasileira. "Alfredo Machado era craque em atrair os nomes que haviam se consagrado em outras casas, fosse José Olympio, Martins, Civilização Brasileira. Foi assim com Graciliano, Jorge Amado, Drummond e Dalton Trevisan. Eu me pus como missão construir novos escritores do nascedouro, porque nunca na Record haviam sido cultivados novos autores", conta.

Manoel de Barros, cuja obra era publicada pela Civilização Brasileira, foi um que estava esquecido e é resgatado graças ao trabalho de Luciana. *O livro sobre nada* foi o primeiro inédito do escritor na nova casa. Com ele, Barros conquista o Prêmio Nestlé de 1997.

Sob seu comando, a Record passou a revelar novos escritores. Foi o caso de Alberto Mussa (*O enigma de QAF*, de 2004), Miguel Sanches Neto (*Chove sobre a minha infância*, de 2000), Luize Valente (*O segredo do ofertório*, de 2012) e Francisco Azevedo (*O arroz de palma*, de 2008). Todos esses tiveram seus livros de estreia publicados pela Record.

Com a incorporação do catálogo da Civilização Brasileira, em 1997, a editora começa a abrir uma nova picada no já vasto catálogo da Record. É neste momento que publica livros como *Justiça*, de Michael J. Sandel; *Armas, germes e aço*, de Jared Dimond, e *Império*, de Antonio Negri e Michel Hardt.

Da lavra de autores nacionais, nascem projetos de livros com Reinaldo Azevedo e Diogo Mainardi com grande repercussão e vendas. Todos em campos opostos do então presidente Lula. "O editor de não ficção brilha quando ele publica contra o poder. O bom é publicar sempre contra a situação", assume.

Em 2012, resolve deixar a Record. "Eu precisava ter controle com o meu tempo", confessa. Nessa altura, a relação com o então namorado, o advogado norte-americano Raymond Moss, estava ficando séria e o tempo da editora estava dividido entre o Brasil, a Suíça e os EUA.

Foi aí que criou, em sociedade com Raymond, a Villas-Boas & Moss, agência literária que já nasce com sedes no Rio de Janeiro e em Nova York. O clima era de otimismo. Em 2012, o Brasil se preparava para receber homenagem na Feira do Livro de Frankfurt, o que aconteceu no ano seguinte. Era um período de euforia. "O ambiente era muito positivo. Parecia que o Brasil estava bombando. Depois ficou claro que o país não era aquela fantasia que se apresentava entre 2012 e 2013", lembra em perspectiva.

"Consegui o controle do meu tempo, mas o tempo diminuiu. Eu posso fazer o meu trabalho de qualquer lugar, mas o tempo de trabalho aumentou", conclui. Boa parte dos autores revelados pela Luciana-editora passam a ser representado pela Luciana-agente.

MARIA AMÉLIA MELLO

A palavra "memória" estará para sempre ligada ao nome da editora Maria Amélia Mello. Mas tem um episódio marcante da sua infância que ela só se lembra por que ouviu os mais velhos contarem. Aos cinco, seis anos, quando a família se muda para um apartamento de frente para o mar, ela correu em direção à janela do quinto andar. A mãe, preocupada com a filha muito perto da janela, se aproxima e percebe que a criança falava sozinha. "Estou fazendo poesia pro mar", responde quando a mãe pergunta por que estava falando sozinha.

Os pais não eram exatamente leitores, mas incentivaram na filha o gosto pelos livros. Dessa época, se lembra das enciclopédias *Tesouros da Juventude*, *Barsa*, *Delta Larousse* e do dicionário *Caudas Aulete*. Lembra-se também dos anos de interna no colégio Bennett, que mantinha quatro bibliotecas religiosamente frequentadas pela futura editora. No Bennett fez toda a sua formação escolar. Sai de lá para a PUC Rio onde se forma jornalista em 1976.

Entra para a *Tribuna da Imprensa* onde se estabelece como editora do suplemento literário. Ali conhece Ênio Silveira, que a convida para trabalhar na Civilização Brasileira com a missão de criar ali um departamento de comunicação. A temporada na editora de Ênio é curta e, dois anos depois segue para um projeto que marcou a cena cultural carioca. A convite de Rubem Braga, à época presidente da Fundação

Rio, o braço de cultura da Prefeitura do Rio, passa a coordenar o Centro de Cultura Alternativa. O projeto mapeou e catalogou um acervo de periódicos alternativos que fervilhavam no Rio de Janeiro entre os anos 1960 e 1980. Atualmente, o acervo foi incorporado pelo Arquivo Geral da Cidade do Rio de Janeiro, onde pode ser acessado, inclusive pela internet.

Em 1985, passa a integrar a equipe da José Olympio. Um ano antes, José Henrique Gregori – presidente da Xerox no Brasil e muito amigo do velho José Olympio – arremata a editora em um leilão. A José Olympio estava corroída por anos de má gestão no período em que foi estatizada e administrada pelo Banco Nacional de Desenvolvimento Econômico (BNDE). A Casa era, agora, só uma sombra do que fora até o início dos anos 1970, quando era a casa dos grandes autores nacionais. A maioria deles já tinha deixado a editora nessa altura do campeonato.

Maria Amélia entra, como aconteceu na Civilização Brasileira, para cuidar da comunicação. Pouco a pouco, começa a dar pitacos para o editorial. A cada ida anual, sempre em setembro, a Nova York, trazia uma sugestão de título que podia ser traduzido e publicado pela JO. Aos poucos, conquista seu espaço no departamento editorial e começa a construir a sua carreira como editora. A princípio, como editora de títulos internacionais e depois como gerente editorial, já nos anos 1990.

"Eu brinco que somos todos escravos de JO [em referência ao editor José Olympio], que foi um grande editor brasileiro, de brasileiros. Ele editou toda a literatura moderna brasileira, o que é inacreditável. Ele tinha senso de oportunidade, de atualidade, de urgência, que são características muito importantes para um editor. Ele tinha isso muito vivo", diz. "A José Olympio é resgate puro. Isso tudo me chamou a atenção", completa.

Sob o comando da família Gregori (José Henrique morre em abril de 1990, poucos dias antes de José Olympio), a editora vive um período de desidratação ainda maior. Maria Amélia lembra que não se tratava de um problema financeiro, mas de administração. "Fizeram um trabalho bonito, mas não eram da área", sentencia.

O tão esperado resgate só começa mesmo em dezembro de 2001, quando Sergio Machado, na época à frente da Record, compra a José Olympio. "O Sérgio me chama para um almoço e eu pergunto o que ele gostaria que fosse feito e ele me responde que era recuperar a José Olympio. Dizem que o rio caminha para o mar. Era uma coisa que eu sempre gostei", lembra.

No primeiro ano da José Olympio na Record, a editora soltou no mercado 24 títulos. No ano seguinte, outros 35. Em matéria de 2 de dezembro de 2006, o caderno *Prosa e Verso* d´*O Globo* contabilizava 50 títulos. Naquele ano, Maria Amélia Mello completava 21 anos de José Olympio e comemorava o retorno de nomes como Ariano Suassuna, Rachel de Queiroz, Luis Martins, Aníbal Machado e Manuel Bandeira.

Sobre Rachel de Queiroz a editora conta uma história curiosa. A autora foi a última a deixar a José Olympio. "Ela dizia que era como um rato: só deixava o navio com o capitão", lembra. Ficaram amigas e Rachel inventou que era tia da editora. "Se alguém me perguntar, eu confirmo", dizia Maria Amélia. Um dia, Rachel de Queiroz ensinou à editora que se ela quisesse muito uma coisa, ela precisaria amarrar uma alma e dizer que só a desamarraria quando conseguisse o que queria. "Eu brinquei dizendo que amarrei uma alma e só libertaria quando eu conseguisse editar a sua obra e curiosamente foi uma dos primeiros a voltar para a José Olympio. Eu disse: agora posso soltar a pobrezinha da alma", lembra.

O primeiro a voltar foi Ariano Suassuna. "Ariano tinha ficado 20 anos sem editora. Ele se recusava! E quando eu consegui, dei uma entrevista à *Folha* dizendo que eu estava só no começo. Estava só na letra A de Ariano", brinca. Sergio nunca negou fogo. Carlos Drummond de

Andrade e Graciliano Ramos, dois grandes nomes que fizeram parte da era de ouro da José Olympio, já estavam no Grupo Editorial Record quando a JO foi incorporada. "Resgatei quase todos os outros", diz orgulhosa. Além dos já citados, voltaram para a JO nomes como José Lins do Rego, Campos de Carvalho, Antonio Callado, Mario Palmério, Raul Bopp, Cassiano Ricardo, Francisco de Assis Barbosa, José Cândido de Carvalho, Augusto Meyer e Viana Moog.

Pelo seu trabalho de resgate da José Olympio, Maria Amélia Mello ganha, em 2006, o prêmio Faz Diferença, d´*O Globo*.

Quando Sergio Machado comprou a Record, precisava de uma equipe enxuta, mas resolutiva. "Naquele almoço de dezembro de 2001, quando ele estava comprando a José Olympio, ele me disse: você só pode levar uma pessoa. E aí levei a Soraya. Ela era meu braço esquerdo e direito", lembra. Em 27 de agosto de 2013, em pleno período de montagem da Bienal do Rio, quando estava saindo do trabalho, Soraya é atropelada e morre. "Eu fiquei muito abalada. Foi uma tragédia", lembra emocionada. "Aquilo me deu várias dúvidas e certezas. Eu já tinha falado com ela que eu tinha vontade de encerrar o ciclo da Record. Já tinha levado os autores, já tinha levado não sei quantos Jabutis... Talvez esteja na hora de realmente encerrar", disse em depoimento para esse livro.

Um ano depois, em setembro de 2014, a editora resolve deixar a José Olympio. "Era o mínimo que podia fazer por Sérgio", completa.

Um novo convite surgiu e Maria Amélia passou a integrar o time da Autêntica, de Rejane Dias. Lá começa a desenvolver projetos inéditos com autores consagradíssimos. Foi o caso da *Autobiografia poética e outros textos*, do amigo Ferreira Gullar, lançada em setembro de 2015, e de *Sabiás da crônica*, que nasce a partir de uma fotografia de 1967 que Maria Amélia encontra ao acaso. No clique do fotógrafo Paulo Garcez, estavam Paulo Mendes Campos, Rubem Braga, Fernando Sabino, José

Carlos Oliveira, Vinicius de Moraes e Sergio Porto (Stanislaw Ponte Preta). Ela olha a foto e percebe que tinha ali a nata da crônica brasileira. Nascia a coletânea.

Além de editora, Maria Amélia escreveu um livro de contos. *Às oito, em ponto*, publicado em 1984 pela Max Limonad e vencedor do prêmio Afonso Arinos, concedido pela Academia Brasileira de Letras.

MARIANA ROLIER

"Qual o último filme que assistiu?", "Qual o último livro que leu?" e "Que tipo de música você costuma ouvir?". Essas foram as três perguntas que colocaram Mariana Rolier na roda do livro.

Elas foram feitas pelo editor Alberto Schprejer, da Relume-Dumará, em 2002, quando Mariana se apresentou como candidata a assistente.

Na visão da editora, os subúrbios do Rio de Janeiro, onde nasceu e cresceu, não eram exatamente um ambiente cultural, mas o pai e o irmão mais velho, Ricardo, tiveram um papel importante na formação cultural da futura editora. O pai, "entendia o valor da leitura. Mesmo com o dinheiro apertado, fazia questão de trazer livros", lembra. E o irmão funcionava como um curador da biblioteca da irmã caçula.

Era ele também o companheiro nas sessões de "cinema em casa". Os filmes, principalmente de terror e a maioria inadequados a uma criança tão nova, estimularam os irmãos a escrever e desenhar juntos continuações livres dos filmes assistidos, uma semente que foi plantada numa cabeça tão jovem e uma introdução a toda uma carreira que veria a seguir.

Cultivou um "gosto único e peculiar" pela música. Na adolescência, alternava entre criações de fanzines políticos e culturais e algumas passagens por bandas de rock. "Todas as minhas bandas foram muito ruins", brinca, "mas a sede que tínhamos de absorver o mundo e transformar em música foram como aulas pra mim", completa.

Na hora do vestibular, escolhe Marketing. Começa o curso. "Nunca achei que aquilo fosse para mim", lembra. Na biblioteca da universidade, tem contato com o teatro grego e se apaixona pelo tema. Decide deixar o curso. Mirou nas Letras, mas acertou na História. Entra para o curso na Universidade Estadual do Rio de Janeiro.

É nesse contexto que chega para a entrevista com Schprejer. O gosto cultural da garota agradou o veterano, que a contrata.

Pouco tempo depois da sua contratação, a Relume-Dumará é vendida ao grupo Ediouro. A pequena editora de Ciências Humanas precisava se tornar mais comercial. Mariana se interessa pelo desafio. "Comecei a avaliar e trazer livros e notícias para meu editor, e fui me interessando pela pesquisa de aquisição", lembra. "Nas reuniões editoriais, acabei conhecendo o editor do selo Prestígio da Ediouro, que era voltado para livros de não-ficção e romances comerciais. Ficamos muito amigos e um dia disse pra ele que tinha um livro que ele precisa valer. O editor era Pedro Almeida e o livro era *Marley & eu*. Ele avaliou, adorou e defendeu o livro quando ninguém acreditava que livros sobre cachorros pudessem vender bem", completa.

Este episódio é fundamental na carreira da editora que, a partir daí, passa a ter o foco na aquisição.

Ricardo, o irmão mais velho e tutor cultural, morre mais ou menos nessa época. Tinha sido diagnosticado com um câncer de pele três anos antes. A doença se espalhou e Ricardo não resistiu. "Eu lembro bem de chegar na casa dos meus pais e olhar bem nos olhos deles. Era um território devastador. Passamos três anos praticamente vendo meu irmão morrer. Eu não sabia o que fazer dali pra frente. Eles se afastaram porque minha presença era a presença do meu irmão, e eu fiquei sozinha. Então aceitei o convite do Pedro para mudar de cidade e ser sua assistente em São Paulo".

Na capital paulista, Mariana assume a posição de assistente no selo Prestígio, se especializando em ajudar Pedro na escolha de livros para publicação. O trabalho de pesquisa de aquisição começa a tomar forma: "Comecei a pensar no que a tendência cultural significava no momento atual e, a partir disso, esboçava possíveis cenários de evolução. Procurava obras, autores e ideias que estavam em harmonia com o que eu esboçava. Era um modus operandi que funcionava e rapidamente agentes e editoras começaram a me oferecer livros ao invés de correr atrás deles", lembra. A parceria entre Pedro Almeida e Mariana trouxe um catálogo forte e diferenciado, além de uma forte amizade: "Pedro foi a pessoa que olhou pra mim, entendeu o que eu fazia, e começou a incentivar meu trabalho. As coisas começaram, de verdade, ali", depõe.

Tudo podia virar livro e Mariana passa a procurar por isso em todo lugar: moda, artes plásticas, design, literatura, não ficção, infanto juvenis. Este olhar para o novo chamou a atenção da Editora Planeta, que a convidou para ser editora de interesse geral. Ali, livros de ficção científica e fantasia que vinham do catálogo espanhol da editora foram repaginados e autores pop, como o livro do ator inglês Hugh Laurie, entraram para a lista de best-sellers.

"Lembro bem o quanto era difícil publicar ficção científica e fantasia em editoras grandes, eram temas sempre deixados para pequenas editoras pois diziam que o público era muito restrito. Fantasia era uma categoria apenas juvenil e ficção científica era considerado ultrapassado".

O escritor Orhan Pamuk tinha conquistado a leitora Mariana e, em uma Feira do Livro de Frankfurt, ela resolve passar pelo estande da Turquia, "pra saber mais". Lá conhece a equipe do Teda, o programa turco de apoio à tradução. "O contato permaneceu e eles me chamaram.

Era apenas para ser palestrante e ficar uma semana na Universidade de Bósforo. Porém fui convidada para ficar durante mais um mês.

Pedi demissão da Planeta e fui", conta. Faltavam poucos dias para o retorno a São Paulo, quando Mariana recebe um e-mail da LeYa, que estava se organizando para entrar no Brasil. Queriam que ela fosse editora de publicações internacionais. Ela aceita. Volta ao Brasil empregada.

A partir da LeYa, Mariana assumiu uma série de riscos pensando sempre no futuro. Riscos editoriais feitos a partir de aquisições que lá na frente se tornaram best-sellers. E com isso foi responsável por trazer toda uma literatura nerd para o *mainstream*: "Publicamos George R. R. Martin e, muito pela série da HBO, a coisa estourou. Entendemos a demanda do público adulto e investimos em fantasia e ficção científica para uma geração nascida nos anos 1980. Logo as principais editoras estavam abrindo selos editoriais nestes nichos para o público adulto, e a fantasia se tornou o grande filão da publicação. Começamos a publicar outros nichos pop como terror, quadrinhos, romances de autores que criavam certa nostalgia como Chuck Palahniuk, aventuras como Ernest Cline, e cinema, como biografias de grandes cineastas".

O trabalho de Mariana ganha projeção e, em 2010, ela é convidada para o *Fellowship Programm* da Feira do Livro de Frankfurt. No ano seguinte, ela embarca para o Canadá para apresentar o mercado brasileiro a agentes canadenses.

Deixa a LeYa para uma missão especial: cria um selo de ficção jovem na Editora Gente, conhecida por seus livros de negócios. Nasceu dessa parceria o selo Única, que começa com relativo sucesso.

"[Nessa época], recebi uma ligação do Paulo Rocco. Ele não quis saber se eu tinha tempo pra pensar, me chamou para trabalhar na Rocco e pronto. Eu sabia que a Rocco era uma editora que estava sempre atrás de tendências e eram famosos por chegar sempre na frente. Aceitei".

"Foi na Rocco que me enraizei como editora", diz. "Quando conheci Vivian Wyler, a gerente editorial da Rocco, além de ficar impressionada, entendi o que eu queria para a minha carreira", continua. "Eu entrava na sala da Vivian diariamente. Começávamos a falar sobre um livro que estava sendo analisado e uma, duas horas depois tínhamos traçado não só a vida do livro, como o que aquele tipo de história iria trazer de novo na literatura para prestarmos atenção. Foi uma escola, que me trouxe um profissionalismo ímpar como editora de aquisição, curadora, e caçadora de tendências", completa.

Criou ali o Fábrica231, um selo de entretenimento por onde a Rocco passou a publicar o que havia de mais fresco. "Muito antes de Rupi Kaur, publicamos *Desperdiçando rima*, de Karina Buhr, um livro de poesia feminista e ilustrações, que foi um marco do feminismo brasileiro e trouxe à autora o convite para participar da Flip de 2015", lembra orgulhosa.

Da Rocco segue para uma curta temporada na HarperCollins de onde sai para uma experiência completamente diferente de tudo o que tinha feito em 20 anos de carreira.

A partir de 2019, a sua rotina começa às 6:30 da manhã passeando com os três cachorros e respondendo e-mails vindos da Suécia, uma das peculiaridades de trabalhar junto a uma equipe com fuso horário de cinco horas de diferença, terminando o dia com yoga ou aulas de canto lírico, literatura ou cinema. Ela assume o posto de Publishing manager da multinacional Storytel, de conteúdos em áudio.

O que mudou? "Minha carreira foi toda baseada em livros físicos, no meu histórico editorial e relação com editoras. Eu percebi, ao longo destes anos, que boas histórias, autores e narrativas podem e devem ser acessadas de qualquer lugar, não importa o formato. E que eu podia publicar boas histórias, pensar em boas ideias e torná-las realidade em qualquer plataforma. Sou e continuo sendo uma editora. Mas quis abrir as portas para as inúmeras possibilidades de plataformas para publicação."

Pela Storytel, Mariana foi a primeira editora a trazer conteúdo original, escrito por autores, para o áudio. Nomes como Edney Silvestre,

Chico Felitti, Martha Batalha e Walcyr Carrasco assinam diversos originais para a editora sueca. Além de fazer parte da equipe que cuida de licenciamentos exclusivos para áudio na Storytel, como Agatha Christie, e J. K. Rowling.

Pela sua visão afrente, por criar tendências editoriais e pela sua construção ousada em um mercado difícil de se movimentar, Mariana fincou seu lugar entre os editores mais importantes do mercado editorial.

Mas afinal qual foi a resposta dela para a primeira entrevista para o mercado editorial? "Não lembro mais qual era último filme, livro e música que respondi naquela entrevista, mas se fosse hoje seria: Lynch, Ferrante e Prince. E, provavelmente, não seria contratada", ri.

MARTHA RIBAS

Em 1993, um fato no mínimo insólito levou Martha Ribas efetivamente para o mundo do livro. Nessa altura, ela – que foi uma menina apaixonada pelos livros desde sempre, muito por influência dos pais – estudava Editoração na Universidade Federal do Rio de Janeiro (UFRJ), mas era numa loja de roupas que ganhava o pão. "Tentei diversas vezes entrar em editoras, mas nunca consegui e como queria e precisava trabalhar, entrei para essa loja de roupas", conta. Um dia, entrou uma mulher nessa loja. Ela estava um pouco acanhada, pouco familiarizada com aquela situação. Martha se dispôs a ajudar. A mulher, que até então Martha não conhecia, disse que precisava de roupas para o novo emprego. Revelou que tinha acabado de deixar os seus votos de freira e precisava de outros trajes para o mundo secular.

Martha apresentou alguns conjuntos, mas quis saber mais para ajudar mais. Perguntou onde a ex-freira ia trabalhar e ela respondeu que era na Editora Vozes. Os olhos de Martha brilharam. Conhecia como poucos a Vozes. Tinha estudado boa parte da adolescência no tradicional colégio católico Santo Agostinho, no bairro carioca do Leblon, o avô tinha sido oblato na igreja do Mosteiro de São Bento e lá Martha chegou a tocar violão nas missas. A ex-freira era Tereza Andrade que mais tarde fundaria a editora Lamparina. Na conversa, Martha falou da sua paixão pelos livros, explicou que estudava Editoração e Tereza prometeu que se soubesse de uma vaga na Vozes, a chamaria.

Neste ínterim, ela participava de um processo seletivo para trabalhar no departamento de comunicação de um banco de investimentos. Passou, mas um dia recebeu o prometido telefonema de Tereza. Deixou a carreira do banco de lado para ser livreira da Vozes no Largo da Carioca, no centro do Rio. "Vendi muita Folhinha do Sagrado Coração de Jesus e Minutos de sabedoria nessa época!", lembra, soltando uma risada gostosa.

Em pouco tempo, foi promovida a gerente e, mais um pouco, assumiu a logística da editora no Rio e Espírito Santo: "Dirigia uma kombi, visitando Vassouras, Resende, Vila Velha... A Vozes foi uma escola para mim", diz. Depois disso, subiu a serra e foi trabalhar finalmente no editorial da editora de Petrópolis, na região serrana fluminense.

Precisava concluir a graduação e, por isso, deixa o emprego na Vozes em 1994. "A vida entre Rio de Janeiro e Petrópolis não estava dando mais certo", diz. De volta à capital fluminense, tem uma curta passagem pela livraria Marcabru da Gávea.

Um dia, por obra do acaso, encontrou a mãe de um amigo que tinha desde os seis anos de idade, mas que tinha perdido contato. O amigo era Julio Silveira e a sua mãe disse: "Você precisa procurar o Julio. Ele está atrás de você porque vocês combinaram de abrir um negócio juntos!". Julio foi encontrara a amiga na Marcabru.

Sem dinheiro no bolso, mas com vontade de fazer, Martha e Julio se juntam com a amiga Nina Schipper e resolvem fundar, em 1996, a Casa da Palavra. Por uma casualidade, os três tinham exatamente a mesma idade: 23 anos. Antes de ser uma editora, era um *bureau* de serviços editoriais que funcionava em cima de uma mesa de pingue-pongue na edícula da casa do pai de Julio, no bairro do Alto da Boa

Vista, no Rio de Janeiro. "Era o começo da terceirização [de produção editorial] e acreditávamos que aquilo era o futuro!" lembra a editora.

A monografia de conclusão de curso foi impressa em cima da mesa de pingue-pongue, já na Casa da Palavra. No seu trabalho, Martha defendia que o mercado editorial deixava uma lacuna, já que não havia livros publicados pensados nos jovens naquela época pré-Harry Potter. Ao apresentar a monografia, é convidada a substituir o professor Raimundo Machado, de quem ela tinha sido monitora na disciplina de produção editorial. Nos dois primeiros anos da Casa da Palavra, Martha se dividia entre a editora e a universidade.

Ao final do segundo ano da Casa da Palavra como bureau editorial, Martha segue para a Alemanha, onde passa quatro meses. Lá, faz um mergulho no mercado editorial do país de Goethe. Na volta, demonstra o interesse de dar um passo maior e é aí que a Casa da Palavra publica seu primeiro livro. "Lá eu vi um livro que era um guia dos cafés italianos. E eu pensei: nós temos nossos botequins e eles são uma glória, a expressão máxima do carioca e isso não está organizado. Vamos fazer um guia dos botequins e a gente vende!", lembra a editora.

Como os sócios não tinham dinheiro, Martha sai atrás de um patrocinador do volume. A editora fica sabendo que a prefeitura do Rio de Janeiro tinha um projeto de revitalização dos botequins cariocas. Apressa-se, elabora uma proposta e apresenta ao Secretário de Comunicação da época, que se entusiasma pela ideia e resolve patrocinar. *Rio botequim* sai em 1998 e é o livro inaugural da Casa da Palavra como editora.

A linha editorial da Casa passa a ser livros sobre o Rio de Janeiro e livros sobre livros, já que essa era a paixão que unia os três sócios e publica livros fundamentais nesse segundo segmento, entre os quais se destacam *O negócio dos livros*, de André Schiffrin; *O bibliófilo aprendiz*, de Rubens Borba de Moraes, e *A paixão pelos livros*, com textos de Gustave Flaubert, Benjamin Franklin, Rodrigo Lacerda, John Milton, José Mindlin, Petrarca e Caetano Veloso organizados por Martha e Julio. Esse segundo vale chamar a atenção para a capa: dois homens encasacados observando uma estante de livros de uma biblioteca inglesa destruída na Segunda Guerra Mundial.

Falar da imagem é importante por que ela dá voz para um outro episódio fundamental na vida de Martha. A fotografia estampava o estande de 40 metros quadrados que a Casa da Palavra dividia com a Sete Letras na Bienal Internacional do Livro do Rio de Janeiro em 2001. O fim da 10ª do evento coincidia com a final do campeonato carioca: Flamengo e Vasco disputavam o caneco. Flamengo levou a melhor e a flamenguista Martha resolveu comemorar e, ao extravasar a alegria, deixou transparecer um descontentamento registrado pelo jornalista Carlos Helí de Almeida no *Jornal do Brasil* do dia 29 de maio daquele ano: "Nós [os editores independentes] já entramos na Bienal em desvantagem, porque o metro quadrado do espaço é muito caro e as grandes editoras acabam ficando com os melhores lugares, próximos às entradas, com estandes chamativos. Somos empurrados para os fundos dos pavilhões"[1].

Esse desequilíbrio fez a editora rascunhar num caderno que ela guarda até hoje como seria um evento literário voltado só para os editores independentes: não haveria estandes, todas as bancas seriam iguais e o livro seria protagonista já que, como a editora disse ao jornalista: "Na Bienal, a gente disputa a atenção com pôster-álbum do Leonardo DiCaprio e forro a todo volume"[2].

Nascia ali, naquele misto de felicidade pelo seu time do coração e a frustração de uma Bienal no vermelho, o que mais tarde veio a ser a Primavera Literária cuja primeira edição foi realizada em setembro da-

---

1. http://memoria.bn.br/DocReader/030015_12/37642?pesq=%22Martha%20Ribas%22
2. http://memoria.bn.br/DocReader/030015_12/37642?pesq=%22Martha%20Ribas%22

quele mesmo ano, reunindo 56 editores, com o patrocínio da Prefeitura da cidade do Rio de Janeiro. A primeira Primavera aconteceu no Jockey Club do Rio de Janeiro e foi marcada inclusive com um Grande Prêmio, com troféu e tudo.

A Primavera deu origem à Liga Brasileira dos Editores (Libre), entidade que congrega editores independentes e realiza, desde 2001, a Primavera. A editora revela que o nome da entidade foi sugerido por Julio, inspirado na infância de Martha. "Eu era muito fã da Liga da Justiça", diz a editora mostrando um bonequinho da Mulher Maravilha. "Era justiça aos pequenos que mais tarde a gente foi se entender não mais como pequenos, mas como independentes", completa.

Nina foi a primeira a deixar a sociedade. Julio deixa a editora em 2008. Em 2011, por orientação de consultores, resolve vender a Casa da Palavra que já contava com 800 títulos no seu catálogo.

Foram muitas tentativas até que um dia recebe a ligação de Pascoal Soto, que havia um ano dirigia a portuguesa LeYa no Brasil. Ele tinha percebido que a Casa da Palavra tinha uma boa distribuição nas livrarias cariocas, onde a editora portuguesa tinha dificuldades para entrar. Casa da Palavra e LeYa fazem um acordo de distribuição que, em maio de 2011, foi desdobrada na compra de 51% das ações pelo grupo português. A Casa da Palavra se tornou um selo da LeYa e permaneceu sendo dirigido por Martha.

Em fevereiro de 2014, a participação de Martha é diluída e os portugueses aumentam a sua participação para 95%, mantendo Martha como editora da Casa da Palavra até setembro de 2015, quando Martha é alçada a diretora editorial do grupo no Brasil, cargo que ocupou até 2018, quando sai da LeYa.

Numa noite, um tanto incomodada com os rumos do mercado editorial, Martha tem um sonho. Numa janela que dava para o fosse de um prédio, ela conversava com a agente Lucia Riff, madrinha do casamento de Martha com o também editor Marcelo Ferroni. "Eu dizia pra Lucia: já era! Não existem mais editoras! Agora, você vai ter que fazer os livros dos seus autores. Nós somos pontes", relata a editora.

Isso martelou por dias na cabeça de Martha que já não queria mais ser editora. Tinha que ser ponte! Associou-se com Camila Perlingeiro, sua parceira desde os primórdios da Primavera Literária, e fundou a MapaLab, um laboratório de novos modelos de negócios para o livro, investindo no apoio de comunidades e na produção e venda de livros por meio de financiamento coletivo.

Ao mesmo tempo, Martha se associou à psicóloga Leticia Bosisio para fundar a Janela, uma livraria instalada na rua Maria Angélica, no bairro do Jardim Botânico, no Rio de Janeiro, inaugurada em fevereiro de 2020.

MIRIAM GABBAI

Em *A volta ao mundo em 80 dias*, o previsível e enigmático Phileas Fogg e o seu valete, Jean Passepartout, aceitam o desafio de rodear o mundo em pouco menos de três meses. Lançado em 1873, quando os meios de transporte de massa disponíveis se resumiam aos navios e aos trens, o livro foi um enorme sucesso e se tornou um clássico. A dupla atravessa a Europa, a África, chega à Índia; de lá, segue para a China, Japão e chegam nos EUA de onde partem de volta para a Inglaterra.

Tirando os atributos de previsível e enigmático, a história de Mr. Fogg e seu inseparável Passepartout poderia se parecer com a da editora Miriam Gabbai. Filha caçula de mãe argentina e pai brasileiro, Miriam nasce em Porto Alegre. Ali, muito cedo, aprende a ler. Guarda na memória o hábito que entrou na adolescência de ler sentada ao lado do pai. "Era um convívio cúmplice de leitura", lembra.

Na escola, lembra-se especialmente de uma professora de Geografia. O nome dela se perdeu na memória. Mas ela foi uma grande incentivadora para que Miriam se tornasse leitora. Não por acaso, se lembra de ter lido o clássico de Julie Verne, mas não só: *O conde de Monte Cristo*, de Alexandre Dumas, e *Os 12 trabalhos de Hércules*, na visão de Monteiro Lobato, também passaram pelas suas mãos nessa época.

Aos 14 anos a família muda-se para São Paulo e é na capital paulista que a jovem Miriam Gabbai se descobre artista, uma ceramista.

Na universidade, escolhe História. "Para mim, o curso serviu para ter boas amigas, com quem convivo ainda hoje", diz rindo. A cerâmica falava mais forte. Chega a montar um ateliê que fica fechado durante um ano, quando, em 1981, segue para Boston, nos EUA. Começa ali o curso na Schoolofthe Museumof Fine Arts da TUFTS University.

Lá, percebe que os ceramistas norte-americanos ganhavam destaques em livros, *raisonné* e catálogos. Nunca tinha visto isso no Brasil. De volta, resolve publicar um livro com ceramistas nacionais. Reabre o ateliê e passa dois anos elaborando *Cerâmica: Arte da terra*, que ganhou prefácio do colecionador e crítico de artes Pietro Maria Bardi. O livro foi lançado em 1987, junto com uma exposição no Paço das Artes, anexo ao Museu da Imagem e do Som de São Paulo. O evento marcou também o nascimento da Callis, editora que Miriam criou para publicar o volume.

Vem um segundo livro, sobre mergulho, mas o projeto da editora é engavetado porque Miriam retorna aos EUA para concluir o curso. Lá, no fim dos anos 1980 tem seu primeiro contato com um computador: um mítico Macintosh, uma máquina completamente desconhecida, mas sedutora. Ela se encanta e, mais uma vez de volta ao Brasil, resolve que a Callis publicaria livros sobre o assunto. "Foi um fracasso", reconhece. "Caprichava demais na tradução e quando o livro ficava pronto, já tinha uma nova versão do computador", conta.

Em 1991, faz as malas e segue para a Alemanha para fazer o seu debut na Feira do Livro de Frankfurt. Precisava saber como era aquilo de que tanto ouvia falar. Foi por acaso que entrou no pavilhão onde estavam concentradas as editoras de livros infantis de língua inglesa. Lá, conhece uma coleção que apresentava compositores clássicos para crianças. Um novo encantamento fez os olhos da editora brilhar.

Compra a série – que no Brasil ganhou o título de *Crianças famosas*. Os primeiros títulos foram lançados em 1992, na Livraria da Vila, em São Paulo, com direito a orquestra infantil e multidão bloqueando a rua. Foi transformador, segundo a própria editora: "Quando fiz os livros infantis, eu me encontrei. Livro de arte foi legal. Livros de computadores me deram experiência, mas com o livro infantil, eu estava em casa", diz. "A Callis só se tornou uma editora de verdade em 1992, quando começou a publicar livros infantis", completa.

Da mesma forma que sentia falta de livros de ceramistas no mercado brasileiro, Miriam percebeu que faltavam livros informativos para crianças. Depois do sucesso de *Crianças famosas*, vieram outras tantas coleções. Uma delas merece destaque. Miriam convida Ruth Rocha para reescrever libretos de célebres óperas e resultado é a coleção Ópera para crianças, em quatro volumes: *A flauta mágica*, com ilustrações de Odiléa Setti Toscano; *Carmen*, ilustrado por Claudia Scatamacchia; *O Guarany*, por Angelo Bonito, e *O barbeiro de Sevilla*, por Marco Aragão.

A coleção dá coragem à editora para seguir na sua missão de dar a volta ao mundo. Com a coleção debaixo do braço e muito segura de si, segue para a Itália em abril de 1994. Queria apresentá-la aos editores internacionais participantes da Feira do Livro Infantil e Juvenil de Bolonha. Não foi bem como ela planejava. Um editor italiano perguntou por que razão ele compraria um livro sobre ópera escrito por uma brasileira? De outro, este norte-americano, ouviu que Carmen era muito voluptuosa para o seu público. A editora aprende: o livro brasileiro precisava ter cores brasileiras e havia padrões internacionais que ela precisava conhecer.

Longe de desistir, Miriam investiu. Mais do que uma compradora de direitos, Miriam queria vender seus livros para o mundo. Depois da decepção em Bolonha, mira no México. Em 1998, embarca para a sua primeira Feira do Livro de Guadalajara. Como fruto dessa nova investida, consegue emplacar livros da editora nas livrarias da Concaulta e, em 2002, faz a sua primeira venda para o governo mexicano. O livro era

Surileia: Mãe monstrinha, de Lia Zatz. No ano seguinte, emplaca outros dois títulos: *Era uma vez Galileu Galilei*, de Rita Foelker e Renata Abs, e *Histórias do Zé*, de Silvia Camosa e Camila Mesquita. Juntos, foram mais de 105 mil exemplares vendidos ao governo mexicano.

A editora-viajante precisava ir mais longe e foi desvendar o longínquo Oriente. E 2008 é um marco nesta história. A Callis monta estandes nas feiras da Coreia e do Japão. E, não por acaso, a primeira venda de direitos acontece com o livro *O menino e o pardal*, de Daniel Munduruku vendido a uma editora coreana, quando estava numa feira no Japão. Nada é por acaso!

Com toda essa bagagem, Miriam se tornou uma figura fundamental na internacionalização do livro brasileiro empreendida a partir da segunda metade da primeira década do século XXI. Não só viu nascer, como foi uma espécie de doula do BrazilianPublishers, projeto setorial de incentivo à exportação de conteúdos editoriais brasileiros resultado da parceria entre a Câmara Brasileira do Livro (CBL) e a Agência Brasileira de Promoção de Exportações e Investimentos (Apex-Brasil).

Nessa época, a Apex procurou a Liga Brasileira de Editores (Libre), entidade à qual a Callis estava associada, para apresentar um novo projeto de fomento pensado especificamente para o mercado editorial. Miriam se entusiasma e se envolve diretamente no processo. No fim, a Apex se associa à CBL – e não à Libre – para levar o projeto adiante e Miriam ajuda a trazer para o Brasil Frank Jacoby-Nelson, responsável pelo departamento de *foreignrights* da alemã Maier Verlag. Nascia ali, em 2008, o BrazilianPublishers.

A primeira ação foi um estande coletivo na Feira do Livro Infantil e Juvenil de Bolonha, no ano seguinte e a Callis estava lá. Esteve também no primeiro estande do BP em Frankfurt, também em 2009.

Numa época em que a Feira do Livro de Frankfurt era ainda maior do que é hoje, as editoras de língua inglesa estabeleciam seus estandes no pavilhão oito. Era a área mais movimentada da Feira. Miriam não teve dúvida: se quisesse ampliar a sua presença internacional, teria que estar lá. Estabelece um escritório em Nova York, cujo endereço era o apartamento onde sua filha morava, e consegue fincar bandeira no território de língua inglesa. Ali consegue ampliar a sua participação no mercado internacional. Em 2012, finca uma bandeira na Europa ao contratar a agente alemã Claudia Stein como *foreignrights* da Callis.

Miriam esteve no nascedouro de outro fenômeno: o da digitalização do livro. Jeff Bezos não tinha nem lançado o Kindle, quando, já mirando no futuro, Miriam decidiu ser a primeira editora a fechar parceria com o projeto Google Books, uma ferramenta de buscas de livros na internet. Em matéria do *Estadão*[1] de 20 de março de 2006 há o anúncio da novidade, não sem antes dizer do temor de editores no que diz respeito à pirataria. "Não me preocupei porque livros infantis têm um custo alto para imprimir, mas entendo o receito das outras editoras", disse ao jornalista Filipe Serrano, autor da matéria[2].

Em 2010, quando muito pouco se falava em bibliotecas de livros digitais, lança uma plataforma de assinatura de e-books, que tem vida curta e sem sucesso. Talvez, a editora que tanto gosta de novidades estava muito à frente do seu tempo neste quesito.

Em julho de 2018, quando sentia o peso da derrocada da Saraiva e da Cultura – as duas livrarias pediriam recuperação judicial em outubro deste mesmo ano, Miriam estava decidida a vender a Callis, mas vê numa parceria com a Girassol de Karine Pansa, a possibilidade de sobreviver num mercado cada vez mais concentrado na ponta do varejo. A sociedade prevê que a Girassol faça a comercialização e distribuição dos títulos da Callis.

---

1. https://acervo.estadao.com.br/pagina/#!/20060320-41061-spo-59-inf-l11-not/busca/Miriam+Gabbai
2. Idem.

PASCOAL SOTO

Um episódio dramático marca o fim da adolescência de Pascoal Soto. O menino, filho de espanhóis que vieram para o Brasil em 1955 fugindo da ditadura franquista, sonhava em ser piloto de caça. Aos 16, resolve entrar para a Escola Preparatória de Cadetes da Aeronáutica, em Barbacena, no interior mineiro. Se por um lado, a carreia militar era certa, por outro, a rotina não agradou o futuro editor. "A estrutura militar acabava comigo. Soube disso na primeira semana, mas fiquei por três anos", conta.

No meio do caminho, uma tentativa de suicídio. "A literatura me salvou", diz. O Brasil vivia o período de abertura. A ditadura iniciada em 1964 já dava sinais de abertura naquele meados dos anos 1980, quando Pascoal descobriu uma livraria proibida em Barbacena. "Lá conheci algumas pessoas que me indicaram livros não muito recomendáveis para a época. Aquilo acabou me salvando", relembra.

Em 1986, resolve que não obedeceria mais as ordens de seus superiores. Foi sucessivamente preso até que foi expulso. "Provoquei a minha expulsão. Aquilo foi a glória", conta. Já como civil, assumiu uma identidade punk, o oposto simétrico do rigor militar. "Pixei muito muito com 'Abaixo a ditadura' ou 'Proletariado no poder'", conta.

Foi nessa época que conheceu um primo materno distante. Pascoal era um leitor voraz. Quando o primo soube disso, revelou que trabalhava na Editora Moderna e que tinha uma vaga no armazém. Foi pela porta do depósito que o futuro editor entrou no mundo do livro, em abril de 1987.

Queria mostrar ao pai que daria certo, mesmo fora da escola militar. Em menos de três anos, tinha passado por diversos departamentos administrativos da empresa fundada por Ricardo Feltre. Em uma Bienal, se meteu a vender livros no estande da editora. Profundo conhecedor da coleção *Polêmica* – ainda hoje editada pela Moderna –, ele conseguiu vender muitos livros da série que reunia títulos de não ficção voltados para o público jovem. Entre os autores da Polêmica estavam Júlio José Chiavenato, Paul Singer, Melhem Adas e Paulo Martinez. "Eu só vendia os livros que eu gostava", conta rindo. Depois daquela Bienal, deixa o administrativo e vai para o comercial da Moderna.

"Achavam que eu ia me tornar um vendedor de livros, mas eu pediu demissão. Cheguei para Ricardo Arissa Feltre [filho do fundador da Moderna e, na época, presidente da empresa] e disse: 'vocês estão achando que eu sou vendedor, mas eu não sou! Tem livros que eu tiro das mãos das pessoas por que eu não gosto deles!", conta. Arissa não aceita o pedido de demissão. Ao contrário, convida Pascoal para ser assistente de José Carlos de Castro, editor justamente da coleção Polêmica. "Aquilo foi um sonho", conclui.

O ano era 1990. De assistente editorial, conquista o posto de editor assistente, editor júnior, editor sênior e, cinco anos depois, era gerente editorial da Moderna.

Em 1993, surge a Campanha Contra a Fome, do sociólogo Herbert de Souza, o Betinho. "Eu fiquei absolutamente apaixonado pela campanha, pelo Betinho e eu coloquei na cabeça que precisava encontrar uma forma de trazer o Betinho pro universo dos livros", relembra.

Só no ano seguinte consegue fazer contato com o sociólogo. Embarca para o Rio de Janeiro e marca um encontro em um bar chamado

Mandrake, na esquina das ruas Vicente de Sousa e São Clemente, em Botafogo. Ali, na mesa do bar, comendo um estrogonofe "que estava péssimo", desenharam, no papel que forrava a mesa, o que viria a ser a coleção Educação para a cidadania. O livro sai e foi um tremendo sucesso. "A editora abraçou o projeto de tal forma que tudo o que se vendia era revertido para a Campanha Contra a Fome", revelou o editor.

Depois vieram *Democracia – Cinco princípios e um fim*, que reunia num só livro Betinho, Ana Maria Machado, Antonio Calado, Eric Nepomuceno, Luis Fernando Verissimo, Lya Luft e Carlos Fuentes e *A Zeropeia*, o primeiro livro infantil de Betinho.

Foi nessa mesma época que Pascoal aprofunda uma relação com o Manoel de Barros, mesmo sendo um editor fundamentalmente de livros de não ficção. O início da amizade foi por uma carta em que Pascoal se apresenta e diz que teria interesse em publicar um livro do poeta voltado para o público infantil. "Ele me responde carinhoso, mas com uma sonora bronca: não ouse nunca pedir para que fazer qualquer coisa que eu não aceito", relata o editor que ainda hoje guardar as mais de 300 cartas trocadas com o poeta. Só em 1999 que, em uma das cartas, Manoel de Barros manda um poema. "Veja se isso presta", era o recado anexado ao poema "O menino que carregava água na peneira". E, na sequência, veio "Uma menina avoada" que juntos compuseram o livro *Exercícios de ser criança*, que rendeu a Manoel de Barros o Prêmio da Academia Brasileira de Letras no ano 2000.

A publicação deste livro marca a ida de Pascoal para o Rio de Janeiro. A sua mudança era uma estratégia de aproximação da Moderna com a Fundação Nacional do Livro Infantil e Juvenil (FNLIJ). No ano seguinte, publica *Fazedor de amanhecer*, que rendeu a Manoel de Barros o troféu de Livro do Ano do Prêmio Jabuti e ainda

Exercícios de ser criança e *Fazedor de amanhecer* saem pela Salamandra, editora fundada pela família Jordão Pereira (Geraldo Jordão,

Marcos e Tomás Pereira) e que, desde 1997, era controlada pela família Feltre.

São dessa época outros livros como *Luna Clara e Apolo Onze*, de Adriana Falcão e ilustrações de José Carlos Lollo; *Um gato chamado gatinho* e *O touro encantado*, ambos de Ferreira Gullar e ilustrados por Angela-Lago e *O mistério das aranhas verdes*, de Carlos Heitor Cony e Ana Lee.

É nessa época que Pascoal conhece Juan Arias, correspondente do jornal espanhol *El País* no Brasil. O editor queria publicar um livro infantil feito por Paulo Coelho e tinha lido um perfil escrito pelo jornalista sobre o autor brasileiro de maior destaque no cenário internacional da época. "Nunca consegui falar com o Paulo Coelho, mas fiquei amigo do Juan", lembra Pascoal. Em um almoço, Arias revela a Pascoal o interesse do Grupo Prisa – do qual o *El País* é um subsidiário – em comprar a Moderna. Pascoal conta que deixou o restaurante, procurou um orelhão e ligou para Ricardo Arissa Feltre para dar a notícia. Seis meses depois, a família Feltre vende a editora que passa a fazer parte da Santillana a partir de 2001.

No ano seguinte, Pascoal retorna a São Paulo, incomodado porque queria publicar livros de interesse geral. "Meu desejo era o interesse geral e a Moderna não podia me oferecer", conta. Foi neste contexto que Frei Betto lhe apresenta uma série de contos escritos por uma freira santista que tinha se exilado no sertão nordestino. Era Maria Valéria Rezende, que tinha por hábito escrever pequenos contos e enviar a amigos como presente. Aqueles manuscritos mexem com a cabeça de Pascoal e, sem ter um selo na Moderna / Santillana que pudesse publicar aquele tipo de livro, o editor se coloca numa encruzilhada: permanecer ali ou buscar outra oportunidade?

Recebe da direção da empresa a promessa de que, em breve, ele teria espaço para livros de interesse geral, já que a empresa comprou um pouco mais tarde a Objetiva, de Roberto Feith. Entrega os manuscritos de Maria Valeria à agente Lucia Riff que consegue colocá-lo na Editora Beca.

Nesta mesma época, recebe uma ligação da Espanha, mas não era uma pessoa da Santillana e sim da Planeta, que também estava aportando no Brasil e precisava compor a sua equipe. É contratado ao lado de Paulo Roberto Pires e Ruth Lana. Pascoal leva para a Planeta *Memórias inventadas*, de Manoel de Barros, lançado em abril de 2003. Pascoal chama os primeiros meses da Planeta no Brasil de primeira fase cujo fim é marcado com a saída de Paulo Roberto Pires e Ruth Lanna.

Pascoal assume o editorial da editora espanhola e, sob o seu comando, a Planeta lança livros como *Código da vida*, do ex-ministro da Justiça Saulo Ramos; *1808*, de Laurentino Gomes, e o polêmico *Roberto Carlos em detalhes*, de Paulo Cesar de Araújo, lançado em dezembro de 2006 e recolhido, a pedido do biografado, em abril do ano seguinte. O livro voltou aos holofotes em 2015 no histórico julgamento das biografias em que a ministra Carmem Lúcia, do Supremo Tribunal Federal, proferiu a célebre frase "cala a boca já morreu".

Em maio de 2008, depois de quase seis anos, Pascoal deixa a Planeta. A notícia chega até os ouvidos dos portugueses da LeYa que planejavam a sua entrada no mercado brasileiro. "Eles me procuram e eu disse que se fosse para começar do zero, eu não queria. Já tinha tido essa experiência com a Planeta e sabia o quanto era difícil", lembra. Pascoal conta que a empresa lusitana tinha procurado grandes casas brasileiras como Record, Ediouro, Nova Fronteira e Companhia das Letras na tentativa de adquiri-las, sem sucesso. "Já não havia remédio, mas daí foi bom. Cometi outros erros, não os mesmos que cometi na Planeta", diz.

Pascoal ressalta a importância do trabalho de Mariana Rolier e Pedro Almeida na instalação da LeYa. Lembra-se também do golpe de sorte envolvendo *Guerra dos Tronos*, de George R. R. Martin, livro que deu um sprint no início das operações da LeYa no Brasil. O escritor Raphael Dracon, que Pascoal tinha conhecido na Planeta, recomendou Martin. "Ele me disse: 'tem um cara chamado George Martin, que tem uma série de fantasy que tá fazendo um sucesso tremendo nos EUA e parece que ele tem uma negociação com um estúdio", lembra Pascoal.

A recomendação coincidiu com uma viagem a Portugal, onde o livro tinha sido publicado em dois volumes pela Saída de Emergência. Pascoal voltou lendo o livro no avião e decidiu comprar. Incumbiu Mariana Rolier de buscar os direitos que estavam disponíveis para o Brasil. Semanas depois de fecharem o negócio, sai a notícia de que a HBO ia fazer a série. Foi só correr para o abraço.

Depois de seis anos, a LeYa resolve colocar seus investimentos na área escolar. Queria repetir o mesmo sucesso que tinha tido no interesse geral na área de livros didáticos. "Foi o momento em que comecei a entrar em atrito com a direção", lembra Pascoal. A sua saída é anunciada em 2015.

Saiu com a certeza de que era a hora de ter a sua própria editora, que já tinha nome: Estação Brasil. Marcos Pereira, com quem tinha trabalhado logo depois que a Salamandra foi comprada pela Santillana, propõe uma sociedade e a Estação Brasil se torna um dos selos da Sextante. Publica, com grande êxito, *A elite do atraso*, de Jessé de Souza. O livro bateu a marca de 200 mil exemplares vendidos, segundo o próprio editor. Sai também pela Estação Brasil *A história da riqueza no Brasil*, de Jorge Caldeira, e *Em busca da alma brasileira - Uma biografia de Mário de Andrade*, escrita por Jason Tércio, que conquista o Prêmio APCA em 2019.

Em mais de 30 anos de carreira, o menino que entrou para o mundo do livro pela porta do armazém experimentou muito, mostrou sua coragem e resume assim a sua trajetória: "Fui salvo pelo livro; cavei meu lugar na indústria do livro e editei muitos livros que ponho na minha cabeceira com orgulho".

PAULO PALMIERI

A infância de Paulo Palmieri foi pontuada por alguns ritmos. Um deles, o samba. Ele morava com a família na Praça Onze, no Rio de Janeiro, e lá acompanhou, desde menino, blocos como o Cordão do Bola Preta e Banda Portugal.

No início dos anos 1960, quando tinha lá seus cinco, seis anos, começou a ouvir um outro ritmo: o das máquinas da gráfica do seu avô, que tinha vindo da Itália para o Brasil no começo do século 20. "Meu avô, Menotti Palmieri, foi precursor ao lançar a primeira revista de modinhas do Brasil cuja primeira edição saiu em 1908", conta orgulhoso.

O periódico trazia letras e músicas do cancioneiro popular brasileiro. No número 360, por exemplo, trazia o hit do carnaval de 1951: *Maria gulosa*, maliciosa marcha de Nilton Ribeiro e Geraldo Santos:

Maria não pode
Brincar o Carnaval
Comeu banana verde
E a banana lhe fez mal

A mamãe lhe falou
Ela não ligou
Até o papai desrespeitou
Oi, Maria Rosa

Não brinca o Carnaval
Por ser gulosa!!

As oficinas dos Palmieri estava instalada na região da Praça Onze desde, pelo menos, a década de 1930. O *Jornal do Brasil*[1] registra, na sua edição do dia 28 de junho de 1938, um "violento incêndio" que consumiu um prédio na hoje inexistente Rua General Pedra. "Na [loja] de n. 3 estava instalada a oficina do Jornal de Modinhas, de propriedade do Sr. Menotti Palmieri, que ocupava também o pavimento superior, onde residia a sua família", relata o jornal.

Quando Menotti morre, em 1963, seu filho Humberto assume a gráfica da família e é, nessa época, que Paulo Palmieri passa a se envolver mais no dia a dia da gráfica fundada por seu avô. Sob a batuta de Humberto, a gráfica dos Palmieri passa a imprimir e publicar livros, além de jornais e revistas.

Humberto se vê obrigado a fechar o negócio nos anos 1980. "Após passar por um grave problema de saúde, meu pai teve que fechar a gráfica, que estava em pleno crescimento, mas ali, ficou claro para mim qual era a minha vocação", conta Paulo.

No fim dos anos 1980, Paulo entra para o time de vendedores porta a porta da Bloch Educação. Surge daí a oportunidade de seguir para Belém do Pará como distribuidor da Bloch. É assim que atua até o fim da editora no fim dos anos 1990. "Essa experiencia, me forneceu o conhecimento das necessidades literárias da região, o que me gabaritou para abrir a minha própria editora", conta.

Paulo funda a Estudos Amazônicos em 2011 com o objetivo de mostrar para o resto do Brasil que a Amazônia vai além da sua rica biodiversidade ambiental. "Além da flora e da fauna, é importante lembrar

---

[1]. http://memoria.bn.br/DocReader/DocReader.aspx?bib=030015_05&pesq=%22jornal%20de%20modinhas%22

que a Amazônia é um lugar de gente, de conhecimento e de saberes que também precisam ser reconhecidos e mostrados para todos", diz a página da editora na internet[2].

A casa publica obras literárias, além de não ficção voltados para História e Cultura e ainda obras didáticas, como as contidas na coleção *Estudos Amazônicos* voltada para alunos do sexto ao nono ano do Ensino Fundamental. A coleção traz conteúdo para as disciplinas de História e Geografia, abordando temas centras da realidade econômica, social e cultural da Amazônia, atendendo às demandas exigidas pelos Parâmetros Curriculares Nacionais.

Palmieri mira o futuro também: "Depois de 33 anos de trabalho na Região Amazônica, espero que, no futuro, meu projeto editorial seja lembrado como um instrumento literário que ajudou no conhecimento aprofundado desta mesma região, levando informação e conhecimento crítico a quem estiver disposto a buscá-lo".

---

2. http://www.editoraestudosamazonicos.com.br/editora.html

PEDRO ALMEIDA

Até o início dos anos 1980, eram raros os editores profissionais no mercado brasileiro. Em geral, os editores eram os criadores das empresas editoriais e seus descendentes: filhos, netos. Com a nova década, vieram o início da abertura política e uma nova fase da indústria do livro no Brasil.

O caderno *Folhetim*, da *Folha de S.Paulo*, do dia 15 de setembro de 1985 registrava esse fenômeno: "Livrarias tão transadas quanto butiques, presidente escritor, bienais concorridas e feitas nem tanto, livros mais nobre horário, o das novelas e jornais da TV. O mercado desse produto está em alta e parece não depender mais, como há poucos anos, de dois ou três best-sellers. O Brasil está lendo mais? Quem está por trás das edições brasileiras, que uns consideram improvisadas demais e outros verdadeiras maravilhas?". Para dar resposta a esta provocação, o caderno reuniu diretores editoriais para um debate. Mais à frente, o jornal fazia uma nova pergunta: "Por que diretores editoriais e não donos de editoras?" A resposta: "Hoje em dia, embora os proprietários ainda tomem a decisão final, são esses novos profissionais que estão com a mão na massa". Surgia a primeira leva de editores profissionais brasileiros. Nela estavam Jiro Takahashi, Luiz Schwarcz, Rose Marie Muraro e Pedro Paulo de Sena Madureira.

Na década seguinte, o Brasil pós-Direta Já abria espaço não só para uma nova geração de editores, mas também para uma nova série de editoras, menos tradicionais, sem as origens familiares da José Olympio, Nova Fronteira ou da Brasiliense.

Nesse cenário, aparece Pedro Almeida, um outsider. Por cinco anos, período que coincide com o fim da adolescência e o início da vida adulta, ele foi controlador de tráfego aéreo. "Queria ter alguma segurança financeira diante da situação em que vivia a minha família. Morávamos no subúrbio carioca e a carreira militar me parecia uma saída", conta. Ao mesmo tempo, formou-se em Jornalismo pela Universidade Gama Filho, no Rio de Janeiro.

No início da década de 1990, Pedro, que deixa a Força Aérea e assume o departamento editorial da Legião da Boa Vontade, ONG que editava três revistas mensais. Essa experiência serve de base para assumir, em 1998 a assessoria de imprensa da Madras. Ali percebe o seu lado editor ganhar força. "Comecei a trazer projetos de livros para o Wagner Veneziani [editor da Madras na época]. Via um livro em potencial em cada entrevista, artigo ou matéria que lia", lembra. Assim nasceu o primeiro livro editado por Pedro: *Previna doenças. Faça do alimento o seu medicamento.* Ele tinha assistido a uma entrevista da professora Jocelem Mastrodi Salgado e achou que rendia um livro. Por sua iniciativa, a Madras criou selos para acomodar o seu catálogo. Assim sugiram o Madras Espírita e o Madras Business, por exemplo.

Saí da Madras em 2002 para integrar a equipe da W11 / Francis. "Nesse período, a editora estava deixando de ser uma editora artesanal para conquistar espaços nas listas de mais vendidos", conta. O livro *Stupid White man – Uma nação de idiotas,* de Michael Moore alcançou o topo das listas de mais vendidos da época.

Em 2004, segue para a Ediouro, que lhe possibilita realizar um dos maiores sucessos da sua carreira. Publicou *Marley & eu,* de John

Grogan. "Acredita-se que vendeu mais de quatro milhões de exemplares no Brasil! Ganhei a fama de editor de livros sobre animais", diz em tom de brincadeira.

A fama muda, quando, convence a Novo Conceito, casa onde teve uma curta passagem, entre 2008 e 2009, a publicar a obra de Nicholas Sparks. "Dessa passagem, a nova fama era de editor de ficção feminina", observa.

Da editora de Ribeirão Preto, no interior de São Paulo, Pedro vai para a LeYa, editora portuguesa que tinha acabado de desembarcar no Brasil. Ali, assume como publisher do selo Lua de Papel.

Junto com a sua ida para a LeYa, Pedro assume uma coluna no PublishNews. Ali começa a escrever sobre a formação de novos leitores. "Defendo ali a dessacralização do livro, mostro que, muitas vezes, a categorização dos títulos se dá por vieses muito elitistas e proponho a valorização da leitura jovem contemporânea", explica. "Nasci numa família numerosa e pobre. Cresci num bairro do subúrbio carioca, onde livros não faziam parte da minha vida. Meu interesse por livros foi tardio. Editar livros, portanto, nunca esteve no meu radar. Quando comecei a me interessar pela atividade, orientei meu próprio olhar para quem não lê, quem lê menos e pelas coisas que fazem os jovens e crianças a abandonarem a leitura", explica a decisão por essa bandeira específica.

Depois de vinte anos de experiência, e com passagens por outras casas como Lafonte e Saraiva, resolve abrir a sua própria editora. Em 2012, nasce a Faro Editorial. Nela, com o perdão do trocadilho, Pedro exercita o seu faro para livros que possam alcançar o público sobre o qual muitas vezes escreve na sua coluna.

Conquista, em 2019 o primeiro lugar de Ficção da Lista dos Mais Vendidos do PublishNews com *A garota do Lago*, de Chalie Donlea.

PLINIO MARTINS FILHO

Filho de pai vaqueiro e de mãe costureira. Nada na infância muito simples na distante Pium, do hoje Tocantins, poderia dizer que Plinio Martins Filho se tornaria um editor de livros. Menos ainda que um dia fosse assumir – e transformar – a editora da Universidade de São Paulo (USP), a mais bem-conceituada instituição de ensino superior brasileira.

O destino tratou de trair toda e qualquer previsão. Sexto filho (de sete) de uma família de semialfabetizados, o futuro editor peregrinou desde muito menino em busca de estudo. Uma das irmãs mais velhas – "eu costumava dizer que ela era minha mãe mais nova"– estudava em Porto Nacional (outra cidade goiana transformada em tocantinense anos mais tarde). Plinio então, muda-se para lá para começar o que hoje se chama de Ensino Fundamental 2. A irmã se muda para Goiânia e ele a segue. Na capital, começa o ensino médio que é terminado só mais tarde em uma outra cidade goiana, Ceres.

Chega em São Paulo em fevereiro de 1971 e começa a trabalhar no depósito da Perspectiva de Jacó Guinsburg. "Na hora do almoço, ao invés de almoçar, ficava olhando como as pessoas faziam revisão. Aquilo era fascinante", lembra. A pouca familiaridade com as letras não impediu o de editor perceber o potencial de Plinio, resolvendo , assim, investir no pupilo, convidando-o para o departamento de revisão da Perspectiva. Ali aprendeu com o rígido Geraldo Gerson de Sousa os meandros da profissão. E lembra: "Eu não sabia nada! Eu já não tinha formação nem da literatura básica e imagina de uma literatura sofisticada como eram os livros da Perspectiva. Eu não sabia, mas eu queria fazer de qualquer maneira".

Passa 18 anos na Perspectiva. "Quando cheguei à maioridade na Perspectiva, fiz as contas: tinha trabalhado, com o Jacó, cerca de 800 títulos", diz. Em 1989, recebe o convite para assumir a direção da Edusp com a missão de transformar uma coeditora em uma editora universitária. Segundo levantamento feito pelo próprio Plinio, à época, 1.800 títulos levavam o selo da Edusp na capa, mas eram coedições, cujos direitos pertenciam às editoras parceiras. Percebe que a Edusp não era uma editora, mas uma espécie de agência de fomento para editar livros. Viu então uma chance de começar um trabalho do zero e resolve aceitar o convite. "Com o Jacó era uma relação meio paternal. Foi difícil sair de lá, mas fui para a Edusp", lembra.

O que ele tratou de fazer logo de início foi criar uma política editorial clara, passando a aceitar a própria produção científica da USP. O segundo passo foi trazer para o Brasil traduções de títulos indicados pelo próprio corpo docente da universidade.

Ao mesmo tempo, leciona no curso de Editoração da USP, e, na sequência, assume a Com-Arte, editora-laboratório do curso e dá continuidade a sua formação, entrando para o doutorado cuja tese foi transformada no *Manual de Editoração*, coeditado pela Edusp, Editora da Unicamp e Editora UFMG e vencedor do Prêmio Jabuti.

Fica na Edusp até 2016. Nessa fase, a editora publicou mais de 1.700 títulos e acumulou 70 estatuetas do Prêmio Jabuti. Sob sua gestão, é criada a Festa do Livro da USP, hoje um dos principais eventos de vendas de livros do Brasil.

Em 1995, funda a Ateliê com o ex-aluno Afonso Nunes Lopes, tencionando discutir a importância do livro como objeto. A editora, ainda hoje na ativa, é capitaneada por Vera Bolognani, também ex-revisora da Perspectiva e mulher de Plinio.

Numa conta de cabeça e somando a produção da Perspectiva, Edusp, Com-Arte, Ateliê e do setor de publicações da BBM, Plinio estima ter colocado nas ruas mais de três mil títulos.

Atualmente, continua como professor do curso de Editoração e chefia o setor de publicações da Biblioteca Brasiliana Guita e José Mindlin (BBM).

"O livro permitiu que eu crescesse e essa deficiência que eu tive na formação, o livro me ajudou a superá-la", encerra a conversa.

REJANE DIAS

De Itabira, ou melhor de Itabira do Mato Dentro, como ela gosta de chamar sua cidade natal, Rejane Dias é filha de professora com um operário da Vale Doce. Cresceu leitora, muito resultado de ter estudado em uma escola com acervo bibliotecário que possibilitou sua leitura de clássicos da literatura brasileira e francesa. Ganhou na escola que estudava, de nome Nossa Senhora das Dores, um prêmio por ter sido a aluna que mais pegou livros na história da biblioteca.

Na hora de ir para a universidade, escolhe não um, mas dois cursos: entra para o curso de Letras na Universidade Federal de Minas Gerais e no de Comunicação Social, na Pontifícia Universidade Católica do mesmo estado. Na Letras, encontra o seu DNA editorial e sua capacidade de ler não só os livros que publica, mas também o leitor que há de recebê-los.

Passa uma temporada em Brasília, onde teve o privilégio, como ela mesmo afirma, de ter assistido à posse de Fernando Collor ao lado de Fidel Castro. Na capital federal, atua em produção e redação de TV. Com um sócio vê na comunicação e na produção gráfica um meio de vida. Não antes de vender seu fusquinha para comprar um computador que permitiria a ela desenvolver o trabalho. Essa troca já apontava para seu espírito audacioso e empreendedor.

Portanto, antes de ser autêntica (com o perdão do trocadilho), foi, ou, melhor é também, dona de uma agência de comunicação.

Com o crescimento da internet e a percepção de que a prestação de serviços gráficos não eram suficientes para manter o negócio, ela resolve se lançar no mercado editorial, a despeito das conversas desanimadoras que tivera com amigos e colegas. Percebeu, desde o início, que há uma diferença significativa entre gostar de fazer livros e gostar do negócio do livro.

Para iniciar sua empreitada no livro, começa a publicar nomes-chaves da educação e da pedagogia. Percebe que havia ai não só um nicho de mercado, mas também avalia que poderia trazer um diferencial e um frescor para os projetos gráficos, que nas outras editoras da área, em sua leitura, eram poucos atrativos.

O primeiro livro foi *A censura católica à leitura de romances*, que teve tiragem inicial de dois mil exemplares. "Talvez até hoje eu tenha esse livro em estoque", brinca. Mas de um planejamento de quatro livros por ano, ela chega rapidamente a dezoito, por sua impulsividade, como ela mesmo acentua. Com vários nomes de referência na área de educação e um catálogo já de muita qualidade, encontrava-se, por outro lado, endividada e sem fechar as contas.

É neste momento que começa a virar a sua principal chave de sucesso, deixando de ser só alguém que gosta de fazer livros para ser alguém que se insere no mercado de livros. Para dar conta desse lado do negócio, contrata o consultor José Carlos Flash. Juntos, eles traçam metas e fazem planos. O objetivo é mensurar todos os gastos envolvidos no processo e, principalmente, criar uma empresa que dê lucro.

Rejane conta que o tanto de perguntas estruturais que o consultor fez a levou a um imenso mal-estar. Em um segundo momento, essas perguntas fizeram a editora ressignificar e repensar seu negócio.

O ferramental dado por Flash pavimenta o terreno para Rejane dividir o seu catálogo em selos: Autêntica, que reúne livros acadêmicos e nas áreas das Ciências Sociais; Gutenberg, com apostas da literatura nacional, revelando nomes em diversos gêneros; a Nemo, dedicada a publicar quadrinhos; Vestígio, criado para abarcar romances policiais; Autêntica Business, que, como o nome sugere, publica livros na área de negócios e, o caçula entre os selos, Yellowfante, que reúne os livros infantis da casa.

Quem também participou desse processo foi Judith Almeida, gerente comercial da Autêntica. O olhar de Judith transformou, por exemplo, Paula Pimenta em uma best-seller. Com uma proposta comercial arrojada, diferentemente das pequenas editoras que sempre veem os descontos como vilão, Rejane passou a olhar para a margem de contribuição, ou seja, o quanto sobra da receita obtida com as vendas dos livros, depois do pagamento dos custos e despesas variáveis.

Ela reconhece que aprender sobre o varejo e se livrar de preconceitos foram os pilares que construíram a sua gestão, como ela mesmo afirma: "Eu não sou mais uma editora preconceituosa. Eu me interesso pelo negócio do livro. Eu não gosto só de fazer livro. Sou e gosto de ser uma editora de livro"

ROBERTO FEITH

O que é o jornalismo se não uma forma de narrar o mundo? O mesmo se pode dizer da edição de livros. A narrativa sempre esteve presente na vida profissional de Roberto Feith. Na década de 1970, entra para o curso de História na Cornell University, em Nova York. Queria entender o mundo por meio da narrativa. O plano era seguir para um mestrado em jornalismo, mas veio antes tirar férias no Brasil e um encontro casual numa rua de Ipanema mudou seus planos.

O até então estudante encontra um amigo de colégio que estava deixando o cargo de assistente de produção da sucursal da TV Globo em Nova York. Foi o bastante para ele deixar o curso e ir direto à prática. Assumiu o posto do amigo e foi contar histórias.

"Eu sempre tive esse interesse pela narrativa como uma forma de entender o mundo e à medida em que eu fui ficando mais velho, isso foi moldando o meu caminho profissional", disse em depoimento para esse livro. "Construí uma trajetória de trabalho muito em função dessa afinidade com a narrativa, com as várias formas que ela pode ter. Hoje, olhando em perspectiva, posso dizer que isso formou as minhas escolhas de vida", completou.

Ainda no exterior, passa pelos escritórios da Globo em Londres e em Paris, quando volta ao Brasil, em 1986, para dirigir o Globo Repórter. Por aqui, constitui uma produtora de vídeo, que passa a prestar serviços para outras emissoras. Foi o caso de uma série sobre a extinta TV Manchete sobre o cinema no Brasil. Como é de costume, colheu muito mais depoimentos e materiais do que era possível encaixar no tempo de TV.

Aparece aí a oportunidade de transformar essas sobras em um livro, oferecido à Nova Fronteira. Lá, o projeto foi tocado pelos editores Alfredo Gonçalves e Armando Campos, que mais tarde fundariam a Objetiva.

Enquanto isso, Roberto rodava o Brasil e o mundo e, ao voltar para casa, com a mala cheia de livros, ouvia da mulher que ele gostava mais desse negócio de livros do que da televisão. Estava escrito e ele estava mordido pelo bichinho do livro.

Resolve se associar aos ex-Nova Fronteira e, em 1992, assume o controle acionário da Objetiva, que passa a funcionar no andar superior da Metavídeo, a produtora que deu origem ao livro de cinema.

Aos poucos, a editora ganha espaço. "E eu fui me familiarizando com aquele mundo, gostando das possibilidades que o trabalho trazia. Pouco a pouco, a editora foi tomando corpo e a produtora foi ficando em segundo plano até que eu passei a ficar completamente engajado com a editora", disse.

E a Objetiva cresce, marca uma época e, sobretudo, protagoniza uma escalada de profissionalismo do mercado editorial brasileiro. Feith fala da figura de um "editor proativo", não mais aquele que espera "o" original, mas que tem ideias vendedoras e busca quem possa escrevê-las. "Isso tem a ver com o jornalismo. O trabalho de pauta é isso: você imaginar uma história, pensar em como contá-la e em quem contá-la", analisa.

Foi assim que surgiram coleções marcantes como a *Brasilis*, escrita pelo historiador Eduardo Bueno por ocasião dos 500 anos do Descobrimento do Brasil, ou a *Plenos Pecados*, que trouxe narrativas de grandes nomes da literatura como João Ubaldo Ribeiro (*A casa dos budas ditosos*), Zuenir Ventura (*Mal secreto*) e Luis Fernando Verissimo (*O clube dos anjos*). "De alguma maneira, continuei pensando como um jornalista quando fui para a área de livro", conclui.

MILITÂNCIA DIGITAL

É impossível pensar no livro digital no Brasil sem evocar o nome de Feith. Ele esteve por trás da fundação da DLD, uma distribuidora que teve papel fundamental na evolução dos e-books no país.

Naquela época, era muito comum que especialistas e futurologistas do mercado apregoassem o apocalipse do livro físico. O papel ia acabar, diziam. "Mas eu nunca acreditei nisso. Nem que o livro de papel ia acabar e nem que o digital ia ocupar todo o mercado", disse Feith em depoimento a esse livro. Mas ele acreditava que as editoras brasileiras precisavam estar atentas a isso.

Feith, no entanto, sabia que a Objetiva, sozinha, não conseguiria influenciar a evolução desse processo se agisse isoladamente. Precisava associar-se. Foi assim que nasceu a DLD, uma distribuidora criada por um *pool* de editoras formado inicialmente por Objetiva, Record, Sextante, Rocco, Intrínseca e Planeta. "A ideia era de se unir e ter forças para estabelecer normas, sem que as editoras tivessem que abrir mão completamente do controle do seu principal ativo [o conteúdo]", lembra.

CALA BOCA JÁ MORREU

Outra grande militância de Feith foi pelo fim da censura prévia a biografias no Brasil. Em 2012, ele encabeça, junto com Sonia Jardim, a criação da Associação Nacional de Editores (Anel) que ingressa com uma ação direta de inconstitucionalidade junto ao Supremo Tribunal Federal contra o artigo 20 do Código Civil Brasileiro. Conhecido como "lei das biografias", esse artigo dava brecha para a proibição de publicação de biografias sem a prévia autorização do biografado.

A luta durou até 2015, quando a ministra Cármen Lúcia proferiu o seu voto que se tornou célebre: "O que não me parece constitucionalmente admissível é o esquartejamento da liberdade em detrimento da liberdade de cada um. Cala a boca já morreu. É a Constituição do Brasil que garante".

A decisão tem efeito vinculante e formou-se uma jurisprudência para evitar a censura prévia a livros no Brasil.

A VENDA, A PROFISSIONALIZAÇÃO, O SABÁTICO E O RETORNO

A Objetiva cresce. Seu catálogo ganha vulto com grandes nomes da literatura não só brasileira mas também internacional. Mas o crescimento chega a um limite. Para continuar crescendo e competir com grupos mais antigos e consolidados, era preciso aumentar o alcance da atuação e diversificar seus gêneros e formatos. Em especial, precisava entrar no segmento dos livros paradidáticos, no qual Record, Rocco e Nova Fronteira nadavam de braçadas. Mas, a Objetiva estava acostumada aos grandes best-sellers, com retornos quase que imediatos. O investimento em paradidáticos tinha o retorno mais lento, mas era um mercado grande e Feith queria estar nele. Conclusão: precisava de uma injeção de capital.

Isso coincide com o namoro das editoras espanholas com o Brasil. O primeiro cortejo vem da Planeta, que convida Feith para Barcelona com o objetivo de se "conhecerem melhor". Não dá em casamento, mas é nessa mesma viagem que Feith dá uma escapadinha a Madrid e se encontra com a Santillana, que já operava a Moderna no Brasil. Dá *match* e, em 2005, o grupo espanhol se torna sócia da editora brasileira.

Com isso, a Objetiva passou a participar de maneira mais efetiva na concorrência por autores de todos os gêneros; lançou selos de ficção literária (Alfaguara) e comercial (Suma), de não ficção comercial (Fontanar) e os paradidáticos passaram a responder por 45% do faturamento da casa.

"A chegada dos grupos internacionais ao mercado brasileiro foi importante. Acelerou o processo de modernização e profissionalização do mercado. Eu vi isso na minha editora de maneira muito clara e direta. Mudamos de nível de governança, de planejamento... Fomos obrigados a refletir, analisar, pensar, pesquisar e isso teve um impacto significativo na profissionalização do mercado editorial brasileiro", disse.

Dez anos depois, em 2015, a Santillana vende os seus selos de interesse geral – incluindo a Objetiva e seus respectivos selos – para a PenguinRandomHouse, que já era sócia da Companhia das Letras no Brasil. Forma-se aí o Grupo Companhia das Letras. Roberto se afasta da direção da casa e segue para um período sabático de cinco anos graças a um termo de *non-compete* assinado com a Santillana.

As férias são quebradas no início de 2020 quando assume o História Real, o primeiro selo da Intrínseca, dedicado a publicação de livros de não ficção. A estreia do novo selo é com *Liberdade igual: o que é r por que importa*, de Gustavo Binenbojm.

ROSELY BOSCHINI

A santista (de nascimento, não do time do futebol) Rosely pertence à primeira geração de sua família que teve a oportunidade de estudar. Os avós maternos eram de ingleses; os paternos, japoneses, que nunca aprenderam a escrever em português. Todos colonos em fazendas no interior paulista. A mãe, empregada doméstica desde os oito anos, foi alfabetizada pelos filhos. O pai, que estudou pouco, chegou a oficial de farmácia. A oportunidade de Rosely foi dourada, pois tanto mãe como pai entendiam a educação como uma saída.

O primeiro livro que Rosely ganhou, aos nove anos, foi um de Fernando Pessoa, ofertado por um vendedor porta-a-porta de livros. "Aqueles livros instigavam a imaginação, nutriam aqueles sonhos, os medos. Era um mundo ali dentro", lembra. Os livros eram uma abertura para o mundo. Era comum que a mãe pedisse aos filhos que falasse dos livros que liam. "Não era uma chamada oral, mas era uma coisa interessante", diz. "A nossa realidade era dura, mas era deliciosa quando se abria um livro", completa.

No início da adolescência, Rosely já tinha lido todos os livros da pequena biblioteca da escola onde estudava. "Isso era divino", lembra. Queria alçar voos mais arrojados: entra num curso de inglês. Ali também tinha "uma baita biblioteca", que ela devorou como um cupim do bem.

Ali encontrou personagens que sofriam como ela, que pensavam como ela. "Foi a partir dos 14 anos que passei a ver o livro como uma ferramenta que podia me transformar", lembra.

Deixa Santos para estudar. A graduação foi em arquitetura. Nessa profissão atua por dez anos até o dia que é chamado pelo seu irmão, Roberto Shinyashiki, que tinha fundado uma editora para publicar o seu livro *Carência essencial* em 1985. O irmão percebeu que vendia muito livro, mas não ganhava nada. Rosely chega para equalizar isso.

A sua entrada na Editora Gente coincide com o lançamento de *O amor pode dar certo*, o segundo livro do irmão que, nessa altura, já era um palestrante de renome.

Juntos, os Shinyashiki percebem que podiam publicar livros de amigos e parceiros no Instituto Gente, organização criada por Roberto para oferecer terapias individuais e de grupo. Foi assim que publicou livros de José Angelo Gaiarsa e Paulo Gaudêncio. "A gente começou a se deparar com uma coisa. Os textos do Roberto eram diferentes dos textos dos outros autores, que não vendiam a mesma coisa. Percebemos que o texto não chegava como precisava chegar lá na outra ponta. Então, começamos a nos preocupar em trabalhar a forma como os autores escrevem", comenta. Ela acredita que este foi o grande pulo do gato da Gente: "colocamos o autor dentro da forma que acreditamos que o leitor vai aproveitar mais da leitura, desenvolvendo a estrutura da mensagem, que vai resultar em um roteiro e finalizará com uma leitura crítica". Esse método, acredita a editora, ajudará o leitor a chegar ao fim do livro, não abandonando a leitura no meio do caminho. "Um leitor que não chegou até o fim não indica o livro. Tá aí o pulo do gato: o leitor precisa ler até o fim do livro".

Um grande marco na vida da editora foi *O sucesso é ser feliz*, também escrito por Roberto, que em dois anos alcançou a impressionante marca de um milhão de cópias vendidas. "A partir desse livro, tivemos certeza do nosso padrão", observa.

Esse método elevou a Editora Gente a uma das principais casas editoriais quando o assunto é livro de autoajuda profissional e corporativa. Todo autor que se preze no ramo está ou passou pela casa. Um desses é Gustavo Cerbasi, o rei das finanças pessoais, que Roberto conheceu quando participava de um curso na USP. *Casais inteligentes enriquecem*, seu primeiro livro, foi publicado originalmente pela Gente em 2004.

Rosely, mais que da Gente, é uma mulher do mercado, tendo dois mandatos à frente da Câmara Brasileira do Livro (CBL), entre 2007 e 2011. Ela se orgulha de, entre outras conquistas, cultivar o diálogo entre as entidades. Colocou à mesma mesa de negociações o Sindicato Nacional dos Editores de Livros (SNEL), a Associação Nacional de Livrarias (ANL), a Liga Brasileira de Editores (Libre) e as entidades representativas dos bibliotecários. Orgulha-se também dos projetos que lá deixou, e que deixaram marcas. Um deles foi o Brasil ser país homenageado nas Feiras de Bogotá, Paris, Bolonha e Frankfurt, por proposição da CBL sob a gestão de Rosely.

Assim se arquiteta uma editora, muitas vendas e uma ação coletiva. Assim Rosely arquiteta-se como nome fundamental na edição brasileira.

SANDRA ESPILOTRO

Descendente direta de italianos, Sandra Espilotro nasce na Zona Oeste de São Paulo, onde passa a sua infância. Desta época, lembra-se muito do pai, que costumava ser um grande leitor.

O ambiente familiar desperta, desde cedo, uma curiosidade muito grande na futura editora. E foi essa curiosidade que a levou, mais tarde, para o curso de Biologia na Universidade de São Paulo. Da Academia saiu só ao fim do mestrado em Fisiologia Animal, aos 30 anos, quando resolve engavetar os títulos e os diplomas e seguir por outros caminhos.

Em um almoço entre amigos, em 1984, conhece Pedro Paulo Poppovic, que tinha sido editor de fascículos nos anos dourados da Editora Abril, e que nessa altura estava à frente da PPP, uma editora que continuava prestando serviços para a casa dos Civita, mas que também fazia produções próprias. Na PPP trabalha com Adília Belotti, Beth Carastan e Elzira Arantes. É a primeira grande escola de Sandra como editora. O primeiro trabalho, uma coleção de culinária italiana. A origem dos pais e a fluência no idioma seguramente ajudaram nessa missão.

Fica na PPP até 1989, quando é chamada pela Editora Globo. A princípio para editar colecionáveis, fascículos e livros ilustrados da casa, no DFL (Departamento de Livros e Fascículos). Toca, nesse início de Globo, projetos licenciados por editoras internacionais. Com a italiana De Agostini, trabalha com o Curso de Idiomas Globo, um grande sucesso na época, e com a inglesa Dorling Kingsley com quem faz muitos livros ilustrados.

Em 1992 começa, ainda na Globo, a editar os livros-narrativa ao lado de Eliana Sá. Para entender todo o processo de produção de um livro fez questão de fazer estágio em gráficas e de entender, minimamente, os contratos que passaria a assinar mais tarde em nome da editora. Cresce dentro da empresa e chega à diretora editorial e posteriormente a diretora geral da Globo Livros. São descobertas suas Andressa Veronesi, Aida Veiga, Carla Fortino, André de Oliveira, Joaci Pereira e Ronald Polito.

Dessa época, Sandra se orgulha de ter iniciado o óbvio: aproximar a editora da TV Globo. Em uma reunião no Rio de Janeiro, ouve da boca de Alice-Maria Reiniger, na época, diretora do telejornalismo da TV, que a Editora Globo não tinha qualidade nos livros. Para provar o contrário, Sandra pega o livro de aniversário da GloboNews para editar. O resultado surpreende Maria-Alice. Começa aí uma bela e frutífera parceria.

Paralelo a isso, aproxima-se do Fantástico. Propõe a realização de livros que saíssem junto com as séries do programa dominical. Nascem, dessa parceria, livros jornalísticos com Zeca Camargo, Geneton Moraes Neto, Alberto Villas, Mauricio Kubrusly, Max Gehringer, entre outros. Os jornalistas, que não procuravam a Editora Globo, passaram a bater na porta de Sandra. Nessa leva aparecem livros que não estavam vinculados aos programas da casa como foi o caso de *Dossiê Drummond* e *Os segredos dos presidentes*, ambos de Moraes Neto.

O próximo passo foi conquistar a Central Globo de Produção. Usa então sua experiência anterior com livros ilustrados para fazer volumes baseados nas novelas e séries da TV Globo. O primeiro desses foi *Terra Nostra*, com fotos do diretor Jayme Monjardim e textos de Maria Adelaide Amaral. A relação com Monjardim, rendeu ao currículo da

Sandra a fotobiografia de sua mãe, a cantora Maysa e livros de Maria Adelaide.

Ainda na Globo, é responsável pela reedição de *Em busca do tempo perdido*, de Marcel Proust. O título havia vindo com a compra da antiga Editora Globo, de Porto Alegre ainda nos anos 80, e ficara esquecido até então. A obra conta com tradução de nomes como Carlos Drummond de Andrade, Erico Verissimo e Mário Quintana. Foi sob sua gestão também que a já Globo Livros publicou a obra completa de nomes como Oswald de Andrade, Hilda Hilst, Mário Quintana e Carlos Guilherme Mota. Traz ainda para a Globo Livros Nuno Ramos, Julio Medaglia, Jamie Oliver e biografias, como a de Keith Richards. Faz uma parceria de sucesso com o *Jornal Valor*, na publicação de guias de finanças.

Em 2011 deixa a Globo e segue para o Grupo Ediouro, onde passa por três anos e assume a diretoria editorial para o mercado internacional. Na casa carioca, renova os contratos para a publicação de Carl Jung, Terry Eagleton e de Agatha Christie e esteve por trás de *Morte súbita*, o primeiro livro adulto de J.K. Rowling.

Depois de ter construído uma carreira sólida no mercado tradicional, Sandra resolve se reinventar aos 65 anos quando lança, ao lado do filho, Tiago Ferro, a e-galáxia. No ar desde 2013, a editora é pioneira ao adotar a publicação de livros exclusivamente no formato digital.

A e-galáxia, publica a revista de ensaios Peixe-Elétrico, sob a batuta de Tiago Ferro, que reúne nomes fundamentais da intelectualidade contemporânea, nacionais e estrangeiros.

Nos últimos anos, assume o posto de curadora do Prêmio São Paulo de Literatura, passa a orientar autores no processo de escrita, tem dado aulas nos cursos de MBA da Casa Educação e da LabPub e, com o perdão do trocadilho, enveredou ao lado de Guiomar de Grammont numa consultoria – a Veredas –, que presta orientação em planejamento para editoras iniciantes e organiza novos projetos e eventos literários.

SÉRGIO ALVES

Um dia, dona Leonor perguntou ao seu filho: "Mas afinal, filho, o que você faz da vida?". "Sou editor de livros, mãe", respondeu. "Você escreve livros, é isso?", retrucou a mãe. "Não, eu os edito", devolveu o filho. "Você desenha nos livros, então?" e, diante de mais uma negativa do seu rebento, ela se resignou: "então tá...". O assunto acabou. A dúvida da mãe, possivelmente, não.

O filho dessa história é Sérgio Alves. O filho de dona Leonor nasceu e se criou no Ipiranga, numa época em que o bairro histórico era "longe, afastado de todo o resto de São Paulo". Passou ali a sua infância e juventude.

Não que fosse uma família de leitores, mas a casa sempre teve livros, nem que fossem as enciclopédias como Barsa e Tesouro da Juventude. Mais tarde vieram os livros do Clube do Livro e um pouco mais adiante os do Círculo do Livro.

Outro fator que ajudou a desenvolver o futuro editor enquanto leitor foi a Igreja Presbiteriana Independente, denominação protestante frequentada pela sua família. "Isso foi determinante na minha formação leitora. As crianças iam para a Escola Dominical e o que elas faziam ali? Liam a Bíblia. Inegavelmente, isso me deu um vocabulário", defende. Na igreja também desenvolveu os ouvidos para a música, o que, segundo o editor o ajudou a se aproximar de outros bens culturais.

A escola era outro ponto de contato com os livros. Foi ali, no livro *Texto e Contexto*, de Norma Discini, que conheceu *O homem do furo na mão*, conto de Ignácio de Loyola Brandão. O futuro editor diz que foi arrebatador. Buscou por toda a obra disponível de Loyola nas bibliotecas públicas de São Paulo. O ano era 1975, ele tinha 15 anos, e *Zero*, de Loyola, estava proibido. "Era o que mais me instigava!", lembra.

O texto tinha aparecido nas aulas da professora Cleusa, a mesma que, no ano seguinte, o levou para assistir ao espetáculo *Gota d'Água*. No palco do teatro São Pedro, na zona central de São Paulo, Sérgio teve a chance de ver o impecável trabalho de Bibi Ferreira na interpretação do texto de Paulo Pontes e Chico Buarque, sob a direção de Gianni Rato. Mais um episódio arrebatador.

Resolve que iria cursar Edificações no Liceu de Artes e Ofícios de São Paulo. "Era o meu destino ser um cara da FAU", diz fazendo referência à Faculdade de Arquitetura e Urbanismo da USP. Mas, é nessa mesma época que tem contato com o teatro e com as artes plásticas. Essas duas artes foram transformadoras na vida de Sérgio e teve papel fundamental na sua formação como editor. O projeto de se tornar arquiteto rui quando ele resolve ir para as Letras, também na USP. Escolhe português – italiano.

Junto com a formação acadêmica, o teatro amador e os cursos de gravura em metal no ateliê do Museu Lasar Segall, começa a oferecer serviços de revisão para os jornais do Ipiranga. Presta esse mesmo serviço para a Pensamento, editora também instalada na região. Esta experiência tinha sido o único ponto de tangência entre a vida de Sérgio e o mercado do livro.

Isso mudou em 1993, quando ele é contratado como vendedor de livros da Dom Quixote, uma livraria-sebo instalada no subsolo do prédio histórico da Universidade São Marcos, não por acaso também no bairro onde D. Pedro I teria dado o grito de independência do Brasil.

Já no fim dos anos 1990, Sérgio é um dos primeiros contratados para trabalhar no Ática Shopping. Entra na empresa três meses antes da abertura oficial ao público como líder do setor de autoajuda. "Acredito que me colocaram nesse departamento porque perceberam que eu era um dos únicos ali que não tinha preconceito com livros de qualquer natureza", lembra. "O Ática Shopping era um acontecimento. Era uma Bienal por dia", compara. Permanece na empresa quando ela é comprada pela FNAC.

A convite de Leonardo Chianca – com quem trabalhou na época de revisor na Pensamento – dá uma guinada na sua carreira e deixa de ser livreiro e se torna editor na Editora do Brasil. Começa editando livros didáticos, mas em pouco tempo, assume a área da literatura infantil e juvenil. É ali que conhece Jiro Takahashi, quem considera um mentor. Em 2004, edita *Pé de sapo e sapato de pato*, de Bartolomeu Campos de Queirós, primeiro Jabuti da história da Brasil. Constrói relações sólidas com autores e ilustradores nessa temporada.

Isso lhe dá credenciais para seguir para o próximo passo: assume o cargo de editor na Editora Companhia Nacional. Ali edita a coleção Brasiliana, criada por Octalles Marcondes Ferreira nos anos 1930. "Editar a Brasiliana era o sonho de qualquer editor". Sérgio realizou esse sonho.

Seguiu da Nacional para a Larousse no final de 2007. "Tive total liberdade na Larousse", diz animado. Ali publica nomes importantes como Penelope Martins, Rosana Urbes, além de velhos conhecidos como o próprio Bartolomeu, que lhe ajudou a conquistar o primeiro Jabuti de sua carreira, Elias José e Tatiana Belinky.

Também na Larousse, foi o editor por trás da série Literatura brasileira em quadrinhos, publicada pelo selo Escala Educacional. Publica, por exemplo, *O alienista*, de Machado de Assis adaptado e ilustrado por Francisco S. Vilachã. "Foi a coleção que marcou a saída dos quadrinhos dos esconderijos para a mesa do professor", diz orgulhoso.

Em 2014, ocupava o cargo de gerente editorial da Larousse, quando é convidado para a equipe da Mauricio de Sousa Produções. É o editor por trás, por exemplo, de *Caderno de receitas da Magali*, de Monica Rangel e publicado pela Senac SP.

Sai da Mauricio de Sousa para abrir a Caraminhoca, editora dedicada à literatura infantil e juvenil. "A editora Caraminhoca é uma possibilidade de publicar aquilo em que acredito, que é belo e que pode fazer a diferença. Um compromisso com o leitor, tenha a idade que tiver, com o prazer do texto e da imagem", comenta.

Depois de mais de 25 anos de carreira e mais de 500 livros editados, Sérgio talvez conseguisse responder melhor à pergunta de dona Leonor: "Para mim, editar é juntar e equilibrar duas paixões: o texto e a imagem. Os livros que li e o teatro foram determinantes para me ensinar a me relacionar com o texto e as artes plásticas com a imagem. Tudo isso junto foi o que me permitiu me tornar um editor da literatura infantil e juvenil".

Sérgio acredita que o livro físico ou virtual é um objeto de cultura, o retrato de um tempo, que pode não trazer respostas prontas, mas que deve suscitar dúvidas, o que é o maior bem que nos permite criar e nos mover para frente. Quanto ao mercado, afirma que esse é o maior bem que recebeu: as pessoas que conheceu nesse já longo percurso.

SIDNEY GUSMAN

Mauricio de Sousa começou a sua carreira como desenhista no fim dos anos 1950 e formou gerações de leitores que se apegavam aos seus gibis na infância, acompanhando as aventuras da Turma da Mônica. Por muitos anos, os quadrinhos foram coisa de criança. Gente grande lendo quadrinhos? Nem pensar.

Essa história começou a mudar nos anos 2000 e ela tem um protagonista: Sidney Gusman, mais um leitor formado graças à Turma da Mônica. "Meu pai ia à banca comprar jornal e voltava sempre com um gibi. Era o troco", lembra o editor. "O que me fascinava na leitura, desde moleque, é o tanto de lugares para onde eu podia viajar quando lia. Meu pai não tinha condições para levar a gente nem para fora do estado, mas pela leitura, eu viajava pra Minas Gerais, Bahia, e para outras galáxias. Aqueles universos de fantasia me faziam sonhar acordado", conta.

Aos nove anos, quando viajou para a cidade de Jundiaí, no interior paulista, descobre os super-heróis. A sua visão de mundo se transforma. Volta fascinado com aquelas histórias.

Depois dos gibis, vieram os livros. Lembra de ter ficado vidrado lendo *O escaravelho do diabo*, de Lúcia Machado de Almeida – "este livro marca a minha infância de maneira espetacular", diz – e *A montanha encantada*, de Maria José Dupré.

Mais tarde um pouco, no início da adolescência, lê Capitães da areia, de Jorge Amado, outro livro marcante da sua vida. "Foi a primeira vez que me excitei lendo algo! Foi impressionante", conta.

Outra paixão construída desde a infância era pelos esportes. Quando chega a hora de decidir a profissão que ia ter pela vida, opta pela Educação Física. Mas lá na universidade percebe que tinha tino para escrever. Com alguns colegas, fazia jornais que circulavam pelos corredores da faculdade.

Ao fim da graduação – ele tinha 20 anos – decide que tinha tempo para seguir outra carreira e se matricula no curso de Jornalismo. Queria seguir – e seguiu – pelo caminho do jornalismo esportivo. Foi repórter de rádios São Paulo, ligada ao Grupo Bandeirantes, Boa Nova, de Guarulhos, e Clube, de Santo André.

O ano era 1988 para 1989 e a imprensa brasileira, muito influenciada pela norte-americana e francesa, começou a da espaço para os quadrinhos adultos, algo quase inexistente no Brasil que retomava a sua democracia, realizando suas primeiras campanhas presidenciais desde o início da ditadura. Aquilo chamou a atenção do quase-jornalista Sidney Gusman. "Se dá para escrever crítica de quadrinhos, eu também quero!", disse decidido.

Bateu nas portas dos principais jornais da capital paulista. Nenhum lhe abriu as portas, mas tinha as paredes do campus da Universidade Metodista em São Bernardo. Resolve criar com os colegas do curso de Jornalismo um jornal-mural. Ali traziam notícias do meio acadêmico e podiam exercitar toda forma de escrever. Sidney resolve resenhar os quadrinhos. Cria um portfólio com aquelas matérias datilografadas.

"No segundo ano de faculdade, peguei os papeis furados de tachinha [era com tachinhas que as matérias ficavam presas no mural, afinal] e liguei para todos que escreviam sobre HQ nos jornais. Consegui marcar um café com todos eles", conta o editor.

A última visita que fez nessa época foi a Leandro Luigi Del Manto, que editava a cultuada série *Sandman*, de Neil Gaiman e Dave McKean na Editora Globo. A revista mensal abria espaço de quatro páginas para publicação de matérias relacionadas ao reino de Morpheus. "O Leandro leu as minhas resenhas, gostou e me perguntou se eu gostava de música. Quando respondi que sim, ele me pediu para escrever sobre a relação da música com as HQs. Era como se naquela hora, subisse um balão na minha cabeça: 'fodeu!'", conta. Sidney topou o desafio. "Ele me explicou que o material teria que ter sete laudas e que me pagaria tanto pelo material. Pensei: 'pagar? Vão me pagar? Vou receber para escrever sobre a minha paixão? Eu tenho que agarrar essa oportunidade!'. E a próxima cena dessa história é um quadrinho em que eu apareço dando um soco no ar!", completa.

Com a missão dada, Sidney foi pesquisar a relação da música com as HQs. Volta daí a alguns dias com um o dobro de laudas que Leandro tinha pedido. É contratado como redator da Globo. Era o responsável por escrever os aparatos das revistas e ainda por responder leitores. Fica na Globo até 1992.

A partir de então, Sidney foi construindo uma trajetória que o levou a ser considerado hoje um dos maiores especialistas em quadrinhos no Brasil, com reconhecimento em diversos prêmios, incluindo sete troféus HQMix.

Passa a colaborar com os principais jornais do Brasil, com resenhas e críticas de quadrinhos.

No final de 2001, é convidado por Rogério de Campos, um dos fundadores da Conrad, para ser editor do selo especializado em quadrinhos. Ali reencontra com Sandman, quando a Conrad decide reunir toda a série de revistas em formato de livros. O papel esperado era o de adaptar os textos para o público brasileiras, mas Sidney queria ir além e convence seus superiores a incluir um caderno extra com notas, mostrando o quanto Neil Gaiman e Dave McKean tiveram que pesquisar para construir os personagens, situações e cenas da série. Consegue e publica uma edição histórica da obra, que depois foi serviu de inspiração para a sua publicação em diversos outros países.

A saída oficial da Conrad se deu em 2003, mas o editor continuou prestando serviços para a editora de Rogério de Campos e para tantas outras.

É nesse período que se aproxima de Mauricio de Sousa. A relação rendeu a Gusman o seu primeiro livro autoral: *Mauricio – Quadrinho a quadrinho* (Globo), lançado em 2006. O livro, fruto de uma série de entrevistas que Sidney fez com Mauricio, conta a história do desenhista, desde a sua infância em Mogi das Cruzes até o sucesso da Turma da Mônica, um dos símbolos mais fortes do Brasil. O volume traz ainda uma espécie de enciclopédia com informações sobre cada um dos 30 personagens que Mauricio tinha criado até então.

O livro foi lançado na Bienal do Livro, com a presença maciça dos leitores de Mauricio, mas Sidney queria fazer algo menor, só para os amigos. Resolve, então, fazer uma sessão de autógrafos na unidade de Pinheiros da extinta Fnac. Maurcio aparece de surpresa. Um amigo de Sidney pergunta, em tom de brincadeira, como tinha sido para ele ter trabalhado com Sidney. O veterano responde: "Vamos fazer muitas coisas juntos ainda". A resposta causou espanto no estreante que retrucou com um sonoro "vamos?".

Neste mesmo dia, Mauricio chamou o editor de canto e perguntou o que ele achava da Mauricio de Sousa Produções (MSP). Sidney foi franco ao responder que faltava falar com o público jovem adulto e ainda publicar livros. Nessa altura, os livros de Mauricio de Sousa eram publicados pela Globo, graças a um acordo de exclusividade. Sidney estava contratado.

Fez uma transformação na MSP. Rompeu o contrato com a Globo e Mauricio de Sousa passou a ter livros publicados por mais de duas dezenas de editoras.

"Até então, eu era um editor de textos de quadrinhos. Na Mauricio de Sousa, eu me tornei um editor de livros", diz orgulhoso. Gusman passa a criar projetos dos mais variados temas para os personagens da Turma da Mônica: da educação financeira à adaptações de clássicos; de livros que tangenciam com histórias bíblicas a livros escritos em parceria com outros escritores brasileiros como Mario Sergio Cortella e Ziraldo. A ideia por trás disso é transformar o pai da turma da Mônica como um grande publicador de livros, todos eles editados por Gusman.

Nenhum desses livros, no entanto, foi tão audacioso quanto *MSP 50 – Mauricio de Sousa por 50 artistas*, volume comemorativo de meio século de carreira do desenhista. Sidney conta que quando chegou com a ideia para Mauricio e disse que queria convidar 50 artistas de todo o Brasil para reinventar os personagens criados pelo desenhista, ele arregalou os olhos, projetou o corpo para trás e perguntou: "mas você vai cuidar bem dos meus filhos?".

Os personagens foram relidos por nomes como Ziraldo, Laerte, Angeli, Spacca, Ivan Reis, Erica Awano, Fernando Gonsales, Fábio Moon e Gabriel Bá e Jean Okada e pavimentou o caminho para a criação do Graphic MSP, selo da Mauricio de Sousa Produções que publica a interpretação dos personagens clássicos de Mauricio de Sousa por outros nomes. O primeiro título do selo foi *Astronauta – Magnetar*, de Danilo Beyruth e Cris Peter, em 2012.

O décimo oitavo título da Graphic MSP foi *Jeremias – Pele*, de Rafael Calça e Jefferson Costa, publicado em 2018. No ano seguinte, a recriação do primeiro personagem negro criado por Mauricio levou Gusman a um lugar inédito na história da Mauricio de Sousa Produções. Ele subiu – ao lado dos dois criadores – no palco do Prêmio Jabuti, o mais tradicional prêmio literário brasileiro que passou a receber inscrições na categoria História em Quadrinhos em 2017.

Outro livro de 2018 e também publicado pelo Graphic MSP foi *Turma da Mônica – Laços*, de Vitor e LuCafaggi, que serviu de base para o live-action de mesmo nome estreado nos cinemas em 2019.

'O EDITOR DOS EDITORES DE QUADRINHOS'

Um fenômeno – ou seria "fenômeno"? – passou a acompanhar a trajetória de Gusman desde o lançamento de *Astronauta – Magnetar*. Os leitores passaram a conhecer o editor, figura que costuma ser invisível. Com isso Sidney passou a dar autógrafos nos lançamentos dos livros que edita. Viu nisso uma oportunidade de popularizar a sua função. "Isso é uma satisfação gigantesca", diz.

Desde 2016, passou a dar cursos e workshops de formação de editores de quadrinhos. A iniciativa lhe rendeu a alcunha de "o editor dos editores de quadrinhos", dada pelo colega e também editor Cassius Medauar.

VIVIAN WYLER

O nome de Vivian Wyler (1954 – 2017) estará para sempre ligado ao de *Harry Potter*. A primeira brasileira a ler (e se encantar) pela saga do bruxinho entra para a história do livro no País como uma editora que esteve à frente de seu tempo, e, por isso, sabia antever tendências e surfar nelas muito antes que seus concorrentes.

Ela era editora do *Caderno Ideias*, do *Jornal do Brasil*, onde trabalhou de 1977 a 1987, quando confidenciou a um amigo que queria sair do jornalismo. Ir trabalhar em uma editora era uma opção. A confidência foi parar nos ouvidos de Paulo Rocco. "Fui mais rápido", disse Paulo Rocco em depoimento para esse livro. A jornalista se transforma em editora de livros. "Ela não tinha nenhuma experiência em editoras e eu não tive pressa", lembra Rocco.

Ela foi, ao lado do novo chefe, para a sua primeira Feira do Livro de Frankfurt. Na preparação para a estreia, Paulo Rocco recomendou: leve sapatos confortáveis. Teimosa, colocou na mala os sapatos bonitos, que não eram confortáveis. Erro de iniciante. "Demos muitas risadas disso", conta Rocco.

Com apurado faro para o que é realmente importante, Vivian traz para o Brasil nomes como Tom Wolfe, Ian McEwan, Martin Amis, Saul Bellow, Nick Hornby e Alain de Botton.

Insiste muito para reeditar aqui Margaret Atwood. Parte da produção da autora canadense tinha sido publicada no Brasil pela Marco Zero nos anos 1980. Quando os direitos ficam disponíveis, Vivian vai atrás. Uma nova tradução é posta no mercado e *A história da aia* – como a Marco Zero traduziu *Handmaid´s tale* – vira *O conto da aia*. Morre antes de ver o sucesso da obra depois se transforma em uma série de enorme sucesso de público e de crítica.

"Como editora, ela tinha muitos talentos, mas o maior deles era chegar à frente dos demais e não ter medo de ousar", diz a editora Mariana Rolier que teve a chance de trabalhar com Vivian na Rocco. "Ela tinha um olhar muito forte para o que vinha pela frente. Estava sempre pelo menos cinco anos à frente de todo mundo. E ela sempre tinha razão. Mais que uma editora, Vivian era uma caçadora de tendências", completa.

Foi assim com Harry Potter. Ninguém poderia supor que um livro sobre um bruxo, que se passa em castelos, poderia fazer sucesso no Brasil. Vivian acredita e insiste para que a Rocco ficasse com a obra. Deu no que deu. O livro forma uma geração inteira de leitores e transforma a indústria editorial do país.

Outra editora que fala de Vivian com muito afeto é Maria Amélia Mello, contemporânea de Wyler e dona de uma trajetória semelhante: começou na imprensa e depois segue para uma editora onde dedica muitos anos do seu trabalho. "Vivian deve ser lembrada como uma editora sensível, talentosa e que sabia dosar muito bem o projeto editorial da Rocco: publicou blockbuster, com muito apelo comercial, ao mesmo tempo que criou coleções que equilibravam o projeto editorial", disse em depoimento sobre a amiga.

Em abril de 2017, pouco antes de completar 30 anos na Rocco, Vivian morre em decorrência de um câncer contra o qual lutava havia muitos anos.

O FUTURO DA EDIÇÃO

DANIEL LAMEIRA

A entrada de Daniel Lameira no mundo do livro foi por acaso e pela porta da livraria. Em 2007, entrou para o curso de História e precisava de um emprego para ajudar a bancar a universidade. Soube, por uma colega, que a Livraria da Vila estava contratando. Livraria da Vila? Uma das mais tradicionais livrarias de São Paulo, nascida no badalado bairro da Vila Madalena, não chegava a outra vila, a Carrão, na Zona Leste de São Paulo, onde Lameira morava com a família.

Em casa, livros não eram a grande prioridade, embora tenha na memória clássicos como *A Ilha do Tesouro*, de Robert Louis Stevenson, e contemporâneos – que logo se tornaram clássicos – como Harry Potter, de J.K. Rowling.

"Eu nunca achei que fosse trabalhar com livros", revela. Começa como estagiário e passa quase quatro anos na Vila, alcançando o posto de coordenador. "Foi uma escola para mim", diz.

Sai da Livraria da Vila para ser comprador da FNAC. O foco estava na literatura, artes e quadrinhos. "Ali passei a ver o livro como um negócio", relembra. Foi ali que aprendeu a ver o livro como um produto que precisa encontrar seu público para bater metas. Um olho fitava o público, outro os números. Precisava conhecer os clientes e os relatórios de vendas para saber comprar.

Sua atuação rendeu à FNAC o posto de a maior referência em quadrinhos no país. Criou eventos para o público "nerd". Um deles foi a King Con, em parceria com o Omelete, site referência desse universo no Brasil. O evento foi considerado um dos maiores do gênero em livrarias e foi o estopim para criação da Comic Con Experience em 2014.

Como comprador de uma importante rede para a época, Lameira teve contato com muitos editores. Uma delas foi Mariana Rolier, na época, publisher da LeYa no Brasil.

A convite dela e depois de um ano de Fnac, Lameira segue para o marketing da editora portuguesa. Ali criou uma comunicação que dialogava com o público-alvo, tanto em forma, quanto em conteúdo. Entre as campanhas destacam-se os anúncios do livro *Clube da luta*, de Chuck Palahniuk. Lameira levou fliperamas para os pontos de vendas. Nessa época, fez ações específicas para grandes sucessos editoriais como *Guerra dos tronos* e *Dança dos dragões*, de George R. R. Martin.

Sobre *Dança dos dragões*, vale um parágrafo a parte. O livro chegou às livrarias em junho de 2012, com um capítulo a menos. O erro gráfico rendeu à LeYa uma das maiores crises vividas pelo mercado editorial brasileiro. Foi de Daniel a estratégia para resolução da crise. A editora fez o *recall* dos 150 mil exemplares distribuídos e disponibilizou o capítulo faltante gratuita e digitalmente a todos os leitores de George R. R. Martin no Brasil.

Lameira deixa a LeYa nesse mesmo ano e segue para a Novo Século. Promove o reposicionamento da editora, na época conhecida por publicar obras de André Vianco e outros livros sobre vampiros. Daniel adquiriu dezenas de títulos e impôs um tratamento editorial e gráfico mais cuidadoso, dando uma nova cara à marca e publicando alguns dos maiores sucessos da casa, como os livros da autora Rainbow Rowell e o projeto mais importante da editora no último ano, a novelização de quadrinhos da Marvel.

A sua atuação chama a atenção de Adriano Fromer, da Aleph. Os dois se conheceram quando Daniel ainda trabalhava na FNAC. "Numa época em que poucos livreiros acreditavam na ficção científica, Daniel coordenou uma ação agressiva de exposição dos livros da Aleph e o sucesso de vendas imediato foi impressionante. Percebi aí, um profissional de extrema competência e visão", disse Fromer anos mais tarde.

Como publisher da Aleph, Lameira fez história e consolidou a editora como a casa da ficção científica no Brasil. Conseguiu levar para lá a franquia *Star Wars*. "Isso mudou significativamente a história da editora", reconhece Fromer.

Ali, teve a chance de colocar em prática uma de suas obsessões: conhecer e estar perto do público leitor. Toca, ao lado de Adriano e Luciana Frachetta, o canal da Aleph no YouTube, que logo se torna obrigatório para o público nerd.

Em 2017, Lameira dá um tempo na sua relação com a Aleph e segue para a Intrínseca, de Jorge Oakim. É um dos editores por trás da aquisição de *A arte de ligar o foda-se*, de Mark Manson.

Mais do que isso, inicia um trabalho que chamou de "marketing de influencers", junto a influenciadores digitais. O trabalho impulsiona a venda de diversos títulos da casa, inclusive o *A arte de ligar foda-se*, que se sagra campeão de vendas dos anos de 2018 e 2019.

Lameira retorna à Aleph no ano seguinte, concomitantemente ao lançamento da Antofágica, editora da qual é sócio ao lado de Sergio e Rafael Drummond e Luciana Frachetta. Por trás, a ideia é desmistificar os clássicos, dando a eles novas roupagens e um diálogo com a contemporaneidade. Para isso, a Antofágica passou a convidar influenciadores digitais para apresentarem suas obras. Os primeiros títulos da editora foram *Metamorfose*, de Franz Kafka, apresentada pelo youtuber Otávio Albuquerque, e *Memórias póstumas de Brás Cubas*, de Machado de Assis, apresentado por Isabela Lubrano.

Além da apresentação dos youtubers, os livros trazem ainda paratextos de acadêmicos ou de profissionais relacionados ao livro em si. No caso de *Metamorfose*, há textos de Petê Rissatti (tradutor), Lourenço Mutarelli (ilustrador) e do acadêmico Flávio Ricardo Vassoler. Já *Memórias póstumas de Brás Cubas* chega às livrarias acompanhado de posfácio de Rogério Fernandes e um perfil de Machado de Assis escrito pelo influenciador digital Ale Santos. Esse livro traz ilustrações esquecidas de Portinari feitas na década de 1940 para uma edição, hoje, raríssima.

Importante dizer que, pela Antofágica, reeditou um dos livros da sua adolescência: *A ilha do tesouro*. Publicada em 2019, a edição traz tradução inédita, notas e posfácio de Samir Machado de Machado e ilustrações de Paula Puiupo, além de textos complementares do escritor Jim Anotsu e da pesquisadora Marina Bedran, especialista na obra de Stevenson.

A trajetória precoce de Daniel Lameira lhe rendeu o Prêmio Jovens Talentos de 2015, quando o editor tinha 28 anos.

FELIPE BRANDÃO

Felipe Brandão nasceu na cidade paulista de Pindamonhangaba, em 1983, mesmo ano em que surgia o Voyage quatro portas; a Rede Manchete fazia sua primeira transmissão; a novela *Guerra dos sexos* tornava-se um fenômeno no país e o *Meu Primeiro Gradiente* virava o brinquedo mais desejado pelas crianças.

Foi na escola por volta do terceiro ano do primário, que ele ganhou o seu primeiro livro de presente: *O meu pé de laranja lima*, de José Mauro de Vasconcelos. Aquele livro de alguma forma o marcou profundamente e, a partir dali, passou a descobrir novos livros e autores. *A marca de uma lágrima*, de Pedro Bandeira, foi o seu livro da adolescência. Ainda nesta altura, gostava de escrever peças teatrais para encenação na escola e na igreja. Com a obra *O terceiro travesseiro*, de Nelson Luiz de Carvalho, que passou a entender sua sexualidade e descobrir novas maneiras de amar.

Desde a época d'*O meu pé de laranja lima*, ele reunia amigos para criar livros com folhas de papel sulfite dobradas ao meio. Sem saber, treinava ali o seu futuro ofício. Apaixonou-se pela obra de Monteiro Lobato, seu quase conterrâneo, já que Pindamonhangaba e Taubaté (cidade de Lobato) se tocam. Aos domingos, costumava ir ao Reino das Águas Claras, parque com as estatuas do escritor quase conterrâneo.

Cresceu em uma igreja evangélica e lá conquistou o hábito da leitura. Em depoimento para este livro, contou que leu mais de uma vez o livro sagrado. Ainda criança, viajava o Brasil com a Bíblia nos braços para levar as histórias que lia ali para crianças e adolescentes.

Fez Jornalismo na Universidade de Taubaté, escreveu para vários veículos, sem grande sucesso na época. Certo dia, já bastante angustiado, um amigo o chamou para ir até São Paulo tentar a sorte. Caminharam dias e dias no centro da cidade procurando por qualquer plaquinha que dissesse "emprego". Foram tempos difíceis, com o dinheiro contado, mas a vontade de fazer a vida acontecer era grande.

A oportunidade apareceu justamente na Livraria Cultura do Conjunto Nacional. "Nunca tinha visto uma livraria tão grande!", disse. Tornou-se livreiro e, paralelamente começou a escrever, em um blog, sobre os livros que lia no trabalho. Por conta dos textos e resenhas que escrevia, conhece Joyce Fabris, que trabalhava na época no comercial da Planeta. "Pedi que ela me avisasse quando ou se aparecesse uma oportunidade lá", contou. O pedido foi realizado e ele começou na editora como assistente de Marketing da multinacional de origem espanhola.

Virou analista, coordenador, gerente, criou o departamento de livros digitais (e-books), começou a buscar novos autores, até migrar para o editorial, cuidando de um selo que ajudou criar e desenvolver: O Outro Planeta.

Sua expertise como gerente de marketing trouxe um novo olhar para o mercado, lançando em pouco tempo, livros que ganharam rapidamente as listas de mais vendidos. Mantém um projeto pessoal, o Esqueça um Livro, que rapidamente se espalhou pelo país. O projeto, baseado no conceito *bookcrossing*, consiste em esquecer livros para novos leitores em locais públicos. Com ele inaugurou estantes fixas para troca de livros, bibliotecas e recebeu o título de uma das razões para amar São Paulo pela revista Época.

GILSANDRO VIEIRA SALES

Em 2006, a Editora do Brasil, dona de uma longa trajetória no ramo de livros educacionais, resolve retomar o seu departamento de literatura infantil e juvenil. Nesse movimento, abre em 2007 uma vaga para estagiário. Gilsandro Vieira Sales, ou simplesmente Gil Sales, à época, um jovem estudante do curso de Letras da Universidade de São Paulo, resolve se candidatar, mesmo sem ter nunca pensado em trabalhar em uma editora. Assim, entra para a empresa. A carreira dentro da editora é meteórica. No ano seguinte, é efetivado como auxiliar editorial, depois assistente e logo alçado a editor.

O curioso é que dois anos depois da sua entrada, ele tem uma surpresa emocionante nos acervos da editora. Encontra ali um dos livros que o formou leitor. "Minha família era muito pouco ligada a livros. Em casa havia pouquíssimos. Foi na biblioteca da escola pública onde conheci um pouco mais de livros", lembra. "Anos depois foi surpreendente descobrir que a Editora do Brasil havia publicado muitos dos livros e autores que eu lia na infância. Um dia, organizando o acervo antigo da editora, descobri que *A abelhinha feliz*, um livro que eu tinha lido quando era bem pequeno e que de alguma forma tinha me marcado, também tinha sido publicado pela Editora do Brasil. Foi engraçado e ao mesmo tempo me encheu de orgulho!", completa.

Em 2012, uma nova diretoria assume a editora com a missão de reorganizar e modernizar a empresa fundada em 1943. Gil assume um papel importante, participando intensamente desse processo. Vicente Tortamano Avanso, diretor geral da Editora do Brasil, comenta que Gil foi "o principal agente de mudança do posicionamento e do sucesso das nossas obras voltadas para o segmento em que atua"[1]. Logo é novamente promovido a supervisor editorial do departamento.

Em busca de novos autores e títulos para o catálogo da editora, o editor percebe a oportunidade de criar, com alguns desses nomes, livros de temáticas delicadas como diversidade, assédio, feminismo, racismo, homofobia, política e tortura. "Lidar com formação de leitores exige de nós, editores, um compromisso ético com a liberdade de pensamento. Editar livros que tratem de assuntos fortes com delicadeza e propriedade, mas com linguagem literária, é uma das maiores missões que nos impusemos", afirma Gil.

O editor calcula que de 2007 a 2020 esteve envolvido ou foi responsável direto pela produção de centenas de títulos, trazendo para o catálogo da Brasil dezenas de autores e ilustradores respeitados e premiados. Atualmente ele supervisiona todo o conteúdo de literatura infantil juvenil, cujo catálogo gira em torno de 400 títulos.

O seu trabalho é reconhecido com prêmios nacionais. Em 2019, o livro *Minha vida não é cor-de-rosa*, proposto por Gil a Penélope Martins, ganha o primeiro lugar na categoria juvenil do prêmio da Biblioteca Nacional, um dos mais prestigiados do país. O editor define este como um dos momentos mais emocionantes e gratificantes de sua carreira. Além deste, livros editados por Gil conquistam os prêmios Jabuti, FNLIJ, Cátedra Unesco de Leitura e Açorianos.

---

1. Em depoimento para a candidatura de Gil Sales ao Prêmio Jovens Talentos da Indústria Editorial Brasileira.

Gil também é o principal representante da empresa nas feiras internacionais do livro como Bolonha, Guadalajara, Bogotá e Frankfurt, ajudando a firmar a editora também como uma importante exportadora e importadora de projetos editoriais prestigiados.

A atuação do editor lhe rendeu a nomeação ao Prêmio Jovens Talentos de 2018, realizado pelo PublishNews, com apoio do Sindicato Nacional dos Editores de Livros e da Feira do Livro de Frankfurt.

HENDERSON FÜRST

A infância de Henderson Fürst foi marcada por uma longa luta contra uma rara doença neurológica degenerativa e paralisante que impedia o futuro editor de qualquer movimentação, inclusive para brincar. "Daí surgiu a paixão pelos livros, pois a única coisa que tinha para me divertir era a imaginação das histórias", conta.

Ele se forma em Direito na Universidade Estadual de São Paulo em Franca (SP) e, em 2011, segue para São Paulo para fazer o mestrado. Aos 23 anos, consegue o primeiro emprego como analista editorial júnior na *Revista dos Tribunais* (RT). Em poucos meses é alçado a editor júnior e lhe é confiado um projeto "muito ambicioso", segundo suas próprias palavras: a reedição e atualização do *Tratado de Direito Privado*, de Pontes de Miranda. Trata-se de uma coletânea em 60 volumes que revolucionou o pensamento jurídico brasileiro na década de 1950 e ainda hoje se mantém como um livro de referência na área. A republicação da obra marcaria o centenário da RT.

"A primeira edição dessa obra levou quinze anos para ter seus sessenta volumes integralmente publicados. Meus prazos foram insanos: dez meses para editar, atualizar e produzir os sessenta volumes. Isso dá um volume e meio, com média de 800 páginas, por semana", lembra. "Contra todos os problemas intercorrentes, o projeto cumpriu o prazo", completa.

A capacidade de realizar esse trabalho robusto chama a atenção da concorrência e a Editora Saraiva o convida para iniciar um projeto editorial, com novos conceitos de livros jurídicos.

Nessa outra casa centenária, percebe que os autores jurídicos se encontravam completamente alheios à crise do mercado editorial e à radical mudança do perfil dos leitores jurídicos. "Embora o Brasil tenha mais da metade das faculdades de direito que existem no mundo, com inúmeras pós-graduações, os alunos e pesquisadores possuem dificuldades imensas com a pesquisa, escrita acadêmica e publicação", explica.

Resolve, por conta disso, criar o curso *Como (não) escrever uma monografia*, ministrado pelo editor em diversas faculdades de direito públicas e privadas de forma gratuita. "Com isso, quero fomentar a academia jurídica e a criação de novos autores conscientes das condições do leitor e do mercado editorial de hoje".

Com essa ação, passou a ter contato direto com professores de cursos de Direito de todo o Brasil, aumentando a sua rede de contatos e ampliando, portanto, as chances de conquistar novos títulos. Mas mais do que isso: criou uma incubadora de jovens autores. "Essa tem sido uma forma não onerosa para a editora para conhecermos jovens autores com potenciais nos mais diversos cantos do Brasil e desenvolvemos best-sellers. Para esses jovens autores, tenho feito acompanhamento para aconselhamento da carreira autoral como forma de potencializar o impacto das obras desses autores", explica.

Um desses talentos descobertos por Henderson é Georges Abboud. A sua dissertação de mestrado foi transformada no livro *Jurisdição constitucional e direitos fundamentais* (Revista dos Tribunais) pelas mãos de Henderson. "As muitas mudanças sugeridas em sua dissertação e nas formas de posicionamento da obra para o público leitor fez que a edição de esgotasse em alguns meses – algo raro no mercado jurídico para obra monográfica, especialmente de autor desconhecido", diz orgulhoso. Abboud seguiu carreira como escritor, hoje é autor de diversas obras, e todas com diversas edições e sendo citadas pelo Supremo Tribunal Federal (STF).

Depois da Saraiva, Henderson passou para o time do Grupo Editorial Nacional (GEN). Ao mesmo tempo, conclui o seu doutorado em bioética pela Pontifícia Universidade Católica de São Paulo e atua como professor da pós-graduação da Faculdade de Direito da PUC-Campinas, da Academia Brasileira de Direito Constitucional e MBA Executivo em Gestão de Saúde do Hospital Israelita Albert Einstein. É ainda presidente da Comissão Especial de Bioética e Biodireito do Conselho Federal da Ordem dos Advogados do Brasil (OAB).

Em 2015, a sua trajetória lhe rendeu a nomeação ao Prêmio Jovens Talentos promovido pelo PublishNews em parceria com o Sindicato Nacional dos Editores de Livros (SNEL) e com a Feira do Livro de Frankfurt.

ISABEL LOPES COELHO

Além de símbolo de transformação, a borboleta é também nome de um dos estilos mais difíceis na natação. E isso tem muito a ver com a história de Isabel Lopes Coelho. Em meados da década de 1990, quando a futura editora era ainda uma menina, era nas piscinas que ela sonhava. Queria ir para as Olimpíadas. A Confederação Brasileira de Desportos Aquáticos registra que a menina conquistou o segundo lugar de 100 metros borboleta no Torneio Paulista Infantil em 1995[1], quando tinha 14 anos, e o terceiro no ano seguinte[2], nadando 200 metros no mesmo estilo.

Embora o livro tivesse um espaço especial na casa – a mãe, historiadora, era grande leitora e garantia a presença do objeto em casa --, o foco de Isabel estava nas piscinas. Era comum que, depois dos treinos, esperasse a mãe na biblioteca do Esporte Clube Pinheiros. Ali lia gibis e lembra-se de ter lido e gostado de *Flicts*, de Ziraldo, e da *Coleção dos Pingos*, de Mary e Eliardo França.

A borboleta leitora eclodiu quando, aos 15 anos, Isabel tem uma experiência única. Embarca rumo aos EUA para treinar na Purdue University, em Indianápolis, Indiana. O seu treinador – Alberto Klar – era

---

1. https://cbda.org.br/cbda/natacao/evento/12735/torn-reg-pi-pii-e-infantil
2. https://cbda.org.br/cbda/natacao/evento/11941/torn-regional-qualquer-classe

o mesmo que tinha ajudado Gustavo Borges na sua carreira internacional e Isabel seguia pelo mesmo caminho.

Lá, tem a chance de participar como ouvinte de disciplinas oferecidas pela universidade. Uma das aulas que passa a frequentar era a de Literatura. Foi um caminho sem volta.

Retorna ao Brasil para concluir o Ensino Médio. "Tinha uma coisa dentro de mim que queria ser jornalista e essa mesma coisa me levava para o jornalismo cultural", conta. No entanto, a experiência nos EUA tinha sido tão profunda que levou a adolescente a questionar isso e, na dúvida, resolveu fazer duas faculdades: entra para o curso de Jornalismo na Pontifícia Universidade Católica de São Paulo (PUC-SP) e Letras na Universidade de São Paulo (USP).

Ela conta que o Jornalismo era "divertido", mas a Letras, era "incrível". "Foi revelador para mim. Foi [no curso de Letras] onde mergulhei nos livros de um jeito que transformou a minha vida", diz.

O primeiro trabalho é como estagiária na Editora Abril. Trabalhava na unidade digital da empresa, escrevendo resenha de filmes. "Era o emprego dos sonhos", conta. Deixa o trabalho e as universidades para passar um tempo na Europa e na volta, consegue um trabalho na revista *Trip*. Neste mesmo período, entrevista Augusto Massi, de quem era aluna na USP, para uma matéria sobre poesia contemporânea brasileira, publicada pelo Jornal da PUC.

Tempos depois, os dois se cruzam nos corredores da Faculdade de Filosofia, Letras e Ciências Humanas da USP e Massi – a esta altura diretor editorial da Cosac Naify – comenta que precisava de um assistente de assessoria de imprensa para o seu time. Isabel se candidata e consegue o emprego. O ano era 2003 e ela tinha 20 anos. "Foi um deslumbramento muito maior do que eu imaginei. Só quando comecei a trabalhar lá que eu entendi o que era a editora", comenta. "Era todo mundo muito competente, em busca da excelência. Eu aprendia absolutamente todos os dias. Você precisa ter muita propriedade para vender um livro para um jornalista e todo livro que eu precisava divulgar, era um aprendizado. Tinha que estudar o livro, o autor, ter o máximo de informações possíveis", completa.

Nesta época, a produção de livros voltados para a infância na Cosac era muito tímida. Ao mesmo tempo, tinha a mentalidade de que era preciso formar leitores para – mais tarde – consumirem os livros produzidos pela casa. E Augusto enxerga na ex-nadadora uma boa cabeça para tocar esse projeto adiante.

"A Cosac foi a minha primeira escola de edição. Eu sentia que estava em um laboratório e a exigência era que, a cada livro, você tinha que se superar, fazer um livro disruptivo, revolucionário e que, ao mesmo tempo, tocasse o leitor", conta.

É Isabel quem leva para a Cosac, por exemplo, os livros de Maurice Sendak, autor de *Onde vivem os monstros*, cuja negociação demorou quase quatro anos, dada a exigência do criador. Publica também títulos da coreana Suzy Lee que visita o Brasil em 2010 para acompanhar o Salão da Fundação Nacional do Livro Infantil e Juvenil (FNLIJ). Outro título que merece destaque é *Crítica, teoria e Literatura Infantil*, de Peter Hunt, que foi especialmente revisado pelo autor, com ele tendo em mente o pequeno leitor brasileiro.

Investe também em autores nacionais. Publica, por exemplo, *Lampião & Lancelote*, de Fernando Vilela; *Ismália*, de Odilon Moraes, e *Aquela água toda*, de João Anzanello Carrascoza, com ilustrações de Leya Mira Brander, título selecionado, em 2013, para compor o catálogo White Heavens, da Internationale Jugendbibliothek, a maior biblioteca internacional de literatura infantil e juvenil, localizada em Munique, Alemanha.

Neste mesmo ano, a Cosac recebe o troféu do primeiro Bologna Prize for the Best Children´s Publishers of the Year (BOP). Criado para celebrar os 50 anos da Feira do Livro Infantil e Juvenil de Bolonha, o BOP busca dar reconhecimento às melhores editoras de livros voltados para estes públicos no mundo. A Cosac Naify é eleita a melhor entre as editoras das Américas Central e do Sul, concorrendo com a venezuelana Ekaréé as mexicanas Tecolote, Fondo de Cultura Economica e Petra Ediciones. "Não foi só ganhar o prêmio, foi ganhar o prêmio na primeira edição e com editoras tão especiais", ressalta a editora. Neste mesmo ano, o BOP deu reconhecimento à Bakame Editions, representando o continente africano; Tara Books, da Ásia; Planeta Tangerina, da Europa; Chronicle Books, da América do Norte, e Gecko Press, da Oceania.

Em 2015, Isabel recebe uma bolsa da Internationale Jugendbibliothek para concluir o seu doutorado. Despede-se da Cosac Naify no dia 25 de maio e segue para a Alemanha. Neste mesmo ano, em dezembro, Charles Cosac resolve colocar um ponto final na história da editora que ele fundou com o cunhado Michael Naify.

Isabel conta que, antes mesmo de embarcar para a Alemanha, já vinha sendo sondada pela FTD Educação para gerenciar a área de literatura infantil e juvenil da casa especializada em livros didáticos. Na volta, resolve assumir o desafio.

Na nova casa, Isabel se viu numa situação de aprendiz novamente. "Quando entrei na FTD Educação, senti que tinha uma bicicleta que faltava uma roda. Lá, passei a entender mais sobre o negócio, sobre como falar de literatura no mundo da educação, que é a segunda roda. Na Cosac Naify, a responsabilidade era ser criativo. Na FTD Educação, é uma missão falar com crianças de diversas culturas e referências. O mesmo livro que vai ser lido por um menino de escola particular São Paulo vai ser lido também por um menino no sertão do Piauí. Eu rapidamente, entendi que não tinha que replicar o meu trabalho da Cosac Naify na FTD Educação. A ideia não era criar, dentro da FTD Educação, uma mini-Cosac. Claro que toda a experiência que tive antes serviu para dar um novo ar aos livros, novo caráter estético, para levar novos autores e levar projetos inéditos da Cosac para lá", observa.

Um destes livros foi o *Abecedário de personagens do folclore brasileiro*, de Januária Cristina Alves, ilustrado por Cézar Berje. O livro tinha sido gestado ainda na Cosac Naify, mas só foi publicado pela FTD Educação em parceria com a Edições Sesc SP.

A menina que nadava e que viajou para os EUA para lá mergulhar nos livros cravou seu nome na história da edição no Brasil ao propor a disrupção (disso, ela entende, afinal) e ao tratar o leitor à altura que ele merece, ao mesmo tempo buscando ser acessível. Não chegou às olimpíadas, como sonhava, mas foi além: fez um monte de crianças sonharem.

LARISSA CALDIN

A primeira vez que entrou no The Literary Agents Scouts Centre da Feira do Livro de Frankfurt, a jovem publisher Larissa Caldin teve a certeza de que o enredo da sua vida estava superando as expectativas. Considerado o coração da feira, é o local de concentração e de negociações conduzidas por agentes literários de agências de inúmeros países. Ali, diante daquele cenário, conta que rememorou a jornada que a levou até a Alemanha para representar a Primavera Editorial em negociações para a aquisição de títulos.

A leitura participa cedo da vida da futura editora. Aos cinco anos, uma professora e os pais a incentivavam a iniciar o aprendizado das letras. Mas, mais do que ler, esse incentivo era uma ensaio um dia ser mais do que uma simples leitora. Com uma Bíblia da criança nas mãos, passou a revisar o conteúdo do livro, circulando a palavra Deus. Para ela, o "d" deveria ser grafado em letra minúscula. De "revisora" passou, rapidamente, a autora e ilustradora. Em datas especiais, produzia e presenteava amigos e familiares com minilivros ilustrados e com comentários detalhados. "Achava que os meus leitores mereceriam o melhor", disse em depoimento para este livro.

Aos sete anos, a menina fã de Arthur Conan Doyle, já tinha lido todos os livros protagonizados por Sherlock Holmes. Mas viveu um revés, quando ainda no Ensino Fundamental, foi injustamente proibida de entrar na biblioteca da escola. O motivo era bem prosaico: cabulava as aulas para ficar tranquilamente nos pufes lendo os seus livros favoritos.

Na hora de escolher a carreira, Letras foi a decisão natural. Na Universidade de São Paulo optou pela licenciatura em Língua Portuguesa e Grego. A ideia era ser acadêmica – dar aulas e conduzir pesquisas na área – e, o mais importante, realizar o sonho de conseguir ler Platão no original.

Os planos mudam quando, aos 17 anos, começa a trabalhar como estagiária na Scortecci, onde foi tomada de amores pela edição de livros. Aos 19 anos já era coordenadora do setor e produzia algo em torno de 40 obras mensais com sua equipe.

Larga a licenciatura, abraça o bacharelado em Língua Portuguesa e decide abrir o próprio estúdio, o Editorando Birô, que presta consultoria e serviços editoriais. Simultaneamente, assume o posto de publisher da Primavera Editorial, onde se dedica a encontrar novas autoras, vozes femininas da literatura.

VAGNER AMARO

Nos anos 1980, o bairro de Campo Grande, na Zona Oeste do Rio de Janeiro, era ainda mais distante do centro ou da Zona Sul da capital fluminense. A distância física pode permanecer a mesma, mas quem morava em Campo Grande, raramente, ia ao epicentro cultural da Cidade Maravilhosa. Foi ali que nasceu o futuro editor Vagner Amaro. Livros eram raros na infância. Não fossem os romances cujos títulos carregavam nomes femininos e vinham de brinde numa promoção de sabonetes e os gibis comprados mensalmente pelo pai, não havia muito o que ler na casa da família Amaro. No entanto, o menino Vagner, alfabetizado pela própria mãe, precisava ler. "Eu lia tudo o que aparecia pela frente. Quando queria ler e não tinha mais para ler, lia bula de remédio", conta.

Na pré-adolescência, percebeu a potência da escrita. "Ali pelos onze anos, descobri que podia escrever para ler o que eu escrevi!", lembra. Escreveu contos, roteiros de novelas e peças de teatro, sem mesmo nunca ter posto o pé num. Foi nessa época que criou uma espécie de confraria, o Clube do Clubinho, um grupo de amigos que lia e interpretava os textos que o menino escrevia.

Uma de suas grandes felicidades foi quando a mãe conseguiu um emprego num órgão da prefeitura que dispunha de uma biblioteca. De lá, dona Neiva trazia os títulos da coleção *Para gostar de ler*. Chegou a criar um caderno de leitura, onde anotava os livros que já tinha devorado e aqueles que gostaria de ler.

Sonhava com um mundo ao qual não pertencia, mas do qual queria fazer parte. Muito desse mundo chegava pelos jornais comprados pela mãe aos domingos. "Eu vivia isolado [em Campo Grande], mas com um interesse muito grande no que estava acontecendo no mundo", diz. Possivelmente foi em um desses jornais que descobriu sobre o espetáculo *O retrato de Gertrude Stein quando homem*, montagem de Antônio Abujamra para o texto de Alcides Nogueira e interpretado pelo próprio Abujamra, ao lado de Suzana Faini e Vera Holtz.

Não teve dúvidas. Falou para a mãe que iria visitar a avó, mas seguiu para o Centro Cultural do Banco do Brasil, onde o espetáculo estava em cartaz naquele distante 1992, quando o menino chegava aos seus 14 anos. "Eu tive que manobrar a vida para ter acesso aos bens culturais dos quais eu gostava", lembra em retrospecto.

A educação era uma das grandes prioridades na casa dos Amaro. Não à toa, dona Neiva fez questão de madrugar na fila para conseguir vagas para os dois filhos no Instituto de Educação, a melhor escola pública do bairro naquela época. No ensino médio, o livro já era uma de suas grandes paixões e, por isso, opta por fazer curso técnico em encadernação e restauro no Senai Artes Gráficas.

Com um pouco mais de autonomia, passou a frequentar – sem precisar esconder da mãe – a Biblioteca Darcy Ribeiro (hoje Biblioteca Parque), no centro do Rio. Ali, resolve que queria ser bibliotecário. Ingressa no curso oferecido pela UniRio e ao fim do curso, começa a estudar jornalismo.

É contratado como bibliotecário da Escola Sesc de Ensino Médio, colégio referência nesta fase do ensino que ocupa uma área de 131 mil metros quadrados em Jacarepaguá e tinha, na época, uma biblioteca de sessenta mil volumes. Era o responsável por criar oficina com professores. Para uma dessas, resolveu discutir as novas leituras da África. Pediu ajuda a uma professora especialista em literatura africana que fez uma lista de 100 autores que poderiam enriquecer o acervo da biblioteca. "Foi nesta hora que percebi que numa biblioteca com acervo tão grande, tinha basicamente três autores negros: Salgado Maranhão, Elisa Lucinda e Paulo Lins", conta. "Mesmo já tendo uma consciência racial mais elaborada, isso não era algo que eu questionava. E aí a gente pensa como o racismo estrutural faz com que a gente não questione determinadas realidades. Essa questão não passava por mim", completa.

Quando resolve reparar, mesmo que minimamente, o equívoco, Vagner se depara com a realidade nua e crua. Era praticamente impossível comprar os títulos dos autores recomendados pela especialista em literatura africana. Livros esgotados ou raríssimos de se encontrar.

Vagner resolve investigar e percebe que muitos dos livros escritos por autores negros eram autopublicados. "Isso quase sempre bloqueava a circulação daqueles livros por que cabia aos autores fazer o livro circular", conclui.

Esta constatação veio junto com a homenagem que o Brasil recebeu na Feira do Livro de Frankfurt em 2013. Na ocasião, Paulo Lins veio a público denunciar que a lista de autores convidados para representar o Brasil no evento era racista. O autor de *Cidade de Deus* era o único autor negro na comitiva.

No ano seguinte, a Pallas publica *Olhos d´água*, de Conceição Evaristo, classificado no terceiro lugar da categoria Contos do Prêmio Jabuti em 2015.

Vagner resolve convidar Conceição para um encontro na biblioteca da Escola Sesc. De todos os livros da autora já publicados naquela época, a biblioteca só consegue comprar *Olhos d´água*. Ao ver um exemplar de *Becos da memória* sendo vendido por um sebo, compra e recebe uma fotocópia pirata. "Essa era a situação da obra da Conceição Evaristo e aquilo serviu de um *start* para a Malê", conta Vagner.

O bibliotecário – e futuro editor – mantém contato com a escritora e compartilha com ela o seu desejo de criar uma editora para publicar autores brasileiros negros. A editora é formalizada em 2015 tendo Vagner e Francisco Jorge como sócios, mas esperam Conceição concluir *Histórias de leves enganos e parecenças* para marcar o início de suas atividades. O livro sai no ano seguinte.

Já no primeiro ano de atuação, os dois sócios criam o Prêmio Malê de Literatura, voltado para autores negros que recebeu, no seu primeiro certame, 150 textos. De acordo com o editor, 70% dos inscritos nunca tinham participado de outro concurso literário. "Vi que tinha atingido o alvo que queríamos", diz orgulhoso. "Percebi que muitos daqueles jovens não se sentiam empoderados para enviar os seus trabalhos para outros prêmios", completa.

Além de Conceição, a Malê resgatou outros autores da chamada Geração Caderno Negro, movimento iniciado, em 1978, pelo escritor Cuti, de quem a Malê publicou uma seleção de contos em 2016. Geni Guimarães (*O pênalti*), Miriam Alves (na antologia *Olhos de azeviche*), Éle Semog (*A cor da demanda*), Salgado Maranhão (*Dia bonito pra chover*) e Deley de Acari (na coletânea *Amor e outras revoluções*) são outros nomes da Geração Caderno Negro publicados pela Malê. "Eu sou muito apaixonado por essa geração de jovens que, contra tudo e contra todos, resolveram dizer: 'o que a gente faz é literatura e se o mercado não está interessado em nos publicar, nós vamos nos publicar'", diz o editor.

Outro projeto importante de Vagner, à frente da Malê, foi a publicação da coletânea *Olhos de azeviche*, que reúne a produção de escritoras negras que estão renovando a literatura brasileira, incluindo nomes como Ana Paula Lisboa, Cidinha Silva, Fátima Trinchão, Lia Vieira e Taís Espírito Santo.

Os primeiros anos da Malê, de 2016 a 2020, coincidiram com uma ampliação importante da presença de autores negros na cena literária nacional e a editora tem um papel importante neste contexto. Vagner evoca a pesquisa *Panorama Editorial da Literatura Afro-Brasileira Através dos Gêneros Romance e Conto*[1], realizada pelos pesquisadores Luiz Henrique Silva de Oliveira e Fabiane Cristine Rodrigues. Segundo levantamento da dupla, entre 1859 e 2016 foram publicados somente 61 romances de autores negros. Quando olhada especificamente a produção de livros de contos de autores negros, entre 1839 e 2016, a dupla constatou a publicação de 88 livros desta natureza. "É um período muito longo para poucos livros. Quando penso que, de 2016 para cá, a Malê já publicou 70 livros de autores negros, concluo que, em quatro anos a Malê já publicou mais do que em cem anos. Isso é algo que vejo como muito positivo", diz.

O menino de Campo Grande cresceu, não só alcançou os bens culturais com os quais sonhava como deu a oportunidade a muitos outros jovens negros de fazer suas histórias circularem, além de resgatar expoentes da literatura negra brasileira e devolvê-los aos leitores. Em pouco tempo, a editora conseguiu uma força simbólica potente que, pouco a pouco, tem ajudado a renovar a vida literária nacional, apontando para um futuro mais diverso e colorido.

---

1. http://www.periodicos.letras.ufmg.br/index.php/emtese/article/view/11269

BIBLIOGRAFIA

AGUIAR, Josélia. *Jorge Amado: uma biografia*. São Paulo: Todavia, 2018.

ANTUNES, Cristina. O editor Francisco de Paula Brito (1809-1861). In: *Biblioteca Brasiliana Guita e José Mindlin*. São Paulo, USP. Disponível em: <https://goo.gl/uckaGZ>. Acesso em 05/06/2019.

BERTASO, José Otávio. *A Globo da Rua da Praia*. São Paulo: Globo Livros, 2012.

BRAGANÇA, Aníbal; **ABREU**, Márcia. *Impresso no Brasil: dois séculos de livros brasileiros*. São Paulo: Unesp, 2010.

BRAGANÇA, Aníbal. *Rei do Livro: Francisco Alves na história do livro e da leitura no Brasil*. São Paulo: Edusp, 2016.

BROCA, Brito. *A vida literária no Brasil*. Rio de Janeiro: José Olympio, 2004.

CALICCHIO, Vera. Augusto Frederico Schmidt. FGV CPDOC. Disponível em http://www.fgv.br/Cpdoc/Acervo/dicionarios/verbete-biografico/schmidt-augusto-frederico. Acesso em 27/07/2019.

CARVALHO, Marco Antonio de. *Rubem Braga – a biografia*. São Paulo: Globo, 2013.

D'ONOFRIO. Sílvio César Tamaso. Fontes para uma biografia intelectual de Edgard Cavalheiro (1911-1958). São Paulo, 2012. Disponível em https://www.teses.usp.br/teses/disponiveis/31/31131/tde-30012013-215356/publico/DONOFRIO_S_C_T_Fontes_para_uma_biografia_intelectual_de_Edgard_Cavalheiro_1911_1958_SP_2012_386f.pdf. Acesso em 04/08/2019.

FREITAS, Marcos Cezar de. MENDONÇA, Filipi. *Cortez e seus 80: A leitura me levou a ser o que sou hoje*. São Paulo: Editora Cortez, 2016.

GODOI, Rodrigo Camargo de. *Um editor no Império: Francisco de Paula Brito (1809-1861)*. (1809-1861). 2014. Tese (Doutorado) - Instituto de Filosofia e Ciências Humanas da Universidade Estadual de Campinas. 2014. Campinas, São Paulo.

HALLEWELL, Laurence. *O livro no Brasil: sua história*. Tradução de Maria da Penha Villalobos e Lólio Lourenço de Oliveira. São Paulo: Edusp, 2017.

LIMA, Alceu Amoroso. Discurso de Posse. Rio de Janeiro: Academia Brasileira de Letras, 1935. Disponível em http://www.academia.org.br/academicos/alceu-amoroso-lima-pseud-tristao-de-ataide/discurso-de-posse. Acesso em 04/08/2019.

LISPECTOR, Clarice. *Entrevistas*. Rio de Janeiro: Rocco, 2007.

MARTINS, José Fernando de Barros. Martins, editor da Pauliceia. *Revista da Biblioteca Mário de Andrade*, São Paulo, n° 67, 2011.

MINDLIN, José. Um editor das Arábias. Estud. av., São Paulo, v. 21, n. 60, p. 323-324, Aug. 2007. Disponível em http://www.scielo.br/scielo.php?script=sci_arttext&pid=S0103-40142007000200027&lng=en&nrm=iso>. Acesso em 28/07/2019.

MONIZ, Edmundo. Francisco Alves de Oliveira (Livreiro e Autor). Rio de Janeiro: Academia Brasileira de Letras, 2009 – http://www.academia.org.br/publicacoes/francisco-alves-de-oliveira-livreiro-e-autor. Acesso em 18/07/2019.

MOSER, Benjamim. *Clarice*. São Paulo: Companhia das Letras, 2017.

NASCIMENTO, Francisco José Tavares do. A Livraria José Olympio Editora no Arquivo-Museu de Literatura Brasileira. Rio de Janeiro: Fundação Casa de Rui Barbosa, 2012. Disponível em http://rubi.casaruibarbosa.gov.br/bitstream/fcrb/193/3/A%20Livraria%20Jose%20Olympio%20Editora%20no%20Arquivo-Museu%20de%20Literatura%20Brasileira%20II%20%281%29.pdf. Acesso em 28/07/2019.

OHANN, Moritz Rugendas. In: *ENCICLOPÉDIA Itaú Cultural de Arte e Cultura Brasileiras*. São Paulo: Itaú Cultural, 2019. Disponível em: <http://enciclopedia.itaucultural.org.br/pessoa707/johann-moritz-rugendas>. Acesso em 04/08/2019. *Verbete da Enciclopédia.*

OLIVEIRA, G. G. S. (2017). Coleção Documentos Brasileiros: o Brasil em ensaios de história e interpretações sociológicas (1936 - 1989). Resgate: *Revista Interdisciplinar De Cultura*, 25(1), 89-110. Disponível em https://periodicos.sbu.unicamp.br/ojs/index.php/resgate/article/view/8648189. Acesso em 28/07/2019.

PAIXAO, Fernando; MIRA, Maria Celeste. *Momentos do livro no Brasil*. São Paulo: Ática, 1995, p. 108-109.

PEREIRA, José Mário (Org.). *José Olympio: O editor e sua casa*. Rio de Janeiro: Sextante, 2008.

PRADA, Cecília. Schmidt, nosso "gordinho sinistro". São Paulo: *Revista Problemas Brasileiros*. Sesc SP. Disponível em https://web.archive.org/web/20091007122655/http://www.sescsp.org.br/sesc/revistas_sesc/pb/artigo.cfm?Edicao_Id=249&breadcrumb=1&Artigo_ID=3929&IDCategoria=4337&reftype=1. Acesso em 27/07/2019.

RAMACHANDRA, Adilson Silva. "O Pensamento" em evolução: Círculo Esotérico da Comunhão do *Pensamento: 100 Anos - 1909- 2009*. São Paulo: Pensamento, 2010.

RAMOS, Alexandre Pinheiro. Intelectuais, livros e política: Schmidt Editor e José Olympio Editora na divulgação do Integralismo. Topoi (Rio J.), Rio de Janeiro, v. 16, n. 31, p.

641-666, Dec. 2015. Availablefrom<http://www.scielo.br/scielo.php?script=sci_arttext&pid=S2237-101X2015000200641&lng=en&nrm=iso>. Accesso em 28/07/2019.

SACCHETTA, Vladimir. *Furação na Botocúndia*. Sâo Paulo, Senac, 1997.

SERVA, Leão. *Um tipógrafo na Colônia*. São Paulo: Publifolha, 2014.

SOARES, Lucila. *Rua do Ouvidor, 110: Uma história da livraria José Olympio*. Rio de Janeiro: José Olympio, 2016.

TORRESINI, Elizabeth W. Rochadel. *As coleções da Livraria do Globo de Porto Alegre (1930 - 1950)*. Disponível em http://www.livroehistoriaeditorial.pro.br/pdf/elizabethtorresini.pdf. Acesso em 27/07/2019.

VERISSIMO, Érico. *Um certo Henrique Bertaso*. São Paulo: Companhia das Letras, 2005

VILLAÇA, Antônio Carlos. *José Olympio: O descobridor de escritores*. Rio de Janeiro: Thex, 2001.

SITES VISITADOS

https://www.publishnews.com.br/materias/2012/12/07/71420-a-historia-de-um-clube-do-livro-com-800-mil-socios

http://www.museuafrobrasil.org.br/pesquisa/hist%C3%B3ria-e-mem%C3%B3ria/historia-e-memoria/2014/12/30/francisco-de-paula-brito

http://mapa.an.gov.br/index.php/publicacoes2/70-biografias/574-francisco-de-paula-brito

http://geracaoeditorial.com.br/literatura/texto5.php

https://www.publishnews.com.br/materias/2016/03/10/documentrio-sobre-o-editor-independente-massao-ohno

https://www1.folha.uol.com.br/ilustrada/1025698-dono-da-editora-mais-antiga-do-pais-cria-selo-com-patrocinio.shtml

http://www.academia.org.br/a-historia-da-abl/o-velho-alves

https://bndigital.bn.gov.br/exposicoes/monteiro-lobato-o-homem-os-livros/alem-do-sitio/

https://oglobo.globo.com/cultura/o-editor-que-comprou-jk-rowling-sem-saber-9111373

https://grupoabril.com.br/quem-somos/victor-civita/biografia/

https://www.dw.com/pt-br/revivendo-o-pa%C3%ADs-do-futuro-de-stefan-zweig/a-4210755

https://www1.folha.uol.com.br/fsp/opiniao/fz0410200006.htm

http://revistaepoca.globo.com/Revista/Epoca/0,,ERT187054-15228-187054-3934,00.html

https://alias.estadao.com.br/noticias/geral,a-ascensao-e-queda-de-um-editor-visceral,70002183533

https://www.publishnews.com.br/materias/2018/02/15/e-ai-ja-leu-memorial-de-aires

https://www1.folha.uol.com.br/fsp/1996/8/20/ilustrada/20.html

https://www1.folha.uol.com.br/fsp/ilustrad/fq1512200123.htm

https://cultura.estadao.com.br/noticias/geral,um-legado-a-duas-vozes,991959

https://www.publishnews.com.br/materias/2010/05/07/57646-martins-fontes-50-anos

https://www.teses.usp.br/teses/disponiveis/8/8145/tde-29012016-131539/publico/2015_BarbaraZocalDaSilva_V1_VCorr.pdf

https://www.youtube.com/watch?v=7N5g08wsE58

Pascoal Sotto – https://valor.globo.com/eu-e/noticia/2015/10/19/apenas-para-brasileiros.ghtml

André Conti – https://valor.globo.com/eu-e/coluna/um-enredo-de-suspense.ghtml

Ivana Jinkings – https://valor.globo.com/eu-e/noticia/2016/02/15/a-casa-do-pensamento-critico.ghtml

https://blogdaboitempo.com.br/2018/09/21/raimundo-jinkings-coragem-e-persistencia-de-um-livreiro/

https://www.boitempoeditorial.com.br/sobre-a-loja

Ricardo Feltre – https://www1.folha.uol.com.br/fsp/dinheiro/fi2403200133.htm

1955 – https://acervo.folha.com.br/leitor.do?numero=43643&keyword=%22Ricardo+Feltre%22&anchor=4714159&origem=busca&pd=75944025e3c6eb7caaa3b3e6023cec7a

https://blog.gruposantillana.com.br/home?p_p_id=33&p_p_lifecycle=0&p_p_state=normal&p_p_mode=view&p_p_col_id=column-1&p_p_col_count=1&p_r_p_564233524_tag=entrevista+ricardo+feltre

AGRADECIMENTO ESPECIAL

À Rosely Boschini que, sempre parceira, ajudou a viabilizar esta edição de 100 NOMES DA EDIÇÃO NO BRASIL.

Que este livro dure até antes do fim do mundo.

Impresso em novembro de 2020.